［過去問］

2024
筑波大学附属小学校
入試問題集－Ⅱ

・問題内容についてはできる限り正確な調査分析をしていますが、入試を実際に受けたお子さんの記憶に基づいていますので、多少不明瞭な点はご了承ください。

Shinga-kai

筑波大学附属小学校

過去5年間の入試問題分析 出題傾向とその対策

(2019～2023年)

2023年傾向

例年通り、ペーパーテスト、集団テスト、運動テストが行われました。ペーパーテストは例年と同じく話の記憶とそのほか1項目が出題されました。難易度も高く、例題でしっかり指示を理解する力と、素早い判断力が必要な課題でした。保護者の作文は、その場で示されたテーマに沿って、25分間でご家庭の考えを書く形式でした。

傾　向

A（4月2日から7月31日生）、B（8月1日から11月30日生）、C（12月1日から4月1日生）の生年月日で分けられた男女3グループずつ計6グループで、それぞれ第一次として抽選を行います。例年は約300人ずつ、計1800人ほどが第二次考査に進んでいましたが、2023年度は男子は全体の40%、女子は全体の47%が第二次考査に進みました。考査はペーパーテスト、集団テスト、運動テストで、集団テストとしてグループ活動の行動観察も行われています。ペーパーテストでは問題の量が多いにもかかわらず、解答時間が短いことが特徴の1つです。毎年話の記憶が出題されますが、かなり長いお話を出されることが多いので、細かい部分までしっかり聞き取る力が要求されます。話の記憶以外では図形の問題が多く、回転図形、重ね図形、対称図形などが出されているほか、構成や観察力などの課題にもマス目を使った図形が頻出しています。また、実際に自分で解答図をかく問題も出題されています。実際の問題を解く前に必ず例題で説明があるので、きちんと指示を聞き、理解につなげましょう。解答に用いるクーピーペンの色などについて指示があるのも特徴で、その指示に従えるかどうかも毎年差がつくポイントです。集団テストで行う巧緻性・制作の課題では、日常生活で必要な手先の動きをいろいろと見られます。最初に作る様子を映像で見せ、全工程を説明してから行われますが、紙を手でちぎる、ひもを結ぶ、色を塗る、シールを貼る、スティックのりで貼るなどの作業を含んだ課題がよく出されています。また、2021年度からは考査中の待ち時間に絵画の課題が加わりました。運動テストでは、クマ歩きが毎年必ず出されています。U字形のコースを速く進むよう指示されるという特色があります。

対 策

話の記憶は毎年出題されますが、かなり長いお話を聞く場合が多いので、普段から絵本の読み聞かせなどを通して長いお話に慣れ、集中して聞く習慣を身につけておきましょう。「いつ、誰が、どこで、何を」というお話の骨子をスムーズにつかむためには、普段の会話の中でもそうしたポイントに関心が向くような言葉掛けが重要です。お話の登場人物に上手に感情移入するには、想像力を豊かにし、興味を持って自主的に聞く姿勢を養っておくことも大切です。また話の記憶では問題によってクーピーペンの色を変える、丸の中を塗るというように、解答方法の指示があるのが特徴です。普段から色や印を指示に応じて変えたり、手早く塗ったりする練習をしておきましょう。推理・思考は図形の課題が多く、回転図形、重ね図形、対称図形などが出されているので、実際に図形を動かしてみて理解度を高めてください。対称図形などで指示が複雑な問題も出されていますから、具体物を利用して前後左右の動き方をしっかり把握しておきましょう。自分で答えの図をかく問題では作業力も必要ですので、点図形や模写の課題にも日ごろより時間の意識を持って取り組んでおきましょう。また、一度聞いただけでは説明の意味がわからない難しい問題もあるので、まずは落ち着いてお話を聞いて取り組む姿勢と、過去問などさまざまな問題に挑戦し実践力をつけておくことが必要です。新傾向の問題が出ることもありますが、必ず例題で説明があるので、指示をしっかり聞いて落ち着いて取り組むよう、日ごろから伝えておきましょう。問題数が多いことも特徴ですから、問題に慣れてきたら、集中してすぐにとりかかる習慣を身につけ、短時間で解答する取り組みもしておきましょう。そのほか、集団テストで必ず出題される制作の課題に対応するためにも、日ごろから自分のことは自分で行い、ちぎる、ひもを結ぶ、ひもを通すなど、手先の作業がきちんとできるようにしておきましょう。最初に全工程を説明してから行われるので、落ち着いて指示を聞き正確に作業を進めていく力が必要です。映像により出題されるので集中して見るという姿勢も大切で、やり方を見た後で自主的に取り組むには自信も必要です。自信をつけるためには制作の経験を多く積むことが大切なので、ご家庭で親子で楽しく制作に取り組みながら、基本的な作業力を伸ばしましょう。運動テストでのクマ歩きは、歩くというより走るような勢いが求められます。手をしっかりついて顔を上げ進む方向を見ること、ひざを床につけず腰を高くする姿勢をとることを確認しながら、徐々に速くできるように練習していきましょう。また手や腕の力をつけるためにも、マットでの前転、鉄棒のぶら下がりなどにも取り組んでおくとよいでしょう。行動観察では、紙コップを積むゲームやジャンケンゲーム、並び競争などが行われています。お友達と協力して一生懸命取り組むことや、お約束を守ることの大切さを日ごろから意識させましょう。

年度別入試問題分析表

【筑波大学附属小学校】

	2023	2022	2021	2020	2019	2018	2017	2016	2015	2014
ペーパーテスト										
話	○	○	○	○	○	○	○	○	○	○
数量			○							
観察力	○		○			○				
言語										
推理・思考	○	○	○	○	○	○	○	○	○	○
構成力		○	○	○						
記憶										○
常識										
位置・置換										○
模写									○	
巧緻性										
絵画・表現										
系列完成				○						
個別テスト										
話										
数量										
観察力										
言語										
推理・思考										
構成力										
記憶										
常識										
位置・置換										
巧緻性										
絵画・表現										
系列完成										
制作										
行動観察										
生活習慣										
集団テスト										
話										
観察力										
言語	○	○	○	○	○	○	○	○	○	○
常識										
巧緻性	○	○	○	○	○	○	○	○	○	○
絵画・表現	○	○								
制作	○	○	○	○	○	○	○	○	○	○
行動観察	○	○	○	○	○	○	○	○	○	○
課題・自由遊び										
運動・ゲーム										
生活習慣										
運動テスト										
基礎運動	○	○						○		
指示行動										
模倣体操										
リズム運動										
ボール運動										
跳躍運動										
バランス運動	○	○	○	○	○	○	○	○	○	○
連続運動										
面接										
親子面接										
保護者(両親)面接										
本人面接										

※伸芽会教育研究所調査データ

小学校受験Check Sheet

お子さんの受験を控えて、何かと不安を抱える保護者も多いかと思います。受験対策はしっかりやっていても、すべてをクリアしているとは思えないのが実状ではないでしょうか。そこで、このチェックシートをご用意しました。１つずつチェックをしながら、受験に向かっていってください。

＊ペーパーテスト編

①お子さんは長い時間座っていることができますか。

②お子さんは長い話を根気よく聞くことができますか。

③お子さんはスムーズにプリントをめくったり、印をつけたりできますか。

④お子さんは机の上を散らかさずに作業ができますか。

＊個別テスト編

①お子さんは長時間立っていることができますか。

②お子さんはハキハキと大きい声で話せますか。

③お子さんは初対面の大人と話せますか。

④お子さんは自信を持ってテキパキと作業ができますか。

＊絵画、制作編

①お子さんは絵を描くのが好きですか。

②お家にお子さんの絵を飾っていますか。

③お子さんははさみやセロハンテープなどを使いこなせますか。

④お子さんはお家で空き箱や牛乳パックなどで制作をしたことがありますか。

＊行動観察編

①お子さんは初めて会ったお友達と話せますか。

②お子さんは集団の中でほかの子とかかわって遊べますか。

③お子さんは何もおもちゃがない状況で遊べますか。

④お子さんは順番を守れますか。

＊運動テスト編

①お子さんは運動をするときに意欲的ですか。

②お子さんは長い距離を歩いたことがありますか。

③お子さんはリズム感がありますか。

④お子さんはボール遊びが好きですか。

＊面接対策・子ども編

①お子さんは、ある程度の時間、きちんと座っていられますか。

②お子さんは返事が素直にできますか。

③お子さんはお父さま、お母さまと３人で行動することに慣れていますか。

④お子さんは単語でなく、文で話せますか。

＊面接対策・保護者（両親）編

①最近、ご家族での楽しい思い出がありますか。

②ご両親の教育方針は一致していますか。

③お父さまは、お子さんのお家での生活や幼稚園・保育園での生活をどれくらいご存じですか。

④最近タイムリーな話題、または昨今の子どもを取り巻く環境についてご両親で話をしていますか。

section
2018 筑波大学附属小学校入試問題

選抜方法

第一次 男女とも生年月日順にA（4月2日～7月31日生）、B（8月1日～11月30日生）、C（12月1日～4月1日生）の3グループに分け、それぞれ抽選でA、Bは約300人、Cは約230人を選出する。

第二次 考査は1日で、第一次合格者を対象に約30人単位でペーパーテスト、集団テスト、約15人単位で運動テストを行い、男女各約100人を選出する。所要時間は約1時間。

第三次 第二次合格者を対象に抽選を行い、男女各64人を選出する。

ペーパーテスト

筆記用具は赤、青、黄色、緑、茶色など各グループで異なる色のクーピーペンを使用。訂正方法は×（バツ印）。出題方法は話の記憶のみ音声でほかは口頭。

1 話の記憶（Aグループ男子）

「ある夏のことです。ウサギさんは、ずっと前から楽しみにしていた夏祭りに行きました。神社の前でクマ君と待ち合わせをしていましたが、クマ君がなかなか来ません。待っているとクマ君が走ってきて、『遅れちゃってごめんね』と謝りました。ウサギさんがニッコリ笑って『いいよ』と答え、2匹は仲よく神社の入口から入ってすぐのかき氷屋さんに行きました。ウサギさんはすぐにメロン味に決め、クマ君はブドウ味とイチゴ味でしばらく迷いましたが、最後にイチゴ味に決めました。2匹はベンチに座ってかき氷を食べることにしました。半分食べたところで、クマ君がかき氷をうっかりこぼしてしまいました。『洋服が赤くなっちゃったな。ちょっぴり冷たいけどだいじょうぶだよ』と、クマ君は恥ずかしそうに笑いました。その後で神社の奥の方に行くと、キンギョすくい屋さんがありました。そこにはサル君がいて、ちょうどキンギョをすくっているところでした。クマ君が『サル君、何匹すくったの？』と聞くと、『1匹だよ』とサル君が言いました。クマ君は『じゃあ僕たちは、サル君よりたくさんキンギョをすくおう』と言って、ウサギさんとキンギョすくいを始めました。クマ君は3匹すくいましたが、ウサギさんは残念なことに1匹もすくえませんでした。それを見ていたキンギョ屋さんが、ウサギさんにキンギョを1匹くれました。クマ君もウサギさんに1匹あげたので、ウサギさんはとても喜びました。サル君が『おなかがすいたな。何かみんなで食べよう』と言うので、3匹でさらに神社の奥の方に進んでいくと、焼きそば屋さんがありました。それを見て、『焼きそばもいいけど、たこ焼きだと6個入りでみんなで分けやすいからたこ焼きにしようよ』とウサギさんが言ったので、ネコのたこ焼き屋さんで大きなタコが入ったたこ焼きを買って３匹で仲よく同じ数ずつに分けて食べました。クマ君が『また来年も一緒に来ようね』と言って、３匹は仲よくお家に帰りました。帰る途中で、ドーン、ドーンと２回赤い花火が上がり、最後には黄色の花火が上がりました」

・クマ君のかき氷は何味でしたか。○をつけましょう。
・かき氷をこぼしたのはどの動物でしたか。○をつけましょう。
・キンギョすくい屋さんで会ったのはどの動物でしたか。○をつけましょう。
・クマ君はキンギョを何匹すくいましたか。その数だけ丸を１つずつ囲みましょう。
・ウサギさんはキンギョを何匹もらいましたか。その数だけ丸を１つずつ囲みましょう。
・たこ焼き屋さんをしていたのはどの動物でしたか。○をつけましょう。
・サル君はたこ焼きを何個食べましたか。その数だけ丸を１つずつ囲みましょう。
・最後に上がった花火の色で丸を塗りましょう。
・神社の入り口近くにあったお店はどれですか。○をつけましょう。
・お話の季節と仲よしのものに○をつけましょう。

2 推理・思考（対称図形）（Ａグループ男子）

・左のお手本は透き通った紙にかいてあります。お手本の上と下の黒いところを両手で持って右にパタンと倒すと、どのようになりますか。それぞれ点線の右にかきましょう。

3 話の記憶（Ａグループ女子）

「今日はキツネ君が楽しみに待っていたサクラ公園のお祭りの日です。とてもよいお天気でキツネ君はウキウキしています。一緒にお祭りに行くお約束をしているイヌさんと赤い橋で待ち合わせをしています。橋に着くと、イヌさんが見当たりません。『おーい、キツネ君。ここだよ』。イヌさんは、橋のすぐそばにあるサクラの木に隠れて見えなかったのです。『そんなところにいたんだね。待たせてごめんね』とキツネ君は言いました。のどが渇いた２匹はさっそく橋を渡ったところにあるジュース屋さんに行きました。ジュース屋さんにはオレンジジュース、ブドウジュース、リンゴジュース、メロンジュースの４種類がありました。イヌさんはすぐにオレンジジュースに決めました。キツネ君は、イヌさんと同じにしようかブドウジュースにしようかと迷っていましたが、最後にはリンゴジュースを選びました。２匹がサクラの木がよく見えるベンチに座ってジュースを飲んでいると、ネズミ君がサクラの花びらを追いかけながら走ってきて、キツネ君の手にぶつかりました。すると、キツネ君の持っていたジュースが緑色のズボンにかかってしまいました。ネズミ君が『ごめんね、僕がよそ見をして走っていたから』と謝ると、『だいじょうぶだよ。もうジュースを半分飲んでいたから、少ししかズボンにかからなかったよ。今日はお祭りでいつもより人がたくさんいるから、走らないでね』とキツネ君は優しく言いました。ジュースを飲み終えると、『ああ、あと１個すくえたら５個になったのに』という声が聞こえてきました。それは、スーパーボールすくいのお店にいたリス君の声でした。『僕たちもやってみよう』と言って、２匹もお店に行きました。キツネ君はスーパーボールの黄色を３個と赤を１個すくいました。イヌさんは黄色を２個と赤を２個すくいました。みんな同じ数のスーパーボールをすくえたのでうれしそうです。そのうちにリス君が『僕、もう帰らなきゃ。お母さんに早く帰ってきてねって言われているんだ』と言ったので、キツネ君とイヌさんはリス君を見送りました。さて、今度はキツネ君が『おやつを買おうよ』と言いました。お店がたくさん並んでいるのを見渡すと、クレープ屋さんとおだんご屋さんを見つけました。イヌさんが『分けやすいからおだんごにしようよ』と言ったので、おだんごを６個買い、同じ数ずつ分けました。おだんごを食べ終わるころ、夕方の５時を知らせる鐘がボーンボーンと２回鳴りました」

・待ち合わせで初めに来ていたのはどの動物でしたか。○をつけましょう。
・お祭りがあった公園の名前は何でしたか。○をつけましょう。
・キツネ君が飲んだジュースは何の味でしたか。○をつけましょう。
・ネズミ君がぶつかったのはどの動物でしたか。その動物のズボンの色で○をつけましょう。
・３匹はスーパーボールを何個ずつすくいましたか。その数だけ丸を１つずつ囲みましょう。
・イヌさんはおだんごをいくつ食べましたか。その数だけ丸を１つずつ囲みましょう。
・お母さんに早く帰ってきてと言われていたのはどの動物でしたか。○をつけましょう。
・お話に出てこなかったお店はどれですか。○をつけましょう。
・５時を知らせる鐘は何回鳴りましたか。その数だけ丸を１つずつ囲みましょう。
・待ち合わせをした場所はどこでしたか。○をつけましょう。

4 推理・思考（対称図形）（Aグループ女子）

・上のお手本は透き通った紙にかいてあります。お手本の右と左の黒いところを両手で持って下にパタンと倒すと、どのようになりますか。それぞれ点線の下にかきましょう。

5 話の記憶（Bグループ男子）

「今日は、クマ君とネズミさんがキツネさんのお見舞いに行きます。キツネさんは腕にけがをして、幼稚園を休んでいるのです。昨日の夜は雨が降っていましたが、今日は朝から晴れて虹も出て、とてもよい天気です。イチョウやモミジが太陽で光ってキラキラしています。クマ君は帽子をかぶり、水玉模様の洋服を着てお気に入りの緑の靴を履いています。ネズミさんはお見舞いにリンゴが５つ入ったカゴを持っています。バスに乗ってキツネさんのお家に向かっていると、公園がありました。ネズミさんが『公園に寄っていこうよ』

と言うので、『寄り道はよくないよ』とクマ君は言いましたが、ネズミさんはバスを降りてしまいました。クマ君も仕方なくバスを降りて公園に行き、せっかくなのでキツネさんへのお見舞いにイチョウの葉っぱを集めて持っていくことにしました。葉っぱを集めていると、サル君とウサギさんがやって来て『一緒に遊ぼう』と言いました。『これからキツネさんのお見舞いに行くんだよ』とクマ君が言うと、『少しだけならいいでしょ』とネズミさんが言いました。いつになったらお見舞いに行けるのでしょうか。ブランコとすべり台で遊んだ後、ネズミさんが、『おなかがすいたから、このリンゴをみんなで食べよう』と言いました。クマ君が『駄目だよ。そのリンゴはお見舞いに持っていくんでしょ』と言いましたが、ネズミさんがどうしても食べたいというので1つだけみんなで分けて食べました。その後、みんなで砂場に行きお山を作っていると、もう少しでできあがるところでウサギさんがつまずいて、水の入ったバケツをひっくり返してしまいました。砂のお山はびしょぬれになり、壊れてしまいまいした。ウサギさんはみんなに責められてしょんぼりしています。『ごめんね』とウサギさんが言うと、サル君も『僕たちも責めてごめんね』と言い、みんなでお山をもう一度作って仲直りしました。そこでクマ君が『じゃあ、そろそろお見舞いに行こうか』と言って、2匹はやっとキツネさんのお家に向かいました」

- ・お話の日はどんな天気でしたか。○をつけましょう。
- ・お話に出てきたクマ君はどれですか。○をつけましょう。
- ・クマ君の靴は何色でしたか。その色で右端の丸を塗りましょう。
- ・つまずいて水をこぼしてしまったのはどの動物でしたか。○をつけましょう。
- ・お見舞いに持っていこうとした葉っぱは何でしたか。その葉っぱの色で○をつけましょう。
- ・キツネさんはどんな様子だと思いますか。○をつけましょう。
- ・お見舞いに渡したリンゴの数はいくつでしたか。その数だけ丸を1つずつ囲みましょう。
- ・みんながウサギさんを責めたのは、砂場の山がどうなったからですか。○をつけましょう。
- ・みんなに責められたときのウサギさんはどんな顔でしたか。○をつけましょう。
- ・お話の季節と仲よしのものに○をつけましょう。

6 推理・思考（対称図形）（Bグループ男子）

- ・左のように折った折り紙の黒いところを切り取って開くとどのようになりますか。正しいものを右から選んで○をつけましょう。

7 話の記憶（Bグループ女子）

「寒い冬が過ぎて少しずつ暖かくなってきました。冬眠から目を覚ましたクマ君は、久しぶりにサル君のお家に遊びに行くお約束をしています。クマ君はしましまのシャツを着て白い野球の帽子をかぶり、白い靴を履きました。そして、星の模様のついた緑色のバッグにトランプとケン玉を入れました。お家を出て歩いていると、ウサギさんに会いました。ウサギさんは『畑でたくさん採れたから、わたしのニンジンを１本あげるわ』と言いましたが、クマ君が『ごめんね。僕は野菜が嫌いなんだ』と断ると、『じゃあ、今度はクマ君の好きなイチゴをあげるね』と言って行ってしまいました。川を渡って野原まで来ると、たくさんのタンポポが咲いていました。タンポポの綿毛をフーッと吹くと、白い綿毛が空に飛んでいってとてもきれいです。かわいらしいタンポポの花を集めて花束にしようとしていると、お母さんアヒルと子どものアヒル３羽の親子が通りかかりました。『お花を摘んではかわいそうだから駄目ですよ』とお母さんアヒルに言われて、クマ君はクマ君のお母さんもお花を摘んではいけないといつも言っているのを思い出しました。クマ君が『ごめんなさい』と大きな声で謝ると、池の中からカエルさんが出てきて『赤ちゃんがびっくりするから、大きな声は出さないでくださいね』と言いました。池の中をのぞいてみると、オタマジャクシが泣いたり騒いだりしています。『驚かせてごめんね。静かにするよ』と言うと、クマ君はまた歩き出しました。すると今度はチューリップがたくさん咲いているところに来ました。とてもきれいだったので花束にしてサル君にあげたいと思いましたが、さっきのお母さんアヒルの言葉を思い出してやめました。花束を作ってあげられなかったのを少し残念に思いながら歩いていくと、お店が５軒並んでいるところを通りかかりました。サル君の好きな野菜が売られているキツネの八百屋さんを見て、ブロッコリー、キャベツ、ニンジンのどれもいいなと思いましたが、サル君の大好きなタケノコを買うことに決めました。タケノコを入れてパンパンになったバッグを持って歩いていくうちに、サル君の喜ぶ顔を早く見たくてクマ君はどんどん早足になり、ついに走り出しました。すると道に水たまりがあって、バシャーン！　お気に入りの白い靴が汚れてしまい、クマ君はしょんぼりしました」

・クマ君はどんな服装でしたか。○をつけましょう。
・クマ君が持っていったバッグはどれですか。そのバッグの色で○をつけましょう。
・クマ君の好きなものは何ですか。○をつけましょう。
・クマ君がサル君のお家に持っていったおもちゃに○をつけましょう。
・アヒルの親子は全部で何羽いましたか。その数だけ丸を１つずつ囲みましょう。
・クマ君が驚かせてしまったのは誰でしたか。○をつけましょう。
・八百屋さんはどの動物でしたか。○をつけましょう。
・靴が汚れてしまったクマ君はどんな顔でしたか。○をつけましょう。
・クマ君が八百屋さんで買ったものは大きくなるとどのようになりますか。○をつけましょう。
・お話の季節と仲よしのものに○をつけましょう。

8 推理・思考（対称図形）（Bグループ女子）

・左のように折った折り紙の黒いところを切り取って開くとどのようになりますか。正しいものを右から選んで○をつけましょう。

9 話の記憶（Cグループ男子）

「夏休みになりました。今日は、はなこさんがお父さんとお母さん、弟のゆう君と一緒に動物園に行く日です。お母さんは朝からお弁当作りで大忙しです。水玉模様のエプロンをつけて、はなこさんの大好きなサンドイッチとゆう君の大好きなソーセージをお弁当箱に入れ、デザートにはスイカを用意してくれました。電車に乗って動物園に着くと、入口に大きな花壇があってヒマワリがたくさん咲いているのを見つけました。初めにライオンを見ると、オスのライオンが大きな口で肉を食べていました。その側では赤ちゃんライオンが骨をくわえて行ったり来たりしています。はなこさんは『私は野菜も肉も好きだし両方食べるけど、ライオンの食べ物は人間とは違っていて、野菜はあまり食べないんだな』と思いました。次にキリンを見に行きました。ゆう君は双眼鏡でキリンの顔をのぞいています。はなこさんは持ってきた図鑑でキリンのページを開いてみました。首の長いキリンは、ライオンとは違って木の上の葉っぱばかり食べるのだそうです。『野菜ばかり食べていないで、たまにはお肉も食べればいいのに』とはなこさんは思いました。次に見に行ったのはサル山です。たくさんのサルたちの中に、体の大きなボスザルが後ろを向いて座っています。こちらを振り向くと、顔が真っ赤でした。『サルは人間とは違って顔に色がついているんだ。なんだか強そうだな』とはなこさんは思いました。次に向かったのはゾウのところです。ゾウはちょうど水浴びをしているところでした。『ゾウは人間とは違って鼻が長いから、自分でシャワーが浴びられるのね。水がキラキラ光ってきれいだな』とはなこさんは思いました。おなかがすいてきたので、ふれ合いコーナーの近くの広場でお昼ごはんのお弁当を食べました。おなかがいっぱいになると、今度はふれ合いコーナーに行きました。ヒツジやウサギ、ニワトリなどがいてにぎやかです。ゆう君はニワトリに触ろうとして追いかけましたが、ニワトリは足が速くてときどき飛び上がるのでなかなか触れませんでした。はなこさんはウサギを優しくひざの上に載せてなでてあげました。その後、2人でヒツジのモコモコの体を触ってギューッと抱きしめました。最後にパンダの前で家族で記念写真を撮り、電車に乗って帰りました」

・動物園には何に乗っていきましたか。○をつけましょう。
・動物園には何人で行きましたか。その数だけ丸を1つずつ囲みましょう。
・お母さんのエプロンの模様に○をつけましょう。
・はなこさんが「顔に色がついている」と思った動物の顔は何色でしたか。その色で丸を塗りましょう。

・２番目に見た動物は何でしたか。○をつけましょう。
・はなこさんが「強そうだな」と思った動物は何でしたか。○をつけましょう。
・記念写真はどの動物の前で撮りましたか。○をつけましょう。
・お昼ごはんは何でしたか。○をつけましょう。
・はなこさんとゆう君が抱きしめた動物は何でしたか。○をつけましょう。
・お話の季節と仲よしの絵に○をつけましょう。

10 **観察力**（Cグループ男子）

・左の絵を作るのに使わない形を、右から選んで○をつけましょう。

11 **話の記憶**（Cグループ女子）

「今日は、たろう君と妹のはなちゃんが家族で水族館に行く日です。昨日の夕ごはんのときには電車で行こうと話していましたが、今日の朝、起きてみると雨が降っていたので、お父さんの運転する車で行くことになりました。水族館に着くと、入口の周りにはコスモスがたくさん咲いていてとてもきれいでした。たろう君が最初に見たのはイルカショーでした。プールには３頭のイルカがいて、大きいイルカは黒く、中くらいのイルカは茶色、小さいイルカはねずみ色をしていました。飼育員のお兄さんが手を挙げると、イルカがプールの中から飛び上がって大きくジャンプしました。３頭の中で一番高くジャンプしたのは大きいイルカでした。『飼育員のお兄さんが手を挙げただけでジャンプするなんて、すごいな』とたろう君は思いました。持ってきた図鑑で調べると、イルカはとても頭のよい動物だということがわかりました。次は広い部屋の中にある大きな水槽を見に行きました。形や色、模様の面白い魚がたくさん泳いでいる中にカメが泳いでいるところを見つけて、はなちゃんはスケッチブックとクレヨンを出して絵を描こうとしました。でも、カメは泳ぐのが速くて、カメを見ているだけで目が回ってしまいそうになり、はなちゃんはなかなか描けませんでした。その後で、オットセイのショーを見ました。オットセイが青いボールを鼻の上に載せてクルクル回している様子がかわいらしくて、はなちゃんはその絵を描きました。おなかがすいてきたのでお昼ごはんが食べられる場所を探すと、ペンギンコーナーの前に広場がありました。ベンチで持ってきたお弁当を広げると、たろう君の大好きなのり巻きとはなちゃんの大好きなリンゴが入っていました。２人は水族館にいる生き物の話をしながら、おなかいっぱいお弁当を食べました。その後ペンギンを見てからお家に帰りましたが、帰る途中、２人は車の中でぐっすり寝てしまいました」

・水族館には何に乗っていきましたか。○をつけましょう。
・イルカは何頭いましたか。その数だけ丸を１つずつ囲みましょう。
・一番高くジャンプしたイルカの色は何色でしたか。その色で丸を塗りましょう。
・たろう君とはなちゃんはお昼ごはんに何を食べましたか。○をつけましょう。

・お話の日はどのような天気でしたか。◯をつけましょう。
・お話の季節と仲よしのものに◯をつけましょう。
・はなちゃんが絵を描こうとして描けなかったものは何ですか。◯をつけましょう。
・はなちゃんが絵を描いたものは何ですか。◯をつけましょう。
・たろう君とはなちゃんが持っていったものに◯をつけましょう。
・たろう君がすごいなと思った生き物に◯をつけましょう。

12 観察力（Cグループ女子）

・左にいくつかの形が重なっている絵があります。絵の中で一番下になっている形を右から選んで◯をつけましょう。

集団テスト

テスターが動画で作り方を見せ、制作中もお手本はそのまま映し出されている。

13 巧緻性・制作（Aグループ男子）

妖精カード作り：Ｂ５判の台紙(青の画用紙、穴が開いている)、三日月が印刷された台紙、正方形１／４サイズの折り紙（青）１枚、四角シール（白）１枚、綴じひも（青）２本、クーピーペン（茶色、赤)、スティックのりが用意されている。
・妖精の靴を赤、つえを茶色のクーピーペンで塗りましょう。
・三日月をちぎって星の右下にスティックのりで貼りましょう。
・折り紙を折り、帽子にして妖精の頭に貼りましょう。
・綴じひもの端を２本そろえて、台紙の右側の四角にシールを貼って留めましょう。
・綴じひも２本をまとめて穴に通し、最後にチョウ結びをしましょう。

14 巧緻性・制作（Aグループ女子）

とんがり帽子作り：八つ切り１／４サイズの台紙（黄色の画用紙)、綴じひも（赤）１本、クーピーペン（赤、青)、スティックのりが用意されている。
・台紙に描いてあるリボンを赤のクーピーペンで塗りましょう。
・台紙に青のクーピーペンで波線の模様をかきましょう。
・台紙を太線でちぎり、点線で折りましょう。
・上を少し開けたとんがり帽子の形になるように丸め、折った部分をのりしろにしてスティックのりで貼りましょう。
・綴じひもを半分に折って途中に結び目を作り、とんがり帽子のてっぺんの内側から綴じひもの両端をそろえて外側に出し、チョウ結びをしましょう。

15 巧緻性・制作（Bグループ男子）

桃太郎のカード作り：Ｂ５判（白）の台紙（穴が開いている）、モモが印刷された台紙、粘土、ペーパーナプキン１枚、綴じひも（赤）１本、クーピーペン（赤、青）、スティックのりが用意されている。

・桃太郎の袖を赤のクーピーペンで塗りましょう。
・オニの顔と髪とツノを青のクーピーペンで描きましょう。
・モモをちぎって台紙の葉っぱの上にスティックのりで貼りましょう。
・粘土を半分に分けて丸め、きび団子を２つ作りましょう。きび団子の１つは台紙の丸の上に置き、もう１つはペーパーナプキンで包んで中身が出ないようにねじってください。
・台紙の穴に綴じひもを通してチョウ結びをしましょう。

16 巧緻性・制作（Ｂグループ女子）

赤ずきんちゃんのカード作り：Ｂ５判（白）の台紙、丸が印刷された台紙、正方形１／４サイズの折り紙（赤）１枚、粘土、綴じひも（赤）１本、クーピーペン（赤、青）、スティックのりが用意されている。

・赤ずきんちゃんのエプロンを赤のクーピーペンで塗りましょう。
・お家の窓の中におばあちゃんの顔を青のクーピーペンで描きましょう。
・丸をちぎり、オオカミのおなかにスティックのりで貼りましょう。
・折り紙を三角に２回折り、赤ずきんちゃんのずきんにして貼りましょう。
・粘土を半分に分けてそれぞれ丸めて石にし、オオカミのおなかに置きましょう。
・ずきんに綴じひもを巻いてチョウ結びをしましょう。

17 巧緻性・制作（Ｃグループ男子）

お部屋作り：八つ切り１／２サイズの台紙（黄色の画用紙、穴が開いている）、時計が印刷された台紙、長方形１／２サイズの折り紙（オレンジ色）１枚、綴じひも（赤）１本、クーピーペン（赤、青）、スティックのりが用意されている。

・リンゴを赤のクーピーペンで塗りましょう。
・じゅうたんの模様の線の続きを青のクーピーペンでかきましょう。
・時計をちぎり、リンゴの左上にスティックのりで貼りましょう。
・台紙を一番上の線で半分に折って開き、お部屋の壁と床になるように置きましょう。
・折り紙を半分になるように２回折り、開いて四角柱になるように組み立てたら、台紙のリンゴの下に貼ってテーブルにしましょう。
・台紙の穴に綴じひもを通してチョウ結びをしましょう。

18 巧緻性・制作（Ｃグループ女子）

魔法使いの本作り：八つ切り１／４サイズの台紙（ピンクの画用紙、穴が開いている）２枚、三日月が印刷された台紙、正方形１／４サイズの折り紙（黄色）１枚、綴じひも（赤）

1本、クーピーペン（黄色、青）、スティックのりが用意されている。
・台紙の星を黄色のクーピーペンで塗りましょう。
・三日月をちぎり、星の右下にスティックのりで貼りましょう。
・折り紙を三角に2回折って帽子にし、魔法使いの頭にスティックのりで貼りましょう。
・三角帽子のそれぞれの角に青のクーピーペンで丸い飾りを3つかきましょう。
・台紙を2枚重ねて綴じひもを穴に通し、本になるように綴じひもをチョウ結びにしましょう。

言　語（各グループ共通、約15人単位で行う）

1人ずつ質問に答える。
・今日は誰と来ましたか。
・今日はどうやって来ましたか。
・朝ごはんは何を食べてきましたか。
・好きな食べ物は何ですか。
・好きなお友達の名前を2人教えてください。
・好きな動物は何ですか。
・好きな遊びは何ですか。
・電話番号を教えてください。
・誕生日を教えてください。

行動観察（各グループ共通、約15人単位で行う）

・紙コップ積みゲーム…約5人のグループに分かれて行う。紙コップをお城やタワーに見立ててできるだけ高くなるように積む。
・ジャンケンゲーム…約5人のグループに分かれて行う。グループで相談して出すジャンケンの手を1つだけ決め、テスターとジャンケンをする。グループの中で1人でも違う手を出してはいけないというお約束がある。

運動テスト

各グループ共通。

クマ歩き

U字の白線に沿って1人ずつクマ歩きをする。U字の内側に入ってはいけない。

面接資料／アンケート

第二次考査中に保護者対象の作文がある。テーマをその場で与えられ25分間で書く（【】内はテーマ）。作文の後に学校紹介の映像を鑑賞する。

Aグループ男子

・【役員】６年間で２回役員をやっていただきます。仕事をしていても同様です。それについてはどう考えますか。具体的に説明してください。

Aグループ女子

・【登校】朝起きると子どもが「学校に行きたくない」と言いました。理由をたずねても言いません。保護者としてどのように子どもに話し、その後どのように対応するか具体的にお書きください。

Bグループ男子

・【友人】子どもが腕にけがをして帰ってきました。子どもは友達とけんかしたと言っています。そのときあなたは子どもに何と言いどう対応するか具体的にお書きください。

Bグループ女子

・【下校】子どもがバスや電車での帰宅途中にふざけて、乗客の一人に注意されたとお友達が教えてくれました。あなたは子どもにどのように対応するか具体的にお書きください。

Cグループ男子

・【うわさ】知り合いの保護者から「今日、あなたのお子さんが先生にしかられていたそうよ」とのうわさを聞きました。子どもにそのことを聞いても何も話してくれません。あなたは保護者としてどのように対応するか具体的にお書きください。

Cグループ女子

・【指導方針】学校にはさまざまな決まりがあります。その内容は学校によって違います。また、学校、担任、家庭によって教育方針が必ずしも一致するとは限りませんが、そのような場合に保護者としてどのように対応するか具体的にお書きください。

1

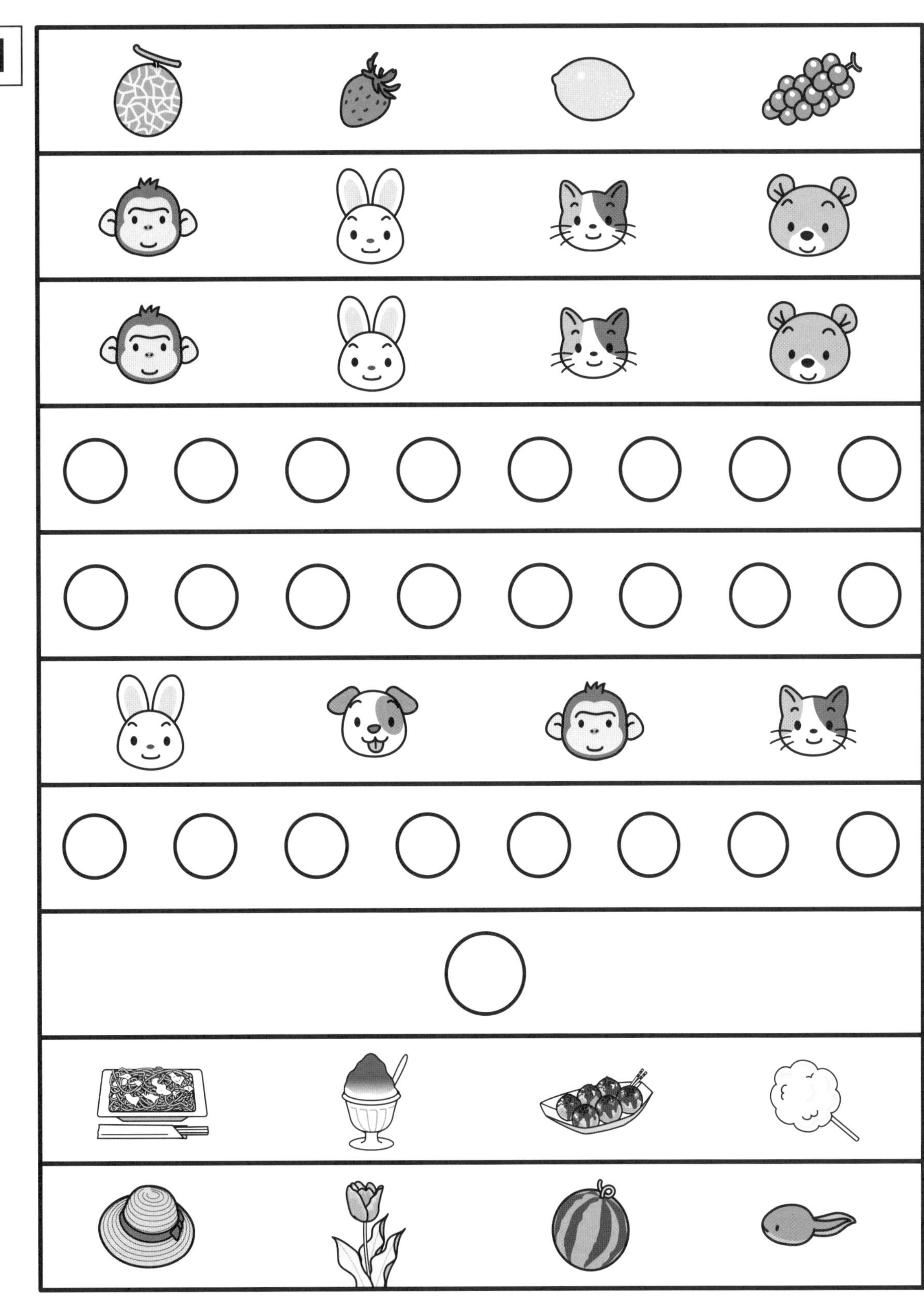

2

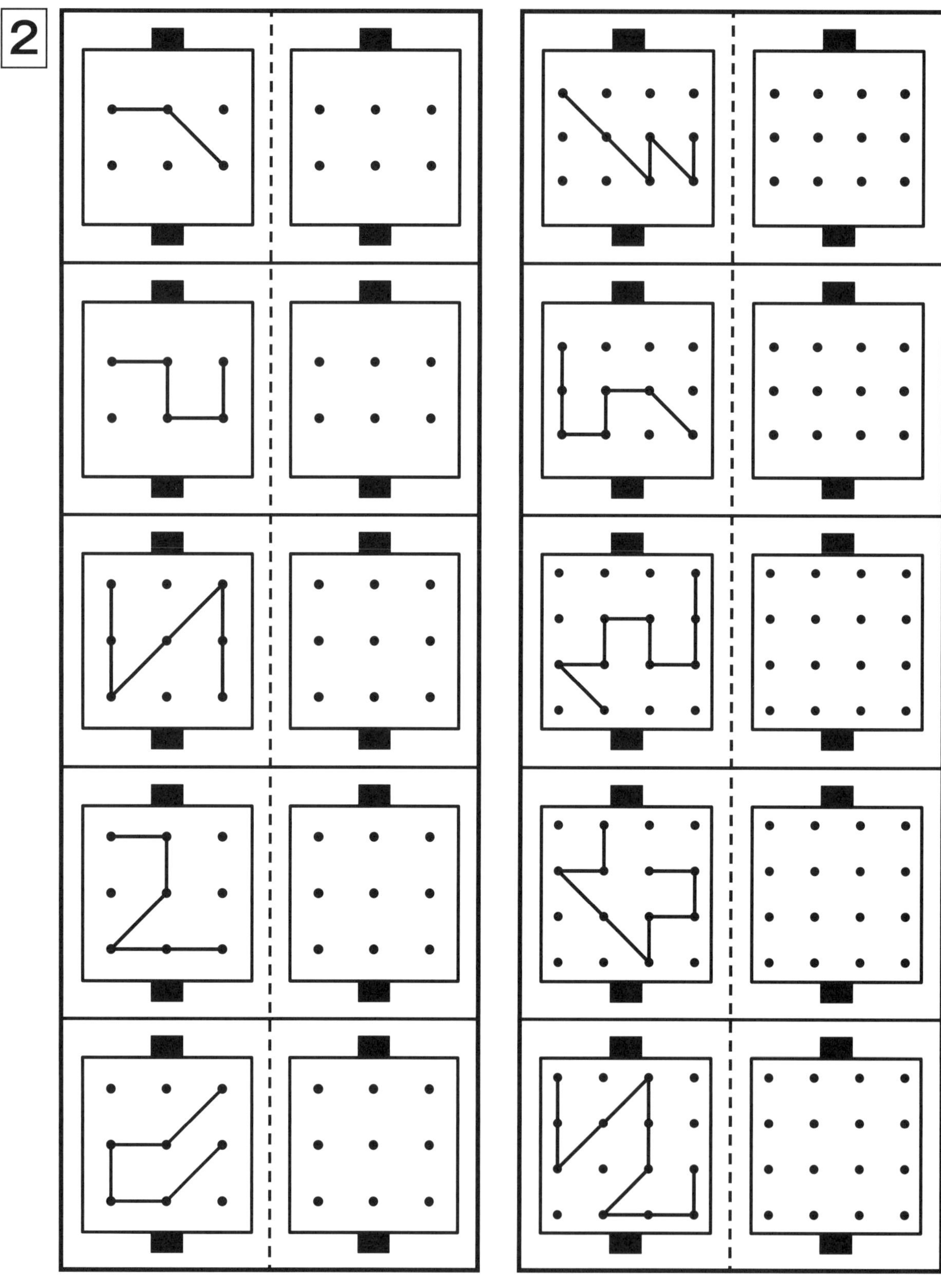

3

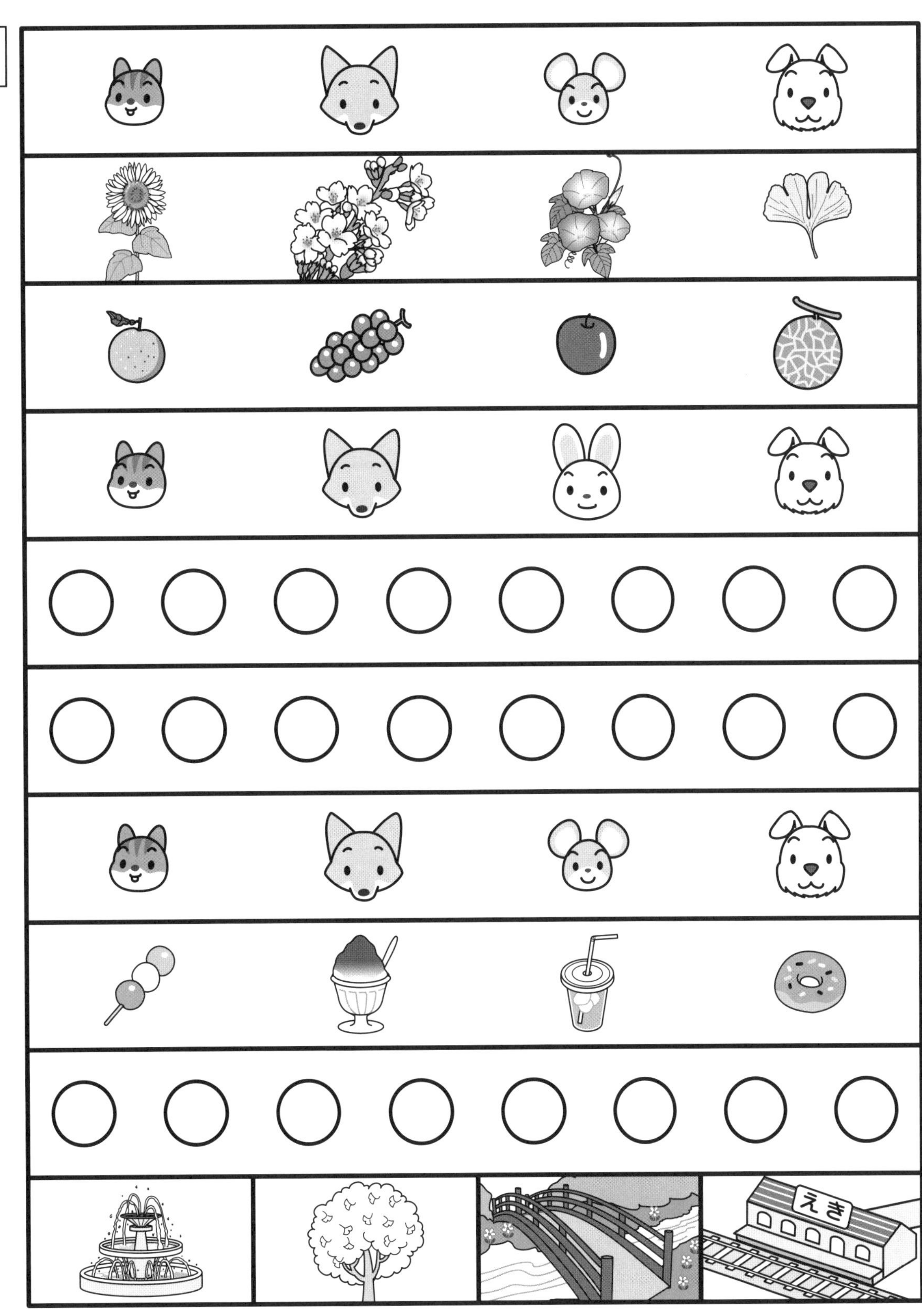

4

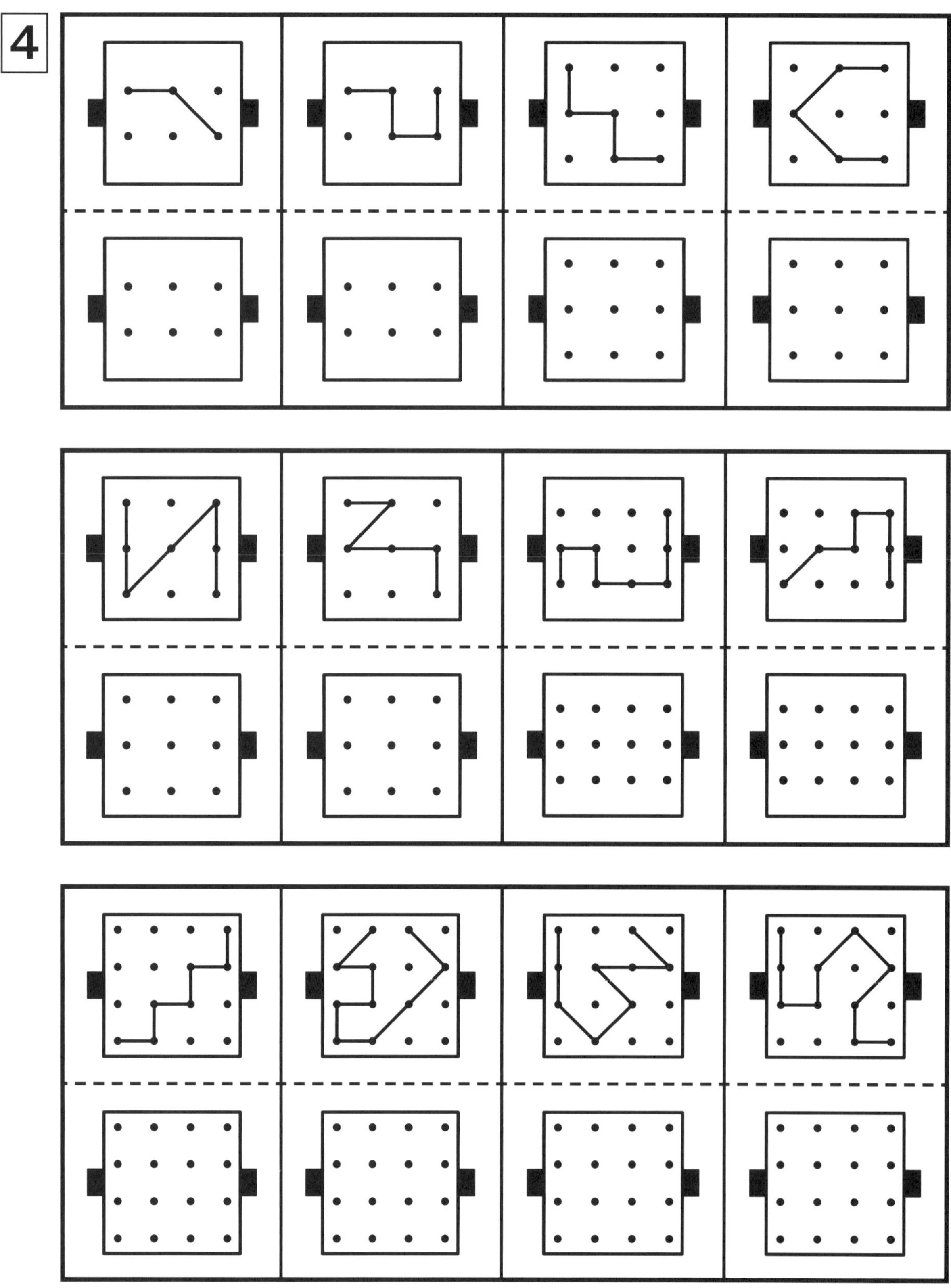

5

2018

6

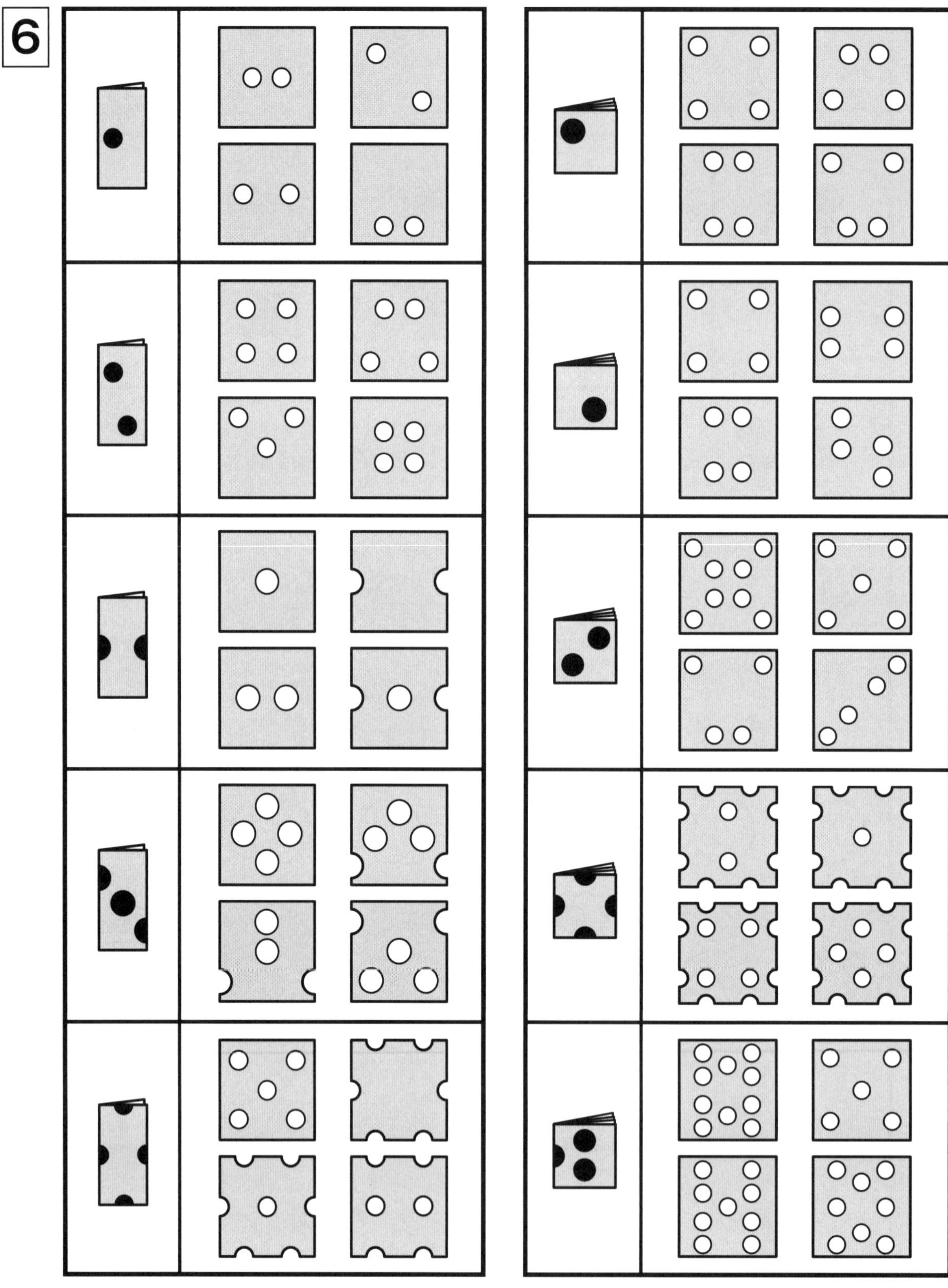

7

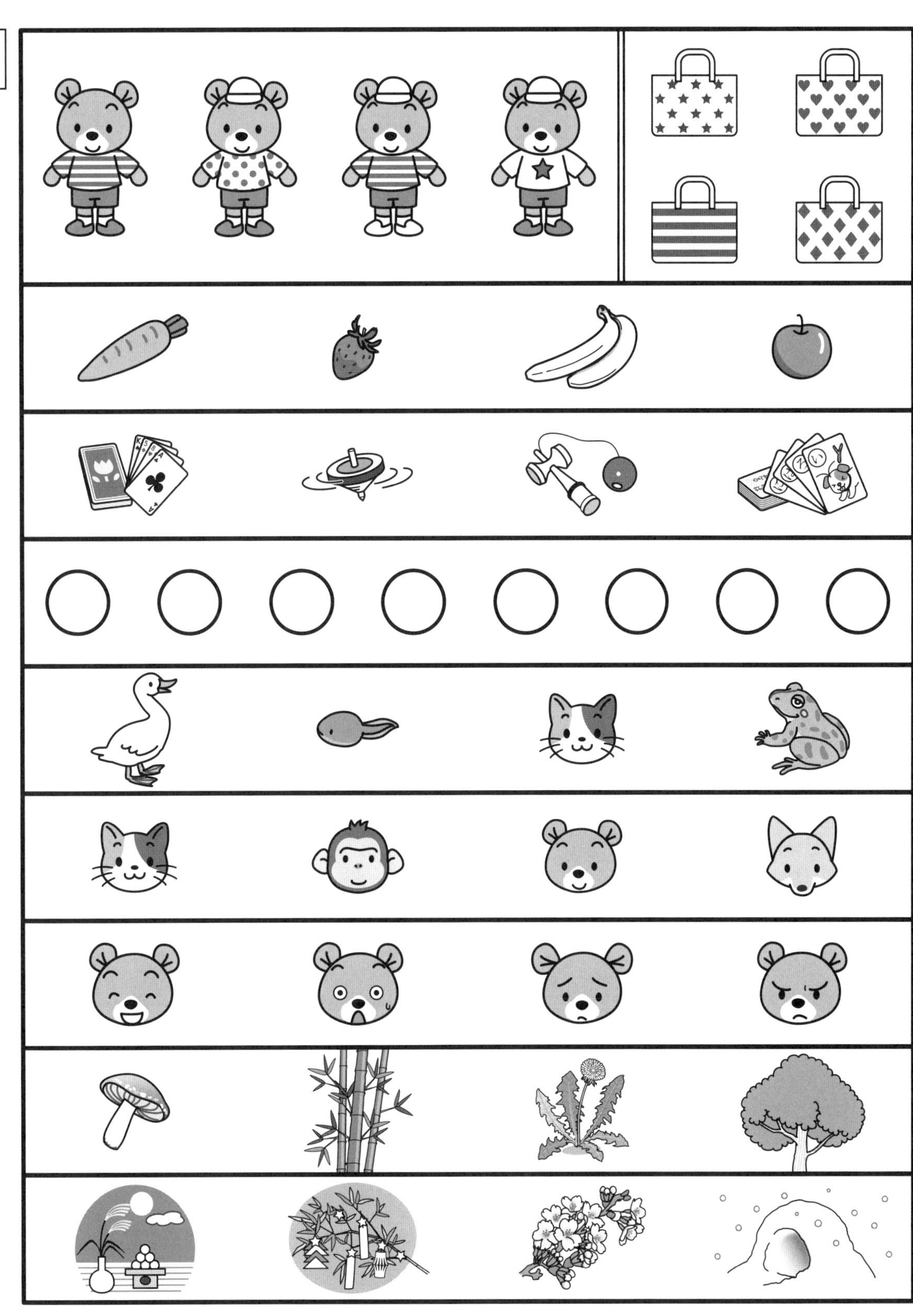

8

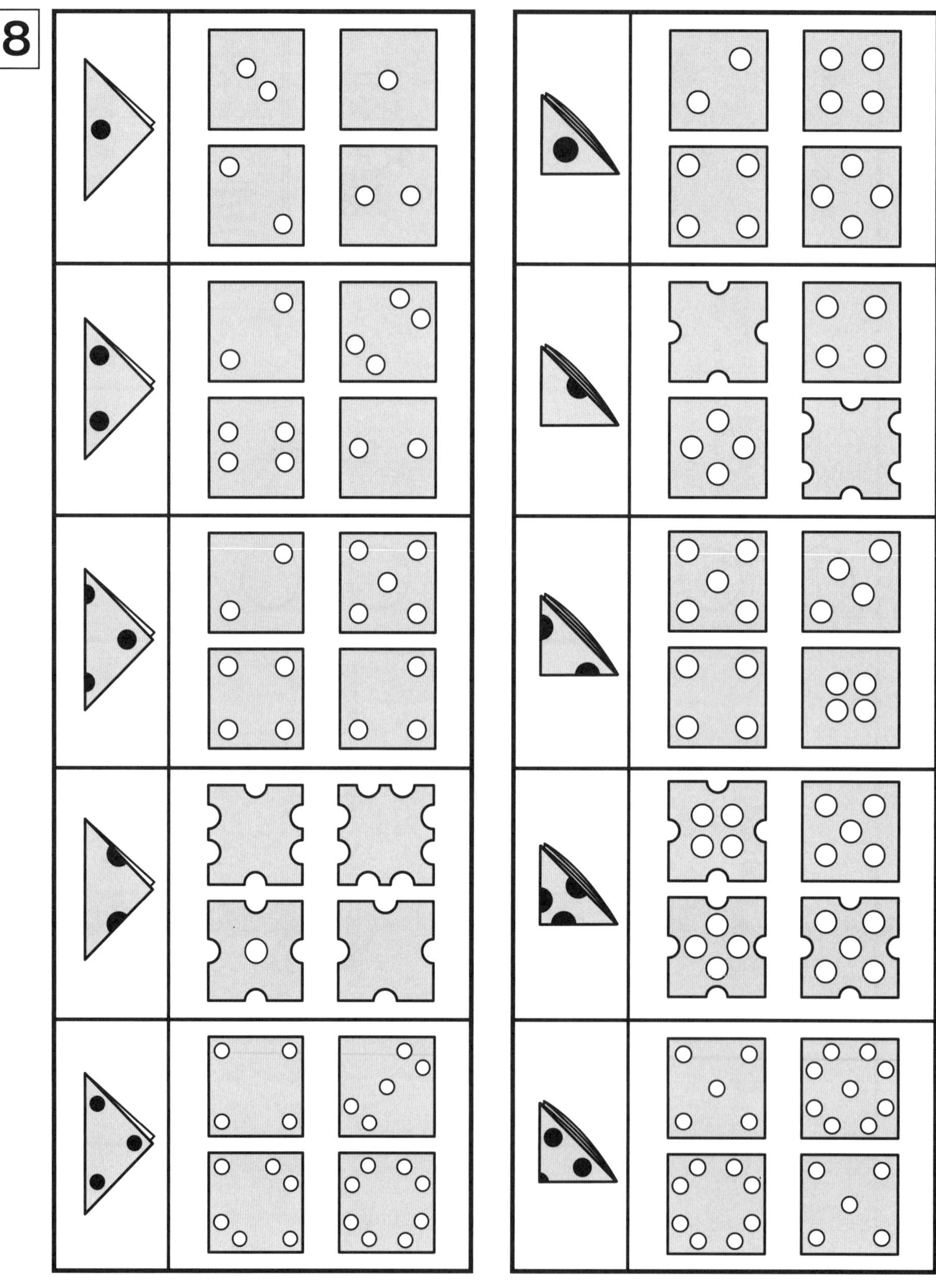

9

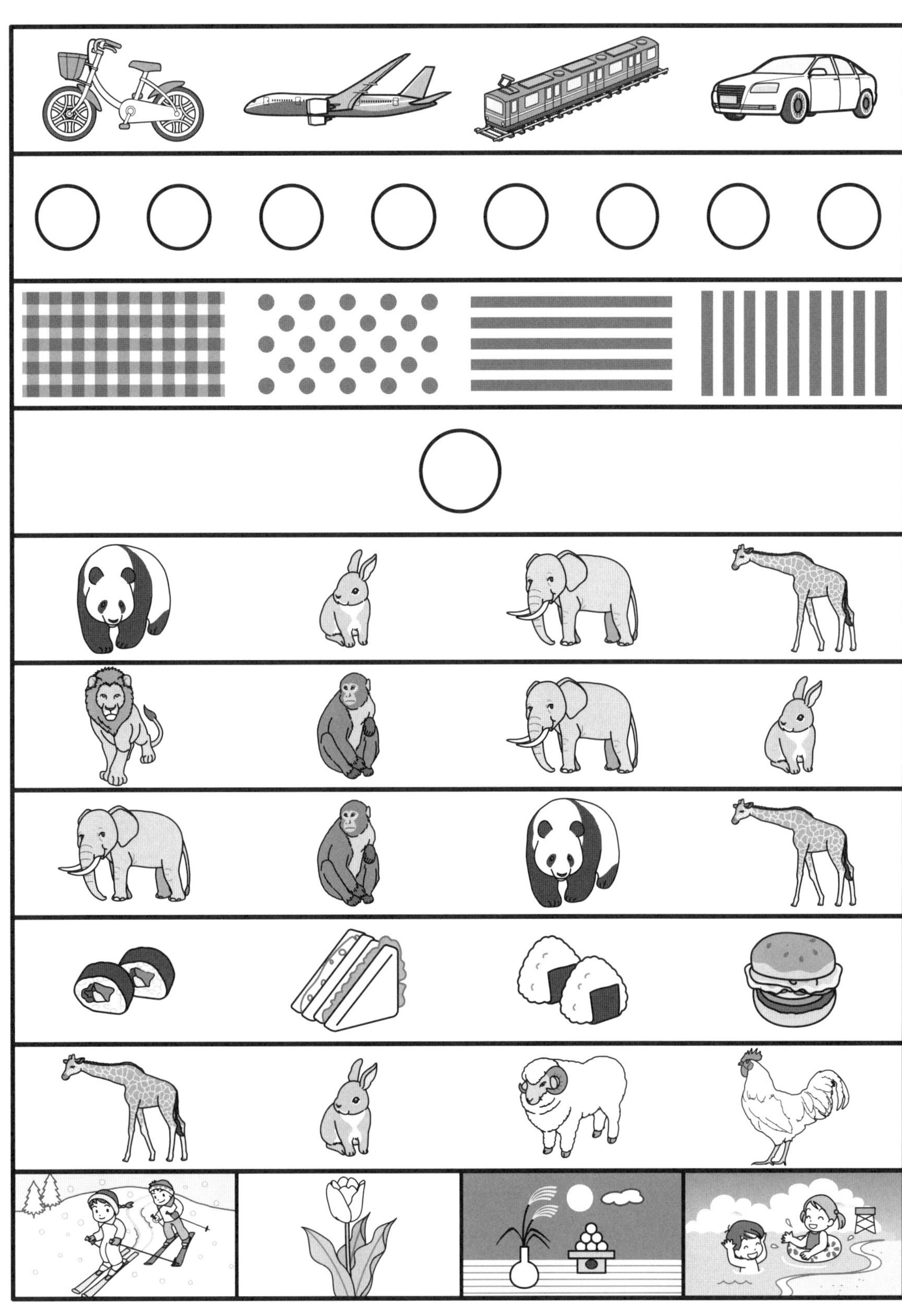

10

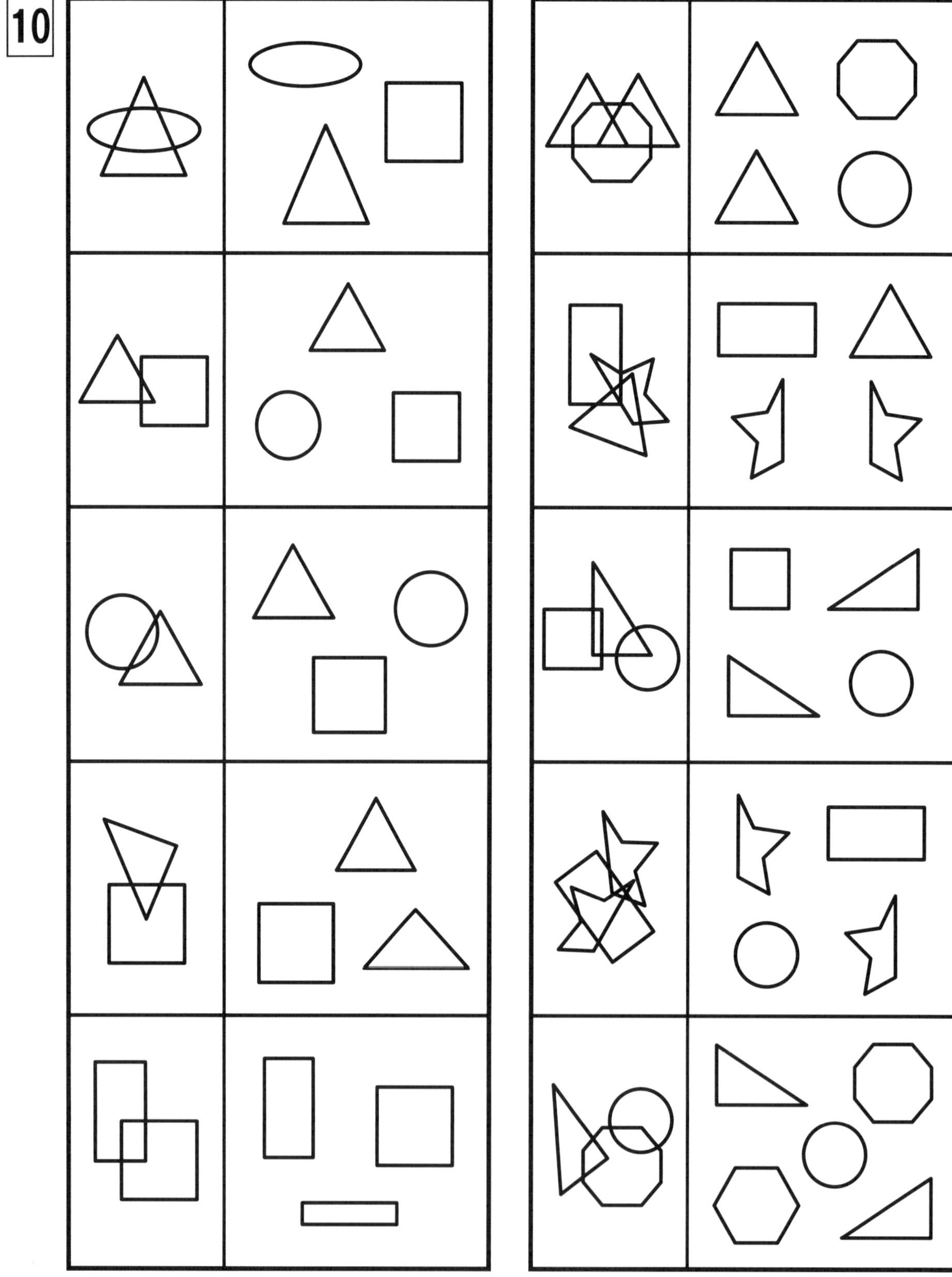

11

12

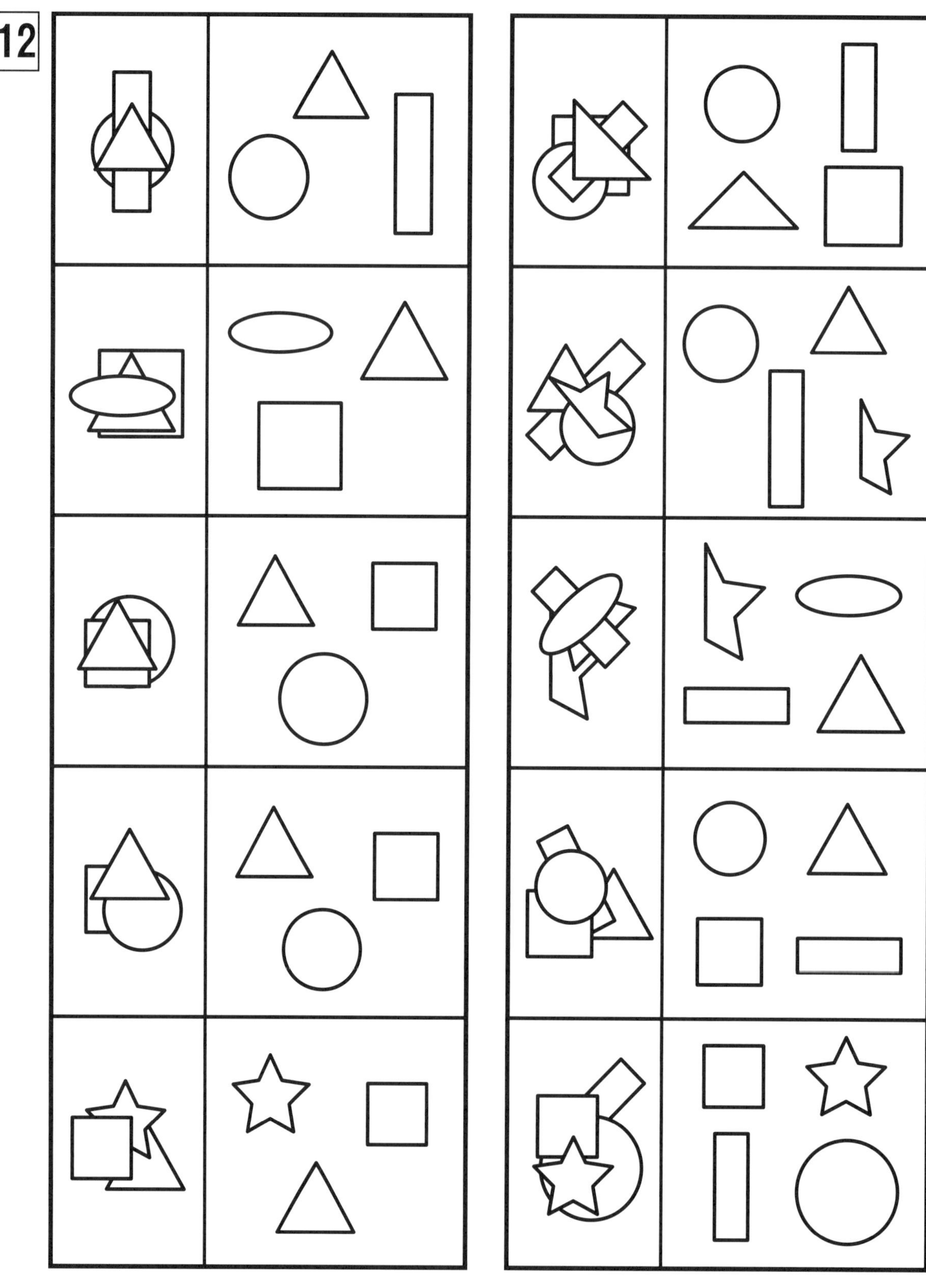

13

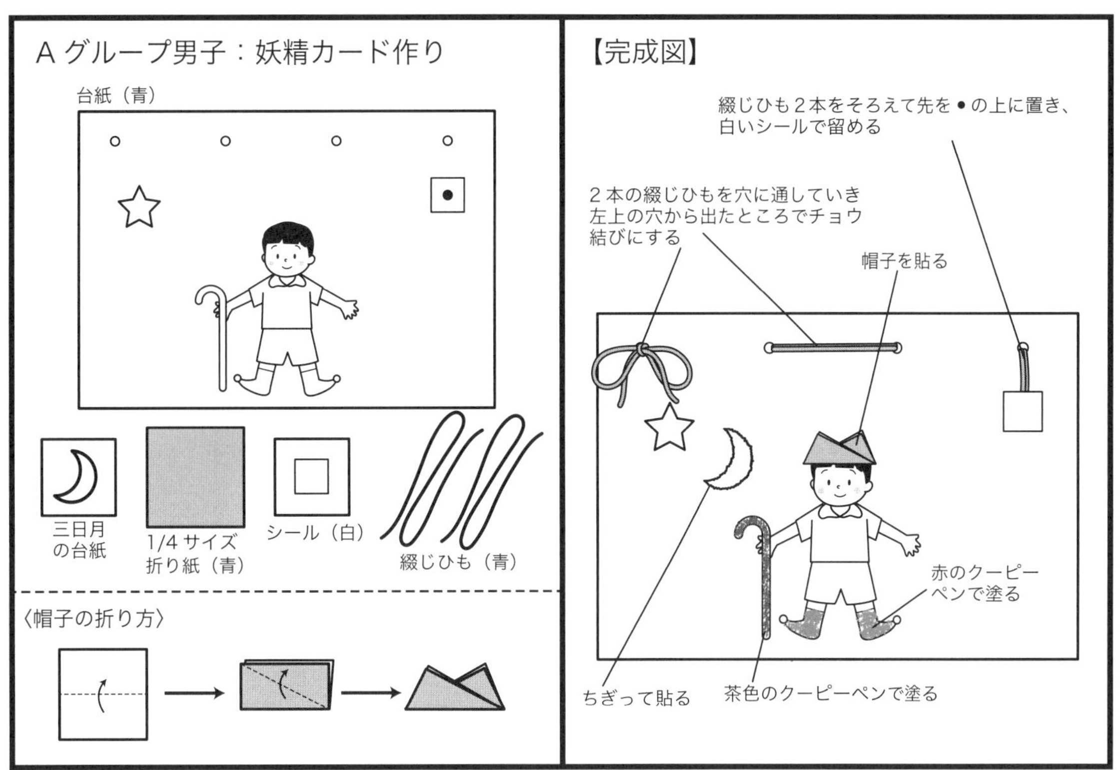
Aグループ男子：妖精カード作り
台紙（青）
三日月の台紙
1/4サイズ折り紙（青）
シール（白）
綴じひも（青）
〈帽子の折り方〉
【完成図】
綴じひも2本をそろえて先を●の上に置き、白いシールで留める
2本の綴じひもを穴に通していき左上の穴から出たところでチョウ結びにする
帽子を貼る
赤のクーピーペンで塗る
ちぎって貼る
茶色のクーピーペンで塗る

14

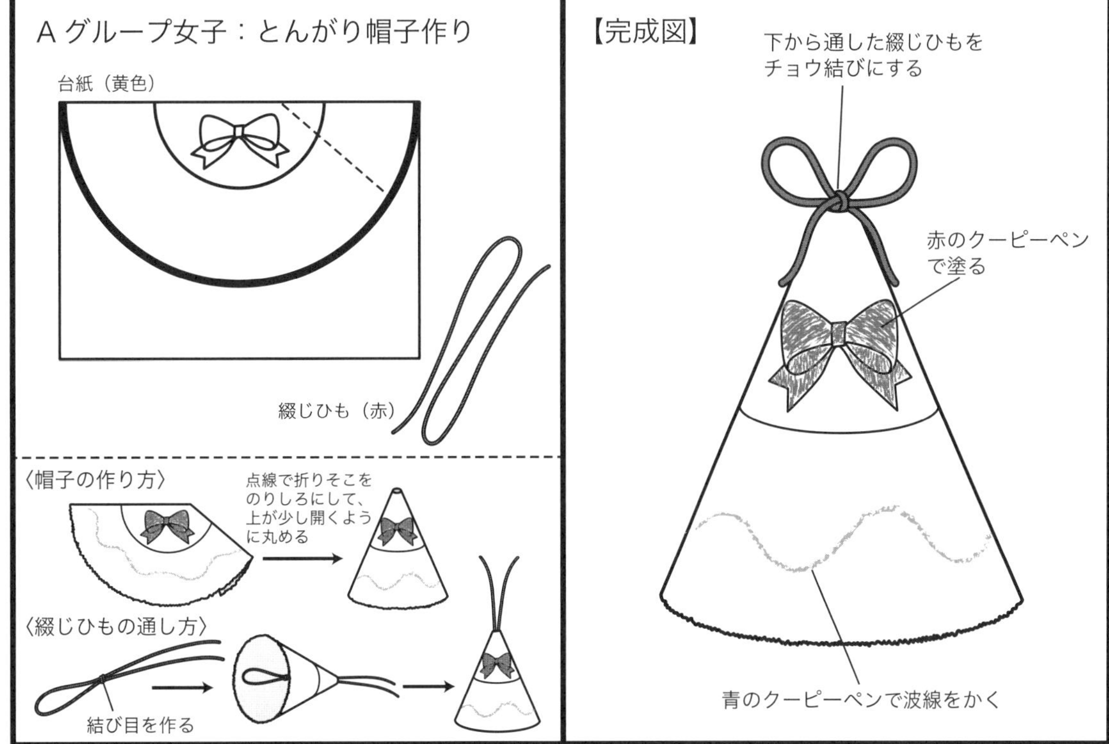
Aグループ女子：とんがり帽子作り
台紙（黄色）
綴じひも（赤）
〈帽子の作り方〉
点線で折りそこをのりしろにして、上が少し開くように丸める
〈綴じひもの通し方〉
結び目を作る
【完成図】
下から通した綴じひもをチョウ結びにする
赤のクーピーペンで塗る
青のクーピーペンで波線をかく

15 Bグループ男子：桃太郎のカード作り

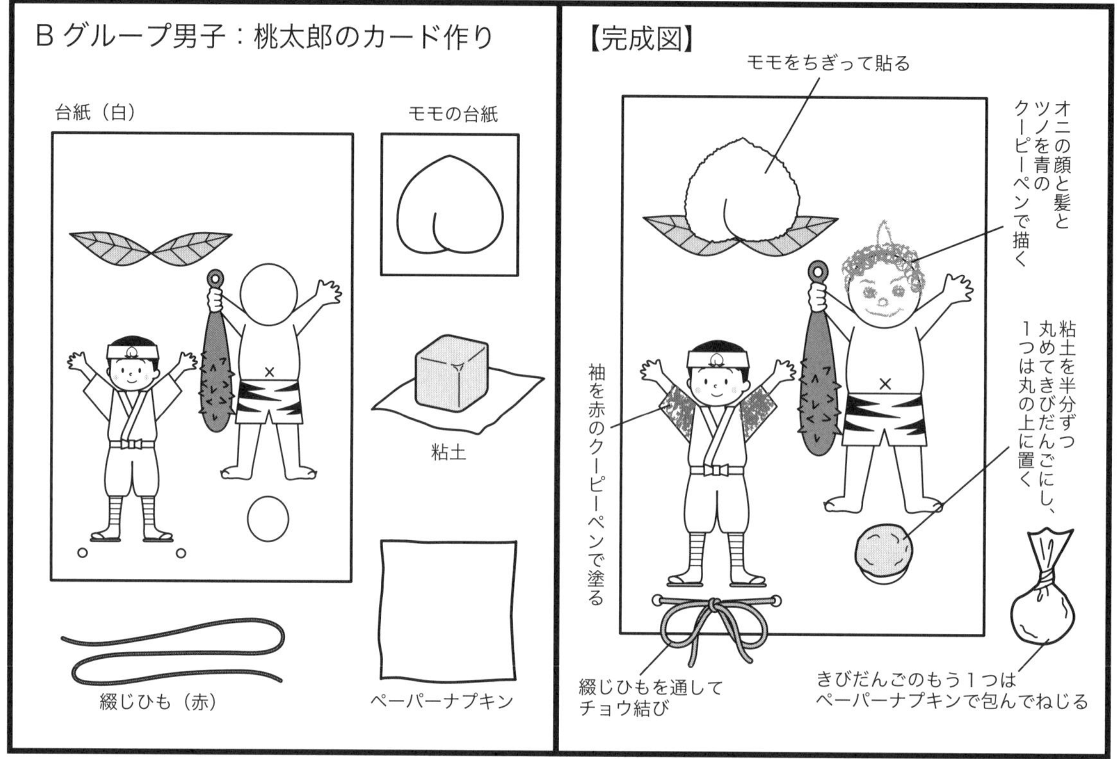

16 Bグループ女子：赤ずきんちゃんのカード作り

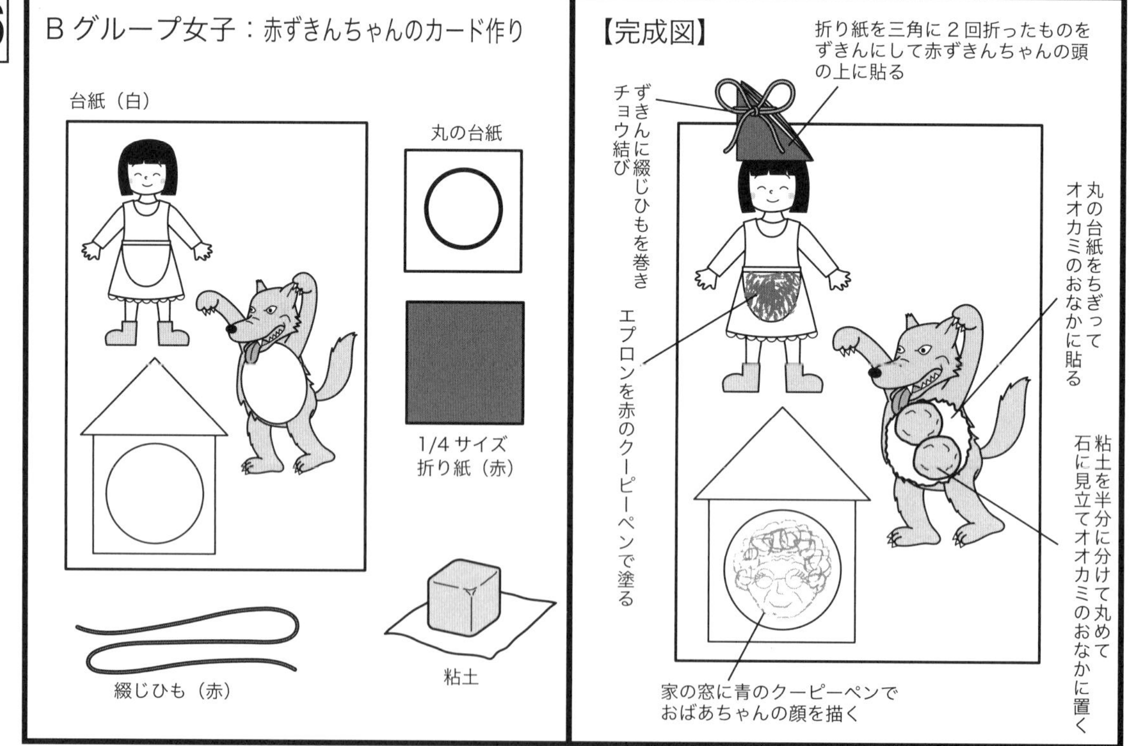

17

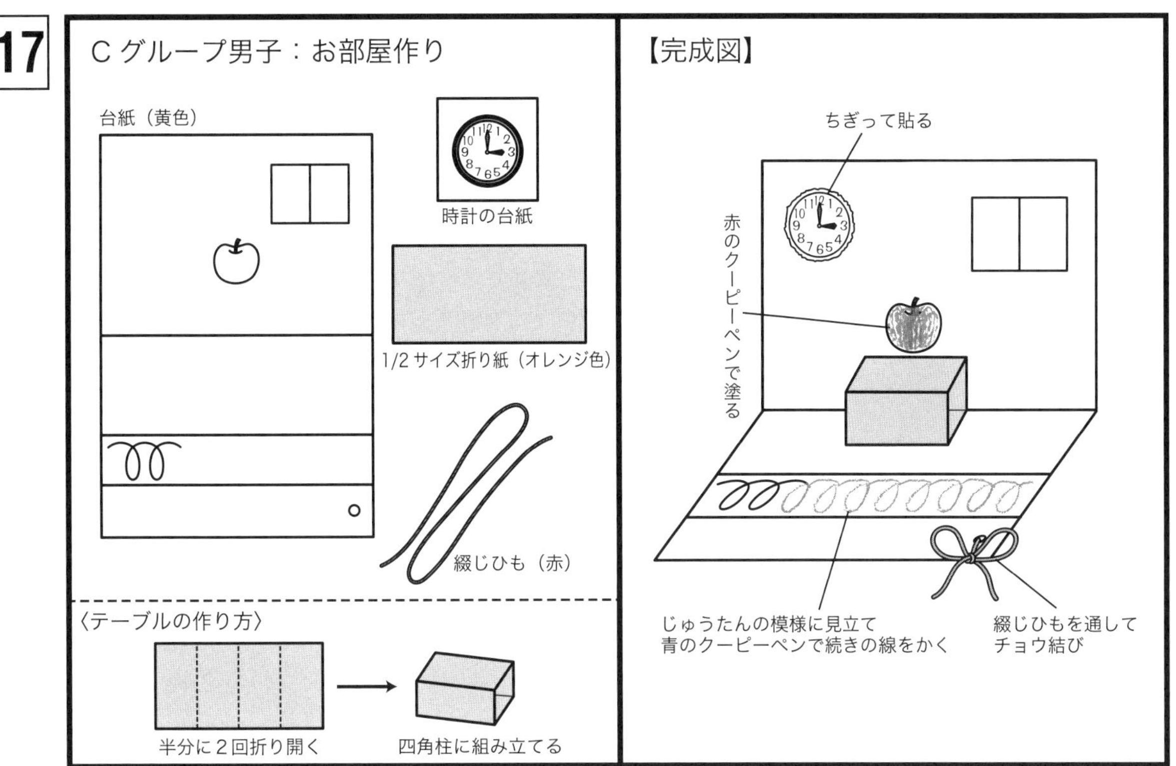

Cグループ男子：お部屋作り
台紙（黄色）
時計の台紙
1/2サイズ折り紙（オレンジ色）
綴じひも（赤）
〈テーブルの作り方〉
半分に2回折り開く
四角柱に組み立てる
【完成図】
ちぎって貼る
赤のクーピーペンで塗る
じゅうたんの模様に見立て
青のクーピーペンで続きの線をかく
綴じひもを通して
チョウ結び

18

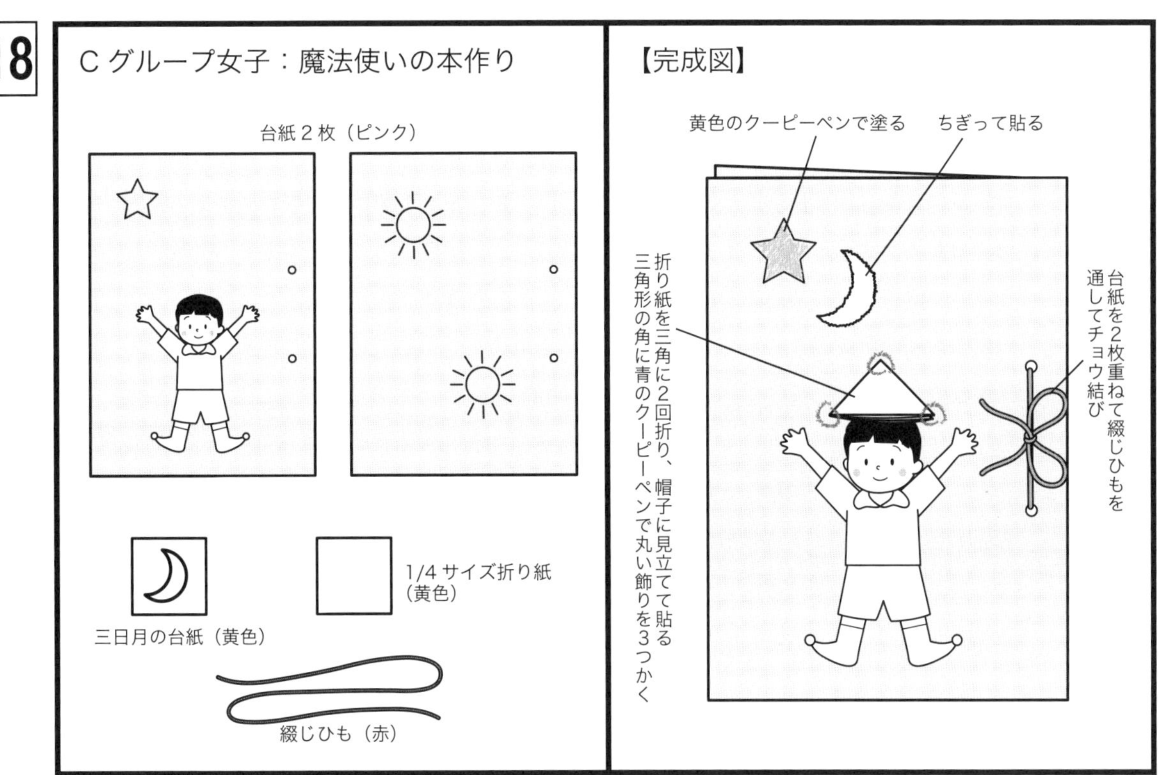

Cグループ女子：魔法使いの本作り
台紙2枚（ピンク）
三日月の台紙（黄色）
1/4サイズ折り紙
（黄色）
綴じひも（赤）
【完成図】
黄色のクーピーペンで塗る
ちぎって貼る
折り紙を三角に2回折り、帽子に見立てて貼る
三角形の角に青のクーピーペンで丸い飾りを3つかく
台紙を2枚重ねて綴じひもを通してチョウ結び

section 2017 筑波大学附属小学校入試問題

選抜方法

第一次 男女とも生年月日順にA（4月2日～7月31日生）、B（8月1日～11月30日生）、C（12月1日～4月1日生）の3グループに分け、それぞれ抽選で各グループ約350人を選出する。

第二次 考査は1日で、第一次合格者を対象に約30人単位でペーパーテスト、巧緻性・制作テスト、約15人単位で集団テスト、運動テストを行い、男女各約200人を選出する。所要時間は約1時間。

第三次 第二次合格者を対象に抽選を行い、男女各64人を選出する。

ペーパーテスト

筆記用具は赤、青、黄色、緑など各グループで異なる色のクーピーペンと鉛筆を使用。訂正方法は×（バツ印）。出題方法は話の記憶のお話のみテープでほかは口頭。

1 話の記憶（Aグループ男子）

「空から白いものがチラチラと降っている日のお話です。動物村の動物幼稚園では、動物たちがお部屋で音遊びをすることになりました。ヤギ先生が『今から先生が楽器を鳴らしますから、その音に合わせて体を動かしてくださいね。まずは、これです。トントントントントン（実際の太鼓の音も聞こえる）と鳴ったら歩きましょう。速くなったら走るんですよ。音をよく聞いてくださいね』と言いました。動物たちは太鼓の音に合わせて元気に歩きます。黄色い服を着ているサル君はいつも体を素早く動かして遊んでいるので、太鼓の音が速くなると大喜びで走っています。そのうちにゾウさんにぶつかってしまい、2匹はけんかを始めました。周りの動物たちが困っていると、ウサギさんが『せっかく楽しく遊んでいるんだから、けんかはやめて仲直りしましょうよ』と言いました。それを聞いてサル君は、『僕が周りを見ていなかったからぶつかっちゃったんだ。ごめんね』と謝りました。その様子を見ていたヤギ先生が、『仲直りができたのなら続きをしますよ。次は、これです。チーン（実際のトライアングルの音も聞こえる）と鳴ったらゆっくり歩いてください』と言いました。ゾウさんは、いつも森の中をゆっくり歩いているので、トライアングルの音に合わせて上手にゆっくり歩いています。『次は、これです。タンタタンタタンタタン（実際のタンバリンの音も聞こえる）と鳴ったら、スキップをしましょう』。赤いセーターを着たウサギさんは、タンバリンの音に合わせて上手にスキップをしています。でも、キツネ君はどうしてもスキップができません。そこでウサギさんがキツネ君に教えてあげました。『前の足と後ろの足をリズムに合わせて交替させながら上げると上手にできるようになるわよ』。みんなが楽しく動いて体が温まってきたので、ヤギ先生が『それでは、２つ目のゲームをしたいと思います』と言いました。『今から先生が鳴らす音が何の音なのか考えてください。１問目です。タントンタントン……』。初めにキツネ君が、『時計の音みたいだね』と言いました。サル君は、『大工さんがカナヅチで釘を打っている音みたい』と言いました。ウサギさんは、『ウマが歩いているみたいな音ね』と言いました。『皆さん、その調子ですよ。いろいろな音に聞こえて楽しいですね』とヤギ先生が言って、続いて２問目が始まりました。それは『ギィー……』という音でした。動物たちは次々に思ったことをお話しします。ゾウさんは、『ドアを開けているときの音かしら』と言い、サル君は『おもちゃの車のねじを巻いている音みたいだね』と言いました。それからじっくりと考えていたキツネ君が、『木こりが木を切っている音にも聞こえるよ』と言うと、ゾウさんが『えー、そんなはずないよ』と言ったので、キツネ君はしょんぼりしてしまいました。すると、ヤギ先生が『皆さんの考えはどれも間違いではありませんから、思ったことを言っていいのですよ』とお話ししてくれました。ちょうどそのときです。時計が『ボーンボーンボーン』と鳴り、時間になったので遊びはここまでとなりました」

・このお話の日の天気に○をつけましょう。
・けんかをした動物たちに○をつけましょう。
・スキップが苦手だった動物に○をつけましょう。
・スキップが得意だったのはどの動物ですか。その動物が着ていた服の色のクーピーペンで○をつけましょう。
・音当てゲームの２問目で、キツネ君はどんな顔になりましたか。○をつけましょう。
・ゾウさんは、「ギィー……」という音を何の音だと思いましたか。○をつけましょう。
・お話に出てきた動物は何匹でしたか。その数だけ丸を青のクーピーペンで塗りましょう。
・お話の季節と仲よしのものに○をつけましょう。

2　推理・思考（重ね図形）（Aグループ男子）

・左の絵は、透き通った紙にかいてあります。真ん中の太い線で折って絵の左側を右側にパタンと重ねたとき、丸が見えるマス目はどこですか。右のマス目の同じ場所に○をかきましょう。下の２段は、右と左の両側から太い線で折って重ねたときに丸が見えるマス目と同じ場所に○をかいてください。

3　話の記憶（Aグループ女子）

「もうすぐ七夕です。幼稚園ではその日に七夕の会が開かれることになっていて、たけし君たちはとても楽しみにしています。今日はたけし君のお家にお友達が集まって、七夕の会の出し物を何にしようかと相談をしています。たけし君は、縦のしま模様のシャツに半ズボンをはいています。たけし君が初めに『手品をしたいな』と言いましたが、たろう君が『みんなでできるものにしようよ』と言ったので、劇をすることになりました。たけし君が『みんなで桃太郎の劇がやりたいな』と言うと、たろう君が『僕はさるかに合戦がいいな』と言いました。それを聞いてみおこさんが『さるかに合戦だと、どんな役があるかしら』と聞くと、たけし君は『サル、カニ、臼（うす）、ハチ、クリ、あとウシのフン！』と言うので、『わたし、ウシのフンの役なんて絶対にやらないから』とともこさんは言いました。みおこさんが『赤ずきんちゃんはどうかしら？　オオカミの役がやりたいわ』と言うと、ともこさんは、『じゃあ、わたしは赤ずきんちゃんの役をやるわね』と言いました。それを聞いたたろう君は、『２人がその役をしたら、僕たちにはおばあちゃんとお母さんの役しか残ってないじゃないか。そんなの嫌だよ』と言いました。するとたけし君が、『どうして赤ずきんちゃんなんだよ。僕は桃太郎がやりたいって言ったでしょ』と怒り出して、話し合いはなかなか進みません。そこへ、たけし君のお母さんが来て、『みんな、おやつの時間にしましょう』と言いました。お母さんは、水色の水玉模様のついた緑のエプロンをして、お盆におやつを載せてニコニコと笑っています。たけし君は怒ったのでとてもおなかがすいてしまい、ドーナツを４個も食べてしまいました。たろう君はドーナツを２個、ともこさんはバナナを１本、みおこさんはキャンディー１個とバナナを１本食べました。様子を見ていたたけし君のおじいさんがやって来て、『劇じゃなくてもいいじゃないか。クイズはどうかな？　試しにクイズを出してみよう。かばんの中にあるものは何だ？』と言いました。たけし君が『それはもしかして動物かな？』と言うと、たろう君が『カバ！』と答えました。おじいさんは2問目も出しました。『スイカの中にあるものは何だ？』。たけし君は楽しくなってきました。『それはイカ！　僕もクイズを出してもいい？　トランプの中にあるものは何だ？』と、楽しいクイズは続きました」

・たけし君に○をつけましょう。
・お母さんのエプロンの模様に、エプロンの色のクーピーペンで○をつけましょう。
・たけし君が食べたドーナツの数だけドーナツに○をつけましょう。
・みおこさんがやりたいと言っていた役は何でしたか。○をつけましょう。
・たけし君は何の劇をしたいと言いましたか。○をつけましょう。
・おじいさんが最初に出したクイズの答えはどれでしたか。○をつけましょう。
・たけし君が最後に出したクイズの答えはどれですか。○をつけましょう。
・お話の季節と仲よしでないものに○をつけましょう。

4 推理・思考（重ね図形）（Aグループ女子）

・上の絵は、透き通った紙にかいてあります。真ん中の太い線で折って絵の上側を下側にパタンと重ねたとき、丸が見えるマス目はどこですか。下のマス目の同じ場所に○をかきましょう。下の段は、上と下の両側から太い線で折って重ねたときに丸が見えるマス目と同じ場所に○をかいてください。

5 話の記憶（Ｂグループ男子）

「今日はウサギさんのお誕生日会があるので早起きをしようと張り切っていたキツネ君ですが、目を覚ますと大変です。なんとお寝坊してしまいました。『なんで起こしてくれなかったの！』と、いつもは朝ごはんにサラダやパンをたくさん食べるキツネ君ですが、リンゴをひとかじりするとそのままお皿に置いて慌ててお家を出ました。キツネ君は星の模様のセーターを着て、チェックの模様のマフラーを首に巻いて、横のしま模様の手袋をしています。クマ君と一緒に行こうとクマ君のお家に走っていきましたが、お約束の時間を過ぎてしまっていたので、クマ君はもうウサギさんのお家に出かけた後でした。次にサル君のお家に行くと、待っていてくれたサル君は『遅いよー』と言いました。『寝坊しちゃったんだ。サル君、ごめんね』とキツネ君が謝るとサル君は許してくれて、一緒に出発しました。サル君は縦のしま模様の赤い手袋をしています。次にネズミさんのお家に寄りましたが、ネズミさんももうウサギさんのお家に出かけた後でした。キツネ君とサル君は、川に架かっている橋を３本渡り山を２つ越えて、ウサギさんのお家にようやく着きました。ネズミさんはもう着いていましたが、クマ君の方が先に出発したはずなのにまだ来ていません。みんなは心配になって山道を探しました。すると、『遅くなってごめんね。道に迷ったんだ』とクマ君が汗をかきながらやって来ました。やっと全員そろったので、お誕生日会を始めました。ウサギさんのお母さんが作ってくれたイチゴののったケーキにロウソクを２本立てて、みんなでウサギさんに歌を歌いました。ケーキを食べ終わると、みんなでウサギさんにプレゼントを渡しました。ネズミさんはお花屋さんで買ったすてきな花束を、クマ君はおもちゃ屋さんで買ったラジコンカーを、サル君はデパートで買った手袋を渡しました。最後にキツネ君が、ドングリで作ったウサギさんの似顔絵を渡すと、サル君が『みんなお店で買ったものだけど、キツネ君はプレゼントを買ってこなかったの？　あはは』と笑いました。キツネ君は顔を赤くしてしょんぼりしてしまいました」

・キツネ君は朝ごはんに何を食べましたか。○をつけましょう。
・キツネ君が身につけていたものに○をつけましょう。
・キツネ君とサル君は橋を何本渡りましたか。その数だけ丸を囲みましょう。
・サル君の手袋はどんな模様でしたか。合う絵に、その手袋の色のクーピーペンで○をつけましょう。
・お話に出てこなかった動物に○をつけましょう。
・キツネ君が持ってきたプレゼントに○をつけましょう。
・キツネ君が笑われたときの顔に○をつけましょう。
・お話の季節と仲よしのものに○をつけましょう。

6 推理・思考（回転図形）（Ｂグループ男子）

・左端のお手本を左に２回回すとどうなりますか。右から選んで○をつけましょう。

7　話の記憶（Ｂグループ女子）

「たかし君は、妹のお誕生日のプレゼントにお人形とケーキを買いに駅前のデパートに１人で出かけました。お家の近くのバス停からバスに乗って、一番前の席に座りました。窓から見えるイチョウの葉っぱが黄色く色づいて、とてもきれいです。３丁目のバス停に着くと、帽子をかぶって杖をついたおばあさんがバスに乗ってきました。たかし君が席を譲ると、『ありがとう』とおばあさんはニッコリ笑いました。そのときです。後ろの席から『たかし君、ここの席が空いているよ』と呼ぶ声がします。振り向くとそこにはお友達のよしお君とゆみさんが座っていました。２人は駅前の公園に遊びに行くところでした。たかし君は２人の隣に座ってお話を始めました。ゆみさんが『大きくなったら何になりたい？』と聞いたので、たかし君は『お花屋さんになりたい。ゆみちゃんは？』と言いました。ゆみさんは『わたしはパティシエになりたいの』、よしお君は『僕はパイロット！』と答えました。そこへ、めぐみさんがバスに乗ってきました。めぐみさんは図書館に行くところで、バスに３人が乗っていたので驚きました。４人が一緒になり、今度はなぞなぞ大会が始まりました。たかし君が『車の真ん中を取ると何かの動物になります。何だ？』となぞなぞを出すと、『わかった！　クマでしょ！』とゆみさんが答えました。『正解！　第２問です。子グマの真ん中を取ると何だ？』とたかし君が言って、めぐみさんが『はーい！　わかった！』と答えようとしたところで図書館前のバス停に着いたので、めぐみさんはバスから降りていきました」

・たかし君がバスの窓から見た葉っぱはどれですか。○をつけましょう。
・３丁目のバス停でバスに乗ってきた人は誰ですか。○をつけましょう。
・たかし君が買うものはどれですか。○をつけましょう。
・たかし君が大きくなったらなりたいものは何ですか。○をつけましょう。
・めぐみさんがバスに乗ってきたときの顔に○をつけましょう。
・めぐみさんが行こうとしていた場所にあるものに○をつけましょう。
・バスの中でなぞなぞをしたのは何人ですか。その数だけ丸を囲みましょう。
・めぐみさんが最後に答えようとしたなぞなぞの答えはどれですか。○をつけましょう。

8　推理・思考（回転図形）（Ｂグループ女子）

・左端のお手本を右に２回回すとどうなりますか。右から選んで○をつけましょう。

9　話の記憶（Ｃグループ男子）

「冬のある日、お天気がよくポカポカと暖かい日のことです。タヌキ君は、クリスマスにサンタさんからもらったお気に入りの赤いサッカーボールを持って、公園でサッカーをしようと出かけました。星の印のついた手袋を手にはめて、お母さんが作ってくれたドーナツを４個袋に入れて持っていきました。早くサッカーがしたくて公園に向かって走っていると、もうすぐ公園に着くというところでタヌキ君はうっかり道路に飛び出してしまいました。そこへトラさんが運転する車が通りかかり、タヌキ君は車にひかれそうになりました。『危ないじゃないか。今度は気をつけるんだぞ』と、トラさんが車から降りてきて怒りました。タヌキ君は本当に怖い思いをしたので今度からは絶対に気をつけようと思い、トラさんに『ごめんなさい』と謝りました。その後、気がつくとボールがありません。車にひかれそうになったときにボールはどこかへ飛んでいってしまったようです。しょんぼりしながらボールを探していると、公園からタヌキ君を呼ぶ声がしました。誰だろう？
と思いながら公園の中に入って木の下を通りかかったときです。『わっ！』と木の上からサル君が驚かせました。タヌキ君が『サル君、びっくりしたよ。僕のサッカーボール知らない？』と聞くと、『タヌキ君のボールはこれかな？　向こうの木の下に転がっていたよ』とキツネ君がボールを持ってきてくれました。タヌキ君はホッとして、一緒にサッカーをしようとみんなを誘いました。クマ君も仲間に入り、４匹でジャンケンをしてタヌキ君とクマ君、キツネ君とサル君のチームに分かれて楽しくサッカーをしました」

・タヌキ君のサッカーボールは何色でしたか。その色のクーピーペンで丸を塗りましょう。
・お話の中のお天気は何でしたか。合うものに○をつけましょう。
・タヌキ君の手袋に○をつけましょう。
・タヌキ君が持っていったドーナツの数は何個ですか。その数だけ丸を囲みましょう。
・「危ない」と怒った動物に○をつけましょう。
・木の上からタヌキ君を驚かせた動物に○をつけましょう。
・タヌキ君がボールを探しているときの顔に○をつけましょう。
・このお話の季節と仲よしのものに○をつけましょう。

10 推理・思考（回転図形）（Cグループ男子）

・左端のお手本の真ん中に黒いマス目がありますね。その周りのマス目の中の形が、時計の針と反対回りに矢印の数だけマス目の中を進みます。すると太線の中のマス目はどのようになりますか。右から選んで○をつけましょう。

11 話の記憶（Cグループ女子）

「今日は少し曇ったお天気です。キツネさんはお母さんに『おばあちゃんのところにこれを持っていってちょうだい』とお使いを頼まれて、青いブラウスに黄色のスカートをはいて、リンゴ３つとメロン１つを丸いカゴに入れて出かけました。しばらく歩いているとポツポツと雨が降り始め、だんだん激しくなってきました。キツネさんは傘を持っていなかったので、大きな木を見つけて雨宿りをしました。木にはお花がたくさん咲いていたので、

『おばあさん、喜ぶかしら』と手の届くところに咲いているお花を３つ摘みました。そのとき近くを歩いていたタヌキ君とクマ君とウサギさんが、傘を持っていなかったので雨宿りをしに木の下にやって来ました。雨がなかなかやまないので、４匹はジャンケンをして遊び始めました。１回目のジャンケンは全員がチョキを出してあいこになりました。２回目はみんながパーを出してまたあいこになりました。３回目はみんながグーを出してまたまたあいこになって勝負が決まりません。あいこが続いて動物たちはみんな大笑いしました。また何回かジャンケンをして、やっとクマ君がパーを出して勝ちました。『やった、勝った！』とクマ君が喜んでいると、キツネさんが『そうだ、わたしはおばあちゃんのお家に行かなくちゃいけないんだわ』と言いました。クマ君が『じゃあ、僕たちも一緒に行ってもいい？』と言ったので、キツネさんはほかの動物たちも連れていってあげることにしました。お家に着くとおばあちゃんは、『あら、お友達も一緒なのね』と言ってにっこり迎えてくれました。おばあちゃんはたくさんクッキーを作ってくれて、みんなでおいしくいただきました」

・キツネさんのスカートの色は何色ですか。その色のクーピーペンで丸を塗りましょう。
・キツネさんがお家からおばあちゃんのところに持っていったものに○をつけましょう。
・キツネさんが木から摘んだ花の数だけ、花の絵に○をつけましょう。
・キツネさんが雨宿りをしていたときに会った動物に○をつけましょう。
・１回目のジャンケンでは、何であいこになりましたか。合うものに○をつけましょう。
・おばあちゃんのところに一緒に行ってもいいかと聞いた動物に○をつけましょう。
・おばあちゃんはキツネさんたちを迎えたときどんな顔でしたか。合うものに○をつけましょう。
・お話の中でおばあちゃんのお家に行く前の天気はどのように変わりましたか。合うものに○をつけましょう。

12 推理・思考（回転図形）（Ｃグループ女子）

・左端のお手本の真ん中に黒いマス目がありますね。その周りのマス目の中の形が、時計の針と同じ向きに矢印の数だけマス目の中を進みます。すると太線の中のマス目はどのようになりますか。右側から選んで○をつけましょう。

集団テスト

テスターがお手本を作る様子が映像で流れる。

13 巧緻性・制作（Ａグループ男子）

玉入れ作り：右上に２つの丸が印刷されたＡ４判の台紙（穴が開いている）、裏に折り線のかかれた折り紙（青）１枚、綴じひも１本、クーピーペン（赤、青）、スティックのりが用意されている。
・台紙の右上の丸を上は赤のクーピーペンで、下は青のクーピーペンで塗りましょう。
・折り紙を半分に折り、片側だけもう半分に折って、折り線を両手で裂くようにちぎって短冊にしましょう。
・折り紙をちぎって作った短冊を台紙に貼りましょう。貼るときは台紙ののりづけ用の印に合わせて、短冊の両端を折ってのりづけしてください。
・残っている折り紙を丸めてボールにしましょう。
・台紙の上の穴に綴じひもを通してチョウ結びをしましょう。
・台紙の下の点線を折って、台紙を立てましょう。

14 巧緻性・制作（Aグループ女子）

ネコポンポン作り：ビニール袋１枚、目が印刷された台紙、折り紙（赤）１枚、クーピーペン（青）、クレヨン（黒）、スティックのりが用意されている。
・目の中を青のクーピーペンで塗り、周りをちぎりましょう。
・折り紙を帽子になるように折り、ビニール袋の右上の角にかぶせるようにスティックのりで貼りましょう。
・ちぎった目をネコの顔の目になるようにビニール袋の右側に貼り、その左側に黒のクレヨンで目を描きましょう。ひげも描いてください。
・ビニール袋の中に空気を入れて、口をかた結びしましょう。

15 巧緻性・制作（Bグループ男子）

お弁当作り：左下にブロッコリーの絵が印刷された台紙（穴が開いている）、おにぎりが描かれた台紙、長方形1／2サイズの折り紙（黄色）１枚、丸シール（赤）１枚、綴じひも１本、クーピーペン（緑）、スティックのりが用意されている。
・台紙のブロッコリーを緑のクーピーペンで塗りましょう。
・おにぎりの台紙を線に沿ってちぎりましょう。
・黄色の折り紙を筒状に丸めて玉子焼きにしましょう。
・台紙の右上に玉子焼き、右下におにぎりを貼りましょう。
・台紙の左上に丸シールを貼り、緑のクーピーペンでヘタを描いてミニトマトにしましょう。
・台紙の上の穴に綴じひもを通してチョウ結びをしましょう。

16 巧緻性・制作（Bグループ女子）

クリスマスリース作り：クリスマスリースが印刷された台紙（穴が開いている）、ベルが印刷された台紙、正方形1／4サイズの折り紙（ピンク）１枚、綴じひも１本、クーピーペン（赤、黒）、スティックのりが用意されている。

・クリスマスリースの右下の丸を赤のクーピーペンで塗りましょう。
・ベルの台紙を線に沿ってちぎり、クリスマスリースのリボンの下に貼りましょう。
・折り紙を折って花にして、台紙の左下に貼りましょう。
・クリスマスリースの中に雪ダルマの顔と帽子を描きましょう。
・台紙の上の穴に綴じひもを通してチョウ結びをしましょう。

17 巧緻性・制作（Cグループ男子）

カエル作り：カエルが印刷された台紙（穴が開いている）、目が印刷された台紙、正方形1／4サイズの折り紙（赤）1枚、綴じひも1本、クーピーペン（水色、黒）、スティックのりが用意されている。
・台紙の左側にある丸を水色のクーピーペンで塗りましょう。
・目の台紙をちぎり、カエルの右側の目になるように貼りましょう。左側の目は黒いクーピーペンで描いてください。
・折り紙を三角になるように半分に折り、カエルの目の下に貼って口にしましょう。
・台紙の左上の穴に綴じひもを通してチョウ結びをしましょう。

18 巧緻性・制作（Cグループ女子）

ハート作り：左側にハートが印刷された台紙、ハートの半分の形が点線で印刷された正方形1／4サイズの折り紙（黄色）1枚、何もかかれていない正方形1／4サイズの折り紙（赤）1枚、100cm程度の綴じひも1本、クーピーペン（青）、スティックのりが用意されている。
・台紙のハートを青のクーピーペンで塗りましょう。
・黄色い折り紙を半分に折り、点線をちぎって開いてハートにしましょう。
・赤い折り紙をハートの形にちぎりましょう。
・台紙の真ん中に黄色、右側に赤のハートを並べて貼りましょう。
・綴じひもを自分のおなかに巻き、チョウ結びが前になるように結びましょう。

言　語（各グループ共通）

1人ずつ質問に答える。
・今日は誰と来ましたか。
・朝ごはんは何を食べてきましたか。
・好きな食べ物は何ですか。
・好きな動物は何ですか。
・きょうだいはいますか。

行動観察（各グループ共通。4、5人ずつに分かれて行う）

・ジャンケンゲーム…チームごとに何を出すか相談し、全員一斉に同じジャンケンの手を出しテスターと勝負する。決めた手が勝っていても１人でも違う手を出していたら負け、というお約束がある。

・タワー作り…用意されている大小の紙コップを使って、グループごとにお友達と協力してできるだけ高くなるように積む。

運動テスト

各グループ共通。

クマ歩き

U字の白線に沿って１人ずつクマ歩きをする。U字の内側に入ってはいけない。

面接資料／アンケート

第二次考査中に保護者対象の作文がある。２つのテーマから１つ選び約25分で書く（【】内はテーマ）。作文の後に学校紹介の映像を鑑賞する。

Aグループ男子

・【役員】お仕事と学校の役員や行事が重なった場合はどうしますか。

・【方針】学校の教育方針とご家庭の教育方針が異なるときはどうしますか。

Aグループ女子

・【友人関係】子どもが友人関係で悩んでいると言ったらどうしますか。

・【林間学校】３泊４日の林間学校があり、高い山に登るため体力的にも精神的にも厳しい面がありますがどのように思いますか。ご家庭でどのようにサポートしますか。

Bグループ男子

・【友人関係】子どもがお友達とトラブルになっているとほかの保護者から言われたら、どのように考え、どのように対応しますか。

・【事故対応】けがや体調不良などで学校から連絡があったらどのように対処しますか。

Bグループ女子

・【スマホ・アプリ】ＳＮＳや無料アプリを用いた保護者間のコミュニケーションについてどう考えますか。

・【運動会】本校の運動会は厳しい練習や勝敗にこだわる伝統がありますが、ご家庭ではどのように取り組もうと思いますか。

Cグループ男子

・【給食】本校ではアレルギー対応をしていないこと、また偏食しないよう指導していることについて、どのように考え、どのように対処しますか。

・【生活指導】子どもが登下校中に電車や駅で騒いでいると聞いた場合、どのように考え、どのように対処しますか。

Cグループ女子

・【アレルギー】給食などでアレルギー対応をしていないことについてどのように考え、ご家庭でどのように対処しますか。
・【友人関係】子どもとお友達の価値観が違っていると感じた場合、どのように指導しますか。

1

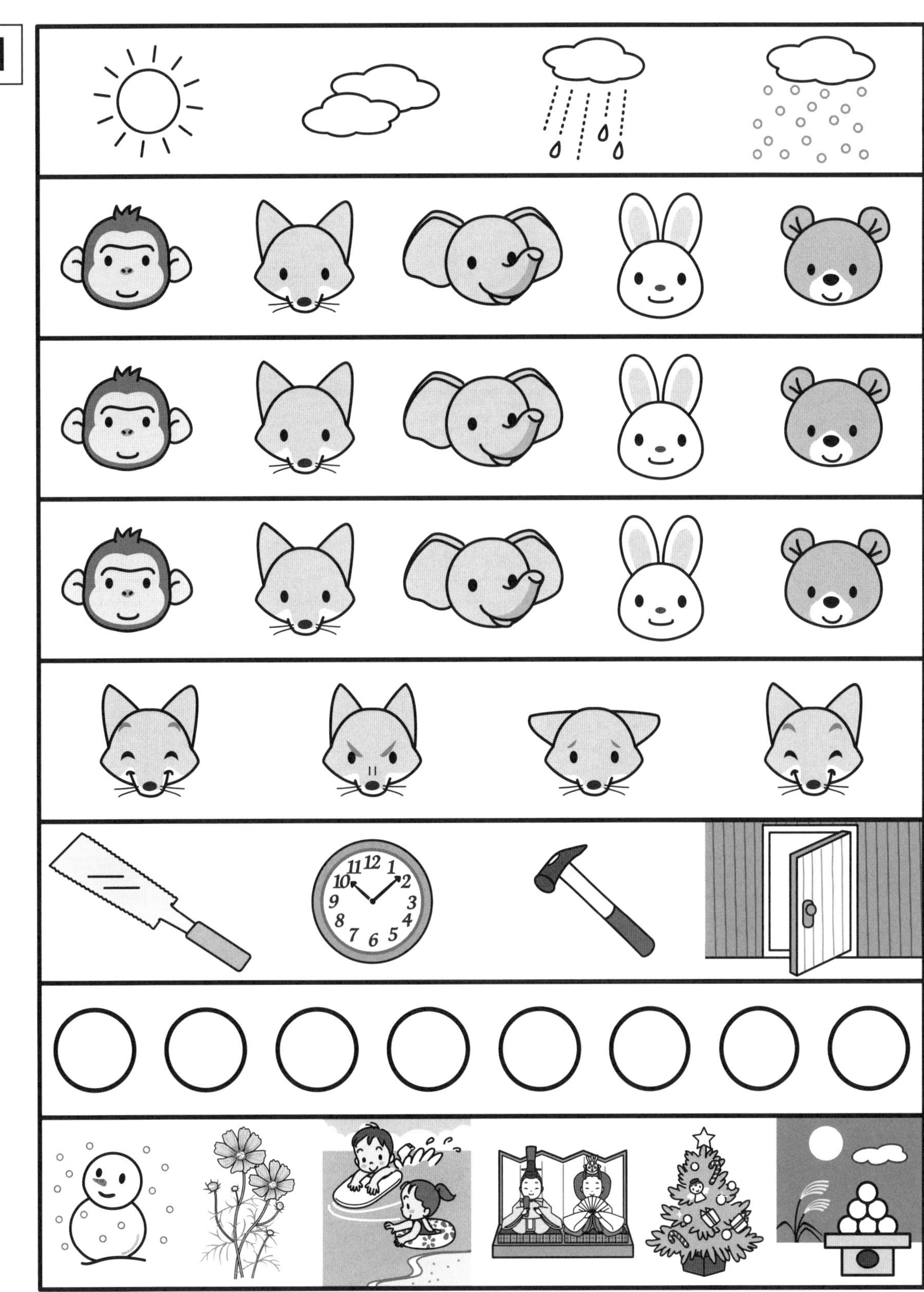

2

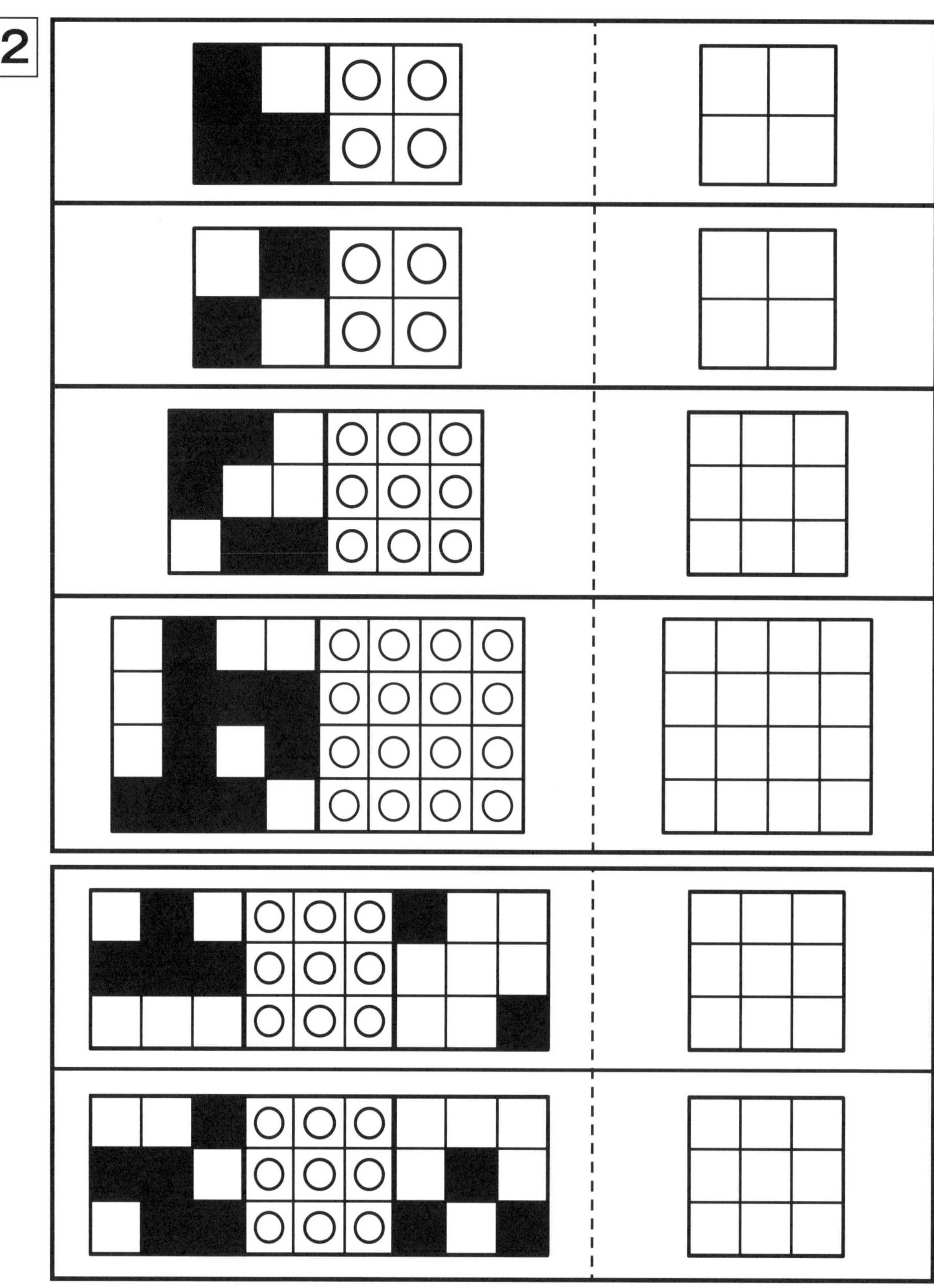

3

4

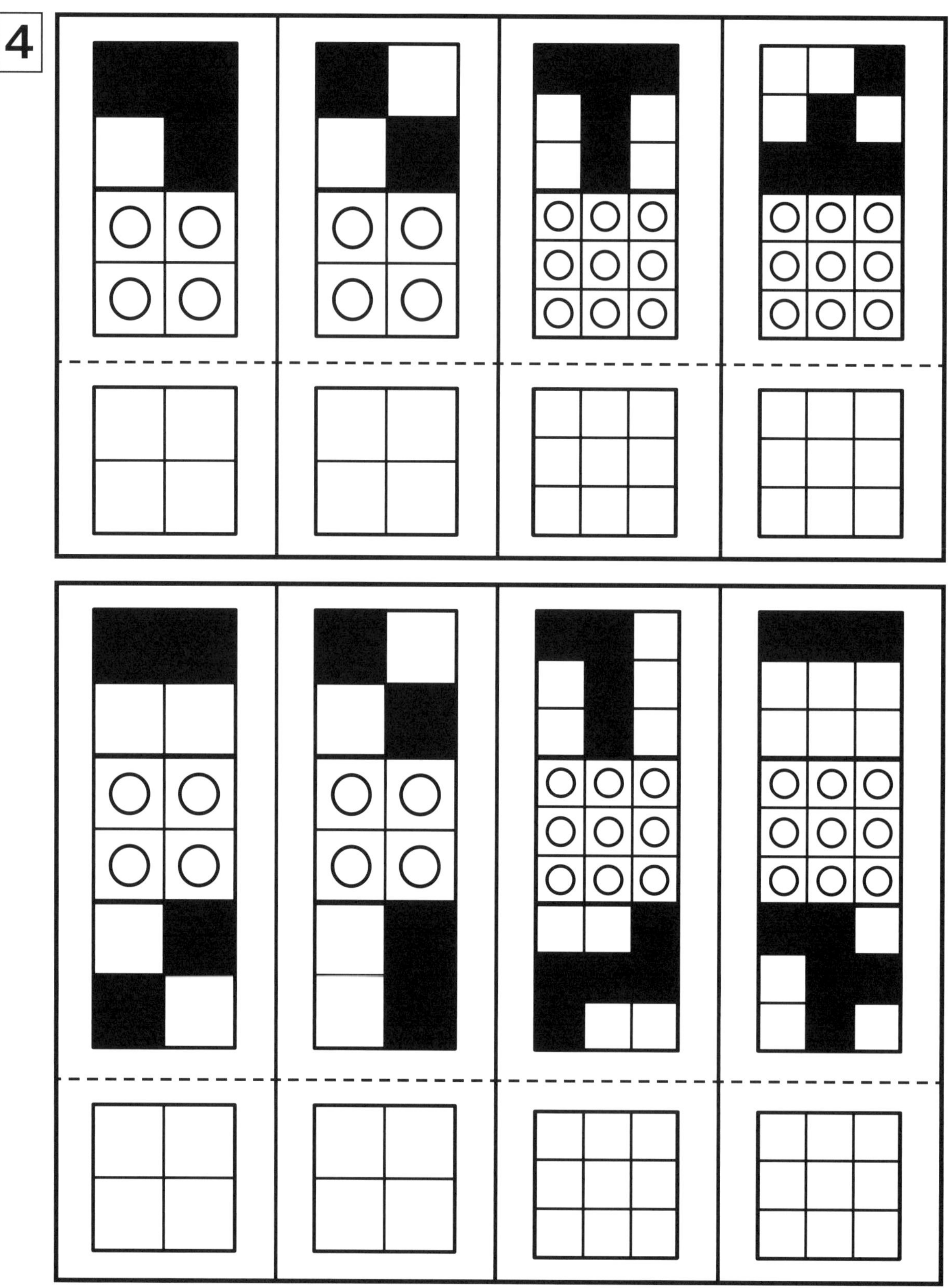

5

6

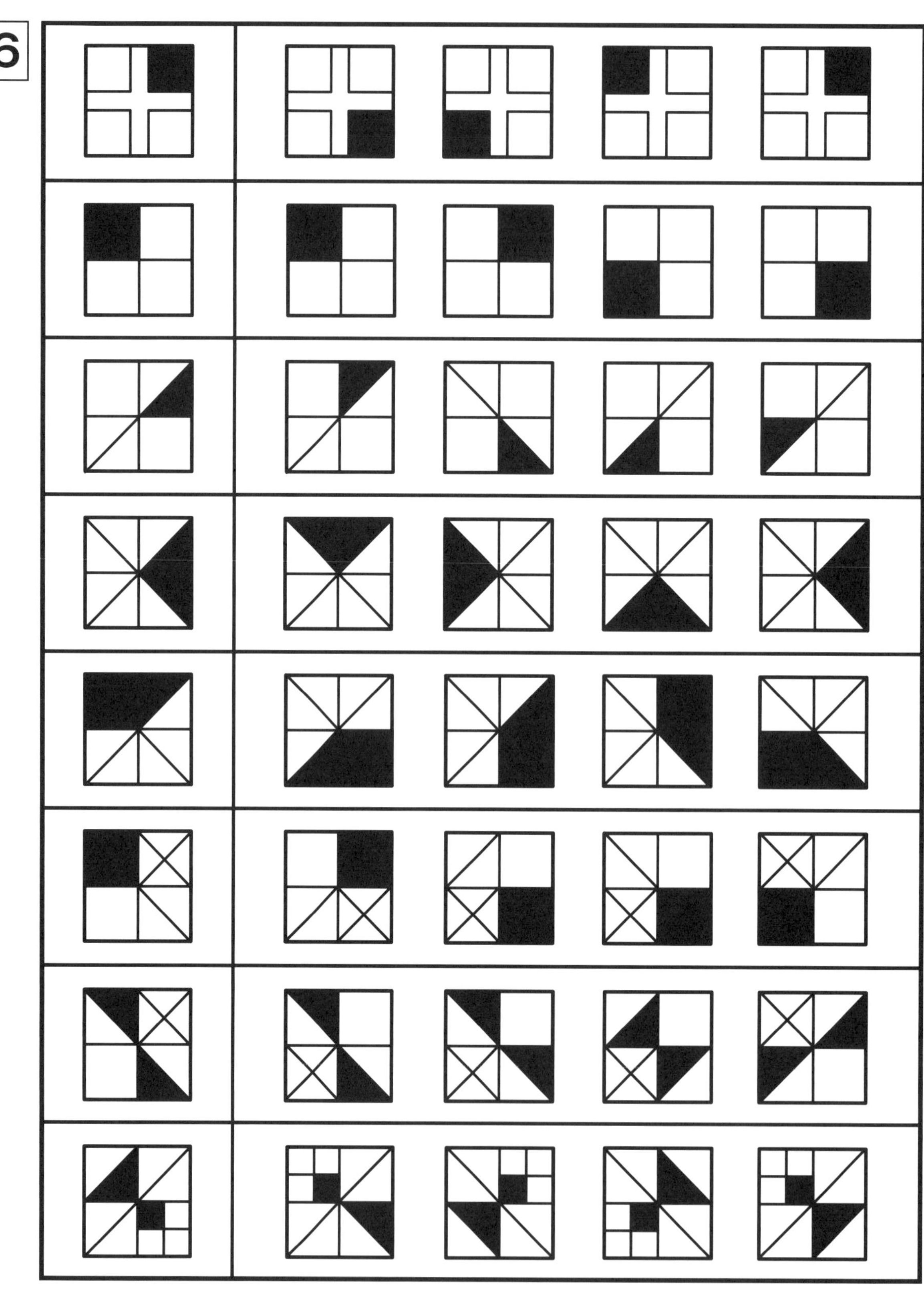

7

8

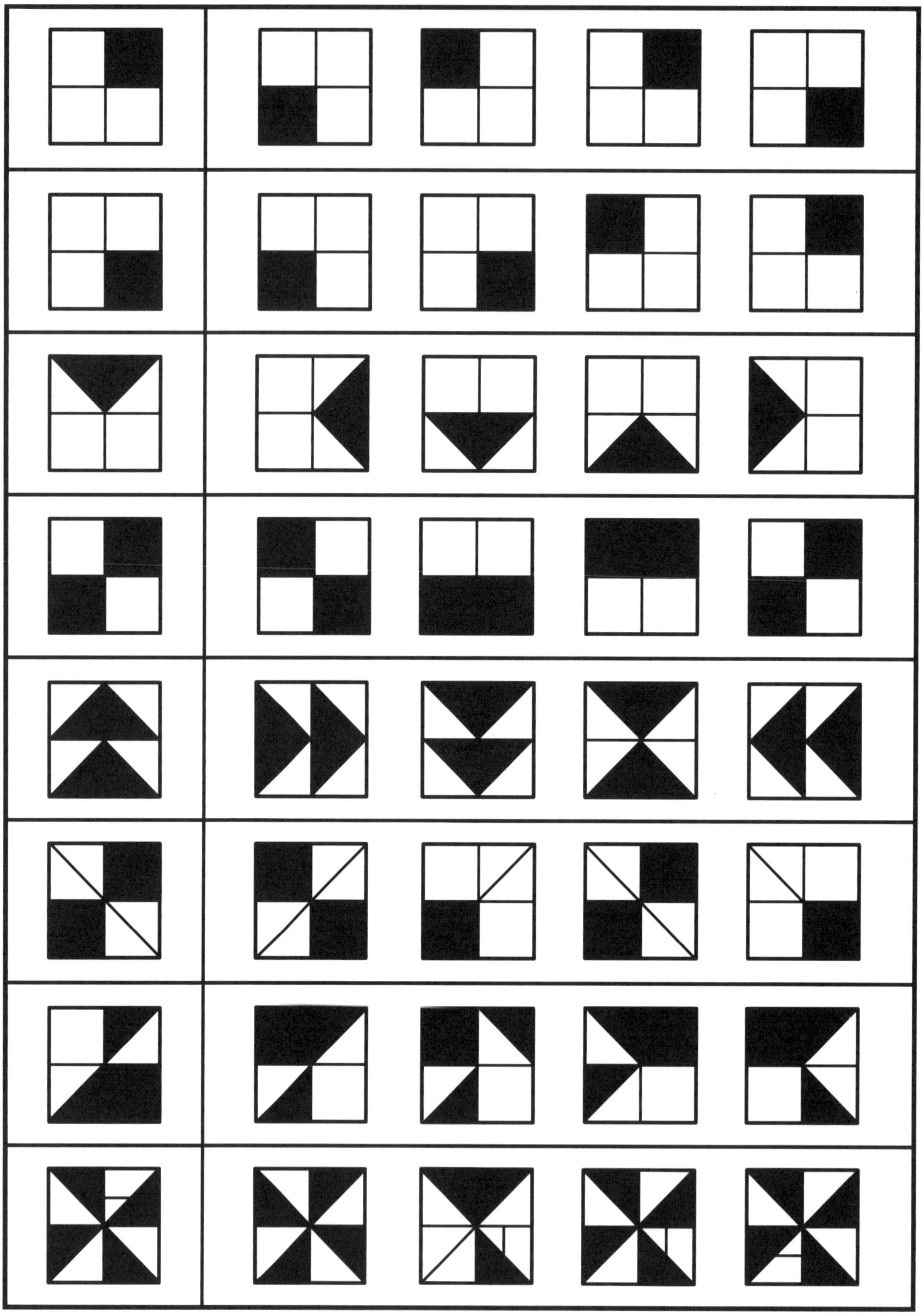

9

10

2017

11

12

13

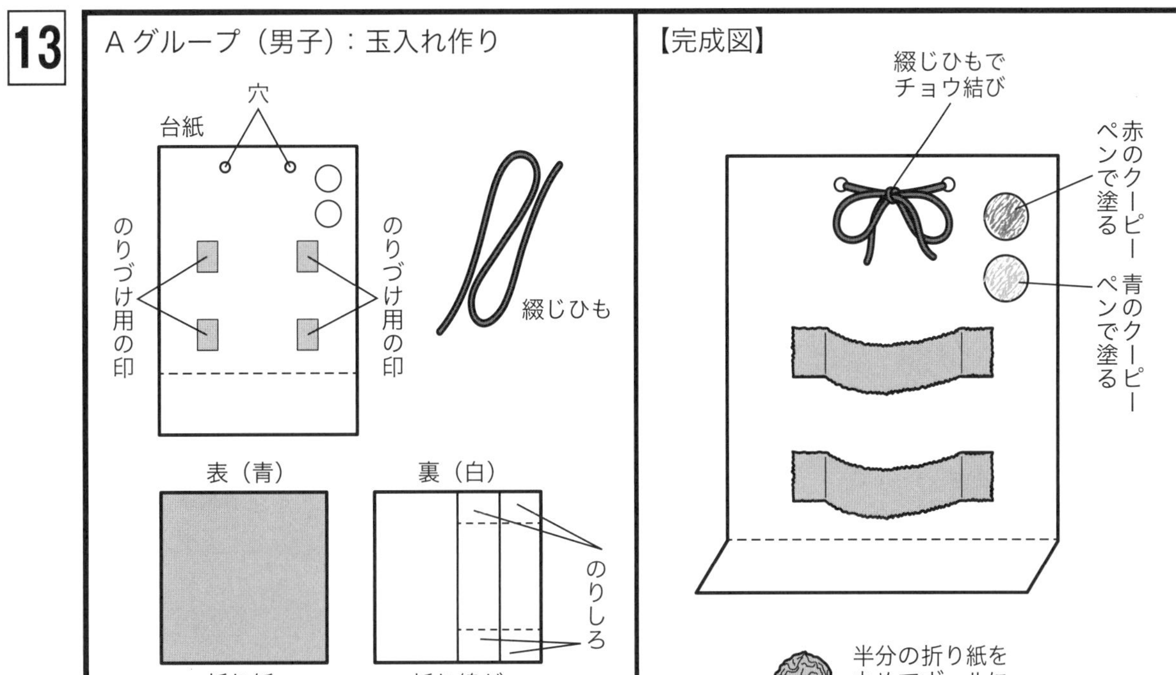
A グループ（男子）：玉入れ作り
穴
台紙
のりづけ用の印
のりづけ用の印
綴じひも
表（青）
裏（白）
のりしろ
折り紙
折り線がかいてある
【完成図】
綴じひもでチョウ結び
赤のクーピーペンで塗る
青のクーピーペンで塗る
半分の折り紙を丸めてボールにする

14

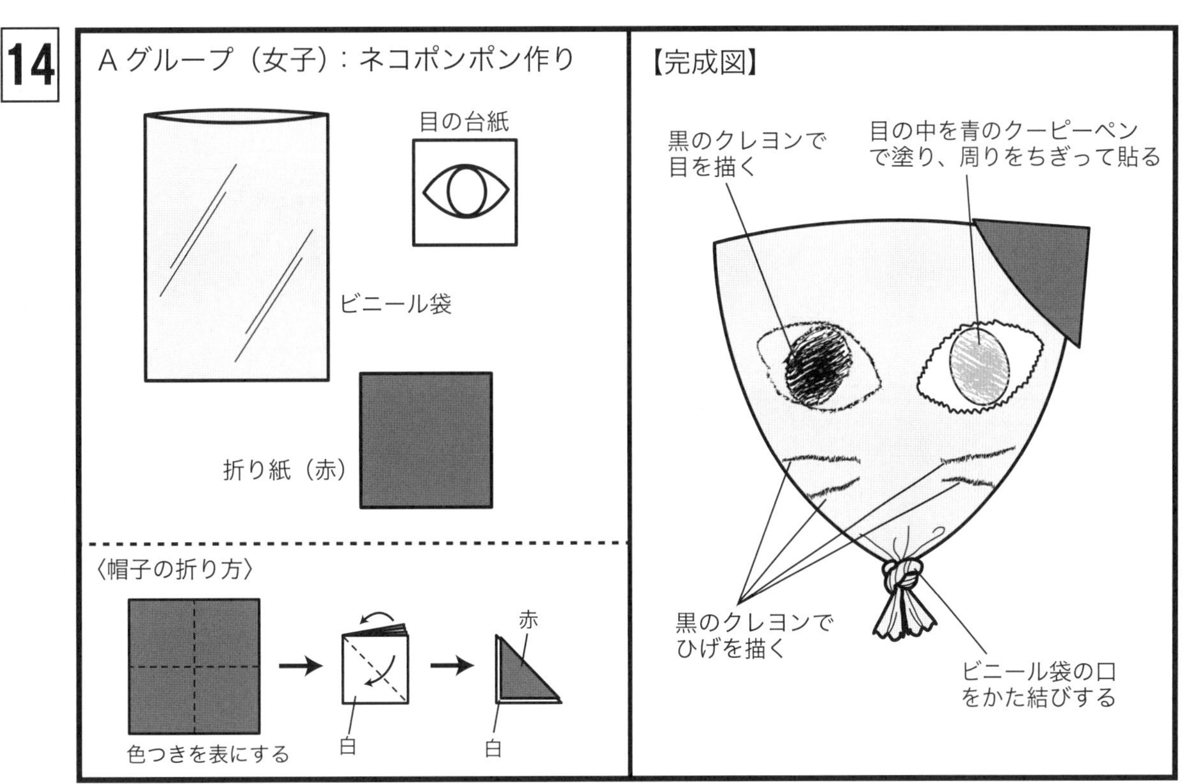
A グループ（女子）：ネコポンポン作り
目の台紙
ビニール袋
折り紙（赤）
〈帽子の折り方〉
色つきを表にする
白
赤
白
【完成図】
黒のクレヨンで目を描く
目の中を青のクーピーペンで塗り、周りをちぎって貼る
黒のクレヨンでひげを描く
ビニール袋の口をかた結びする

15

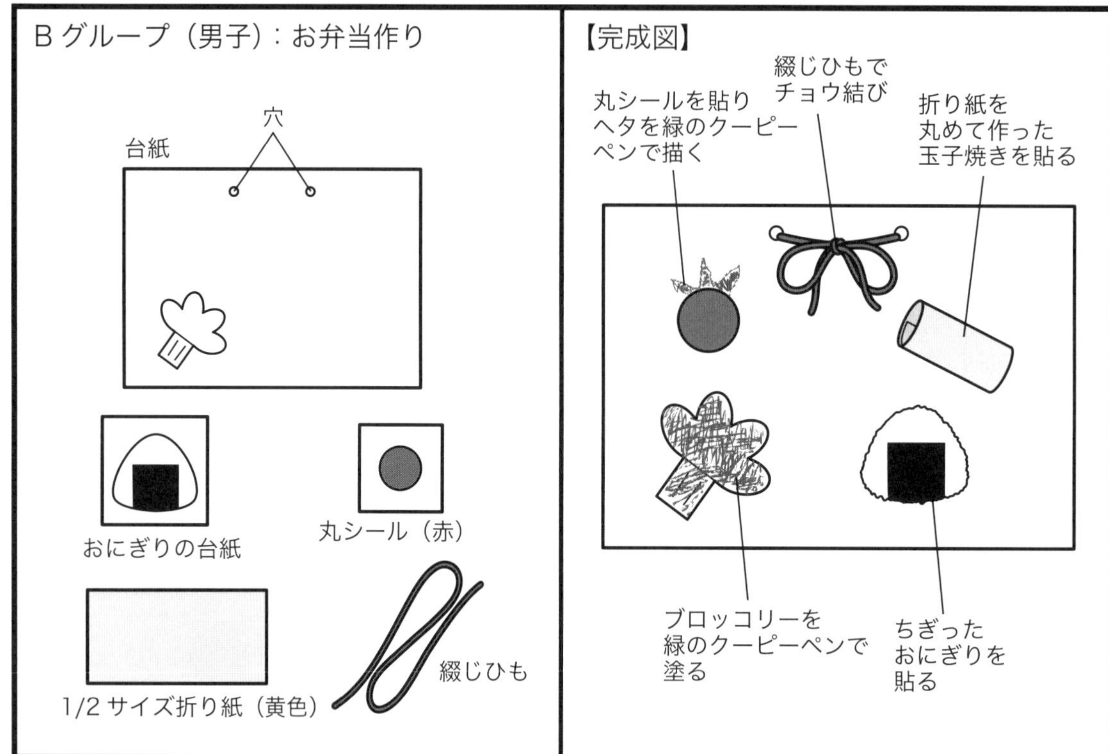
Bグループ（男子）：お弁当作り
穴
台紙
おにぎりの台紙
丸シール（赤）
1/2サイズ折り紙（黄色）
綴じひも
【完成図】
綴じひもで
チョウ結び
丸シールを貼り
ヘタを緑のクーピー
ペンで描く
折り紙を
丸めて作った
玉子焼きを貼る
ブロッコリーを
緑のクーピーペンで
塗る
ちぎった
おにぎりを
貼る

16

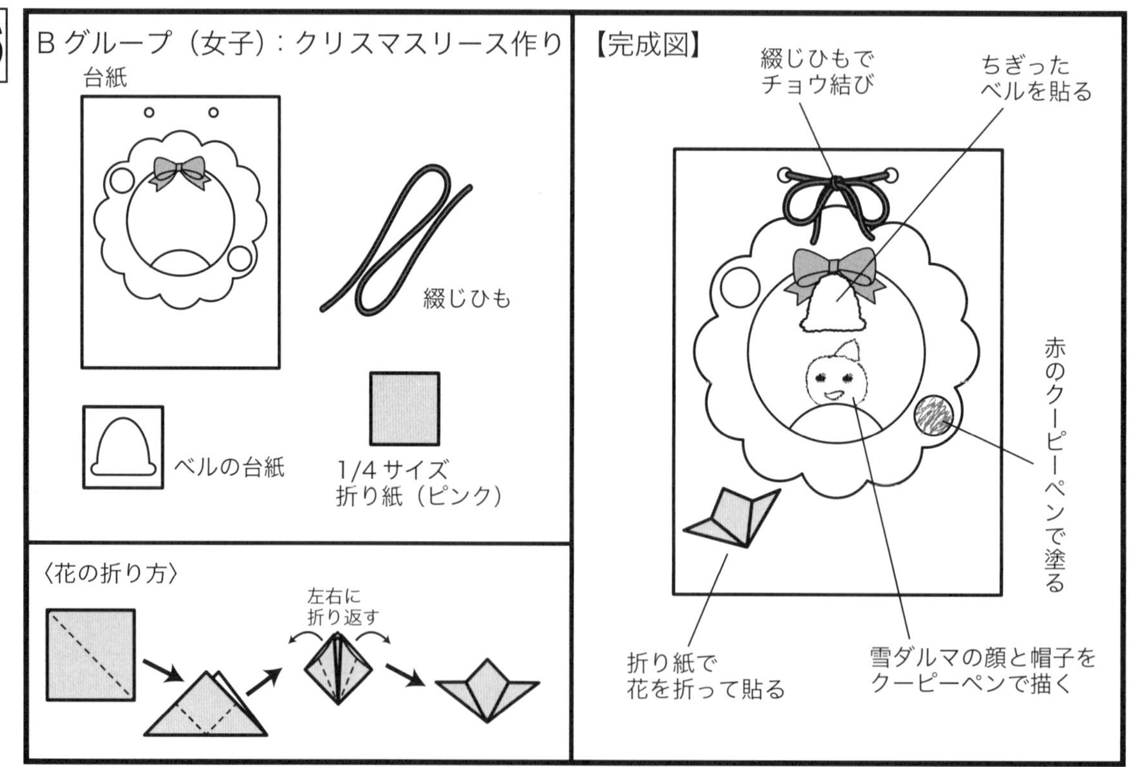
Bグループ（女子）：クリスマスリース作り
台紙
綴じひも
ベルの台紙
1/4サイズ
折り紙（ピンク）
〈花の折り方〉
左右に
折り返す
【完成図】
綴じひもで
チョウ結び
ちぎった
ベルを貼る
赤のクーピーペンで塗る
折り紙で
花を折って貼る
雪ダルマの顔と帽子を
クーピーペンで描く

17

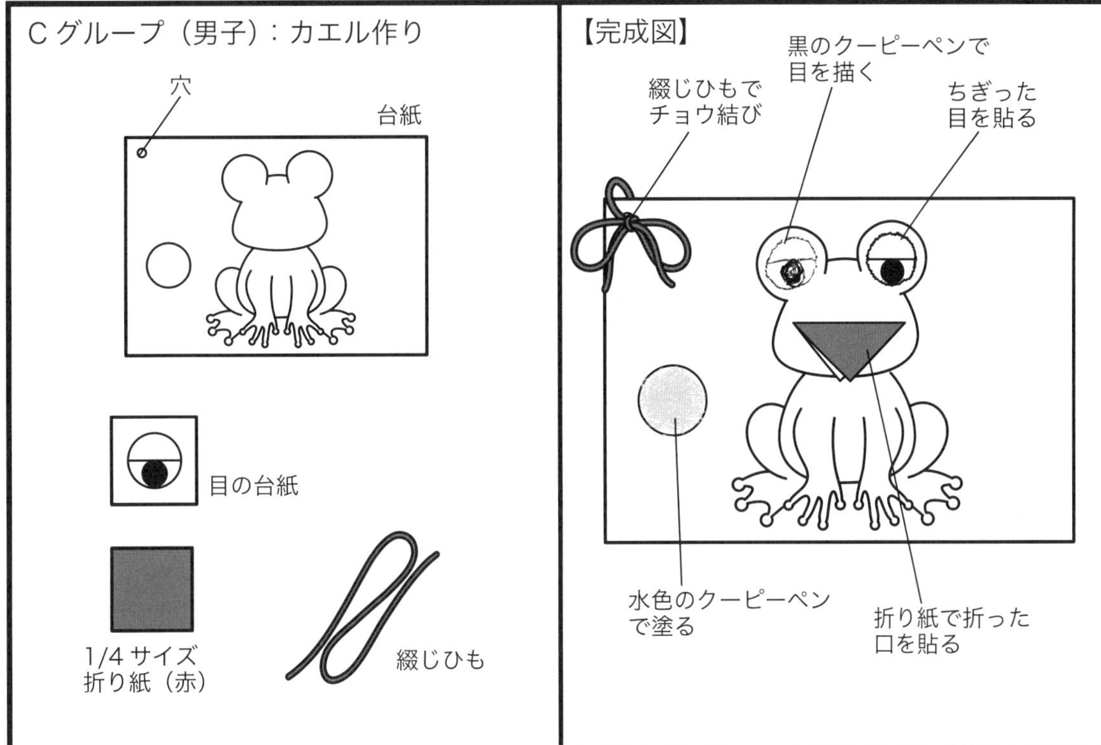
C グループ（男子）：カエル作り
穴
台紙
目の台紙
1/4 サイズ
折り紙（赤）
綴じひも
【完成図】
黒のクーピーペンで
目を描く
綴じひもで
チョウ結び
ちぎった
目を貼る
水色のクーピーペン
で塗る
折り紙で折った
口を貼る

18

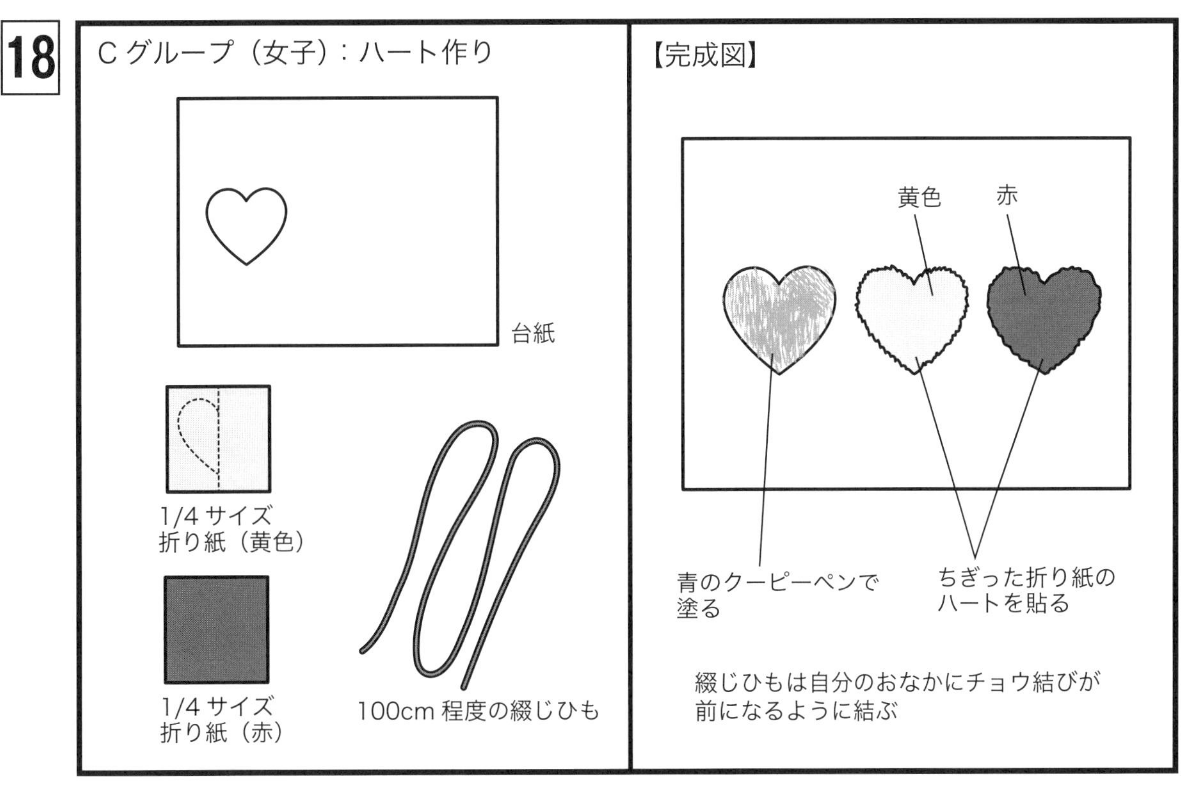
C グループ（女子）：ハート作り
台紙
1/4 サイズ
折り紙（黄色）
1/4 サイズ
折り紙（赤）
100cm 程度の綴じひも
【完成図】
黄色
赤
青のクーピーペンで
塗る
ちぎった折り紙の
ハートを貼る
綴じひもは自分のおなかにチョウ結びが
前になるように結ぶ

section

2016 筑波大学附属小学校入試問題

選抜方法

第一次 男女とも生年月日順にA（4月2日～7月31日生）、B（8月1日～11月30日生）、C（12月1日～4月1日生）の3グループに分け、それぞれ抽選で各グループ約300人を選出する。

第二次 考査は1日で、第一次合格者を対象に約30人単位でペーパーテスト、約15人単位で集団テスト、運動テストを行い、男女各約100人を選出する。所要時間は約1時間。

第三次 第二次合格者を対象に抽選を行い、男女各64人を選出する。

ペーパーテスト

筆記用具は赤、青、黄色、緑、オレンジ色、黒など各グループで異なる色のクーピーペンを使用。訂正方法は×（バツ印）。出題方法は話の記憶はテープでほかは口頭。

1 話の記憶（Aグループ男子）

「ある晴れた日、クマ君は昨日図書館で借りた本を公園で読もうと思い、さっそく本を持って出かけました。お家を出て橋を2つ渡ると果物屋さんがあります。果物屋さんにはおいしそうなリンゴとカキが並んでいました。また橋を2つ渡ると今度はお花屋さんがあります。お花屋さんにはきれいなコスモスが並んでいました。さらに橋を3つ渡ると文房具屋さんがあり、その先の森を抜けると公園です。公園ではリスさんの家族とタヌキさんの家族がキャンプをしていました。クマ君はすっかり赤くなった木の葉っぱを眺めながら、公園をぐるりと1周してベンチに座りました。クマ君は持ってきた『桃太郎』の本を読み始めましたが、お日様が暖かくて気持ちよいのでいつの間にか眠ってしまいました。すると誰かがクマ君の肩をたたきました。クマ君が目を覚ますと知らないおばあさんが立っていて、『クマ君、鬼ヶ島へオニ退治に行っておいで！』と言いました。おばあさんがクマ君が大好きなシュークリームを4個くれたので、クマ君は張り切ってオニ退治に出かけました。その途中、緑の帽子をかぶったネコ君に会いました。クマ君が『オニ退治に行くからついてきて』と言うと、ネコ君は『シュークリームを2個くれたら行くよ』と言いました。クマ君は『1個でもいい？　おいしいシュークリームだよ』と1個にしてもらいました。ネコ君はオニ退治に水色の傘を持っていくことにしました。2匹で歩いていくとパンダさんに会いました。クマ君が『一緒にオニ退治に行こう』と誘うと、『シュークリームを3個くれたら行くわ』と言いましたが、『ごめんね、1個しかあげられないんだ』と言って1個渡しました。パンダさんはオニ退治に水筒を持っていくことにしました。3匹で歩いていくと、今度はウサギ君に会いました。ウサギ君はカメラを持っています。クマ君が『一緒にオニ退治に行こう』と誘うと、ウサギ君は『僕は写真家だから写真を撮れるなら行くよ』と言いました。クマ君は『写真を撮ってもいいよ』と言ってシュークリームを１個ウサギ君にあげ、残りの１個を自分で食べました。おいしいシュークリームで力をつけた４匹はついに鬼ヶ島に到着しました。怖い顔をしたオニたちがこちらに向かってきます。クマ君は勇ましく『それ！　かかれ！』と言いましたが、ネコ君もパンダさんもウサギ君も怖くて体が動きません。４匹は一斉に逃げ出しましたが、オニたちに追い詰められてしまいました。オニが金棒を振り上げたので、クマ君も怖くなって『もうだめだ』とギュッと目をつむりました。そのときです。誰かがクマ君の肩をたたきました。そっと目を開けると『遅いから迎えに来たわよ。早く帰りましょう』とお母さんが笑っています。空を見上げるともう夕焼け空です。クマ君はホッとしてお母さんと一緒に急いでお家に帰りました」

・お話に出てこなかった動物に○をつけましょう。
・公園にいた家族に○をつけましょう。
・果物屋さんにあった果物は何でしたか。○をつけましょう。
・お花屋さんにあったお花は何でしたか。○をつけましょう。
・クマ君は図書館で何の本を借りましたか。○をつけましょう。
・クマ君がおばあさんからもらったものに○をつけましょう。
・クマ君はおばあさんからそれをいくつもらいましたか。その数だけ黒丸を赤のクーピーペンで囲みましょう。
・クマ君が見た公園の葉っぱは何色でしたか。その色のクーピーペンで葉っぱを塗りましょう。
・ネコ君の帽子は何色でしたか。その色のクーピーペンで帽子を塗りましょう。
・どの動物が何をオニ退治に持っていきましたか。青のクーピーペンで点と点を線で結びましょう。

2 推理・思考（回転図形）（Ａグループ男子）

・左上のブドウの印のところがお手本です。左側の絵が点線の右側のように動いたとき、マス目の中にかいてある形はお手本のようになります。ではほかのマス目では、形はどのようになりますか。右側のマス目にかきましょう。

3 話の記憶（Ａグループ女子）

「ある日、ウサギのピョンタ君が散歩に行きました。お家に帰る途中、地面にはタンポポがまるでじゅうたんのようにたくさん咲いていて、見上げるとサクラの花もたくさん咲いていました。お家に帰り『おなかがすいたな』と思って時計を見たらおやつの時間でした。ニンジンケーキを食べて『浦島太郎』の絵本を読んでいるうちに、ピョンタ君は眠くなっていすの上でうとうとと眠ってしまいました。夢の中でピョンタ君は浦島太郎に変身していました。ピョンタ君はカメを助けてあげました。そしてピョンタ君が魚釣りをしていると、カメが水から顔を出して『お礼にあなたを竜宮城に案内します』と言いました。ピョンタ君が『竜宮城ってどこにあるの？』とたずねると『海の中だよ』と言って、カメは自分の背中にピョンタ君を乗せ竜宮城に案内してくれました。２匹が竜宮城に着くとタコに会いました。タコはすてきな格好をしていました。緑の帽子に赤いセーター、そして首に金色の時計をかけていました。次にペンギンが出てきました。ペンギンもおしゃれです。黄色のシャツを着て首からは緑の手袋を下げています。帽子は青で、ズボンは赤でした。いよいよ乙姫様が出てきました。乙姫様はネックレスと黄色の髪飾りをつけ、ピンクのドレスを着ています。そしてイルカ模様のマフラーをしていました。竜宮城でごちそうを食べて楽しく過ごしていたら、３日もたってしまいました。ピョンタ君は乙姫様に『帰っていいですか？』と聞きました。乙姫様は『ずっとここにいてもいいですよ』と言いましたが、ピョンタ君は『お母さんが心配するから帰ります』と言いました。帰るとき乙姫様は『お土産にこれをどうぞ。竜宮城に来たいときは開けていいですよ。でも来たくないときは開けてはいけません』と言って玉手箱をくれました。ピョンタ君はカメの背中に乗ってお家に帰りましたが、何と留守にしている間に３年もたっていて周りの様子もすっかり変わってしまい知らない人ばかりです。寂しくなって『竜宮城に住むことにしよう』と思って玉手箱を開けたとたん、モクモクと煙が出てきてピョンタ君はびっくりしました。ちょうどそのときです。お母さんの『ピョンタ君、お使いに行ってきてくれるかしら』という声がしました。『あ、夢だったんだ』とピョンタ君は目を覚ましました。『わかった。今行く』と元気よくお返事をしました」

・ピョンタ君がお散歩をしているとき、じゅうたんのように見えたのは何でしたか。○をつけましょう。
・お散歩から帰ったピョンタ君は何の本を読みましたか。○をつけましょう。
・ピョンタ君がおやつに食べたのは何のケーキでしたか。○をつけましょう。
・ピョンタ君が竜宮城から帰ってきたときは何年たっていましたか。その数だけ黒丸を囲みましょう。
・乙姫様のマフラーの模様は何でしたか。○をつけましょう。
・このお話の季節はいつですか。合う絵に○をつけましょう。
・ピョンタ君は玉手箱を開けたときどのような顔をしていましたか。○をつけましょう。
・タコの帽子は何色でしたか。その色のクーピーペンでタコの横の丸の中を塗りましょう。
・ペンギンのズボンは何色でしたか。その色のクーピーペンでペンギンの横の丸の中を塗りましょう。
・ピョンタ君が竜宮城で会った生き物や人はそれぞれ何を持っていましたか。点と点を線で結びましょう。

4 推理・思考（進み方）（Aグループ女子）

・左上のリンゴの印のところを見ましょう。左側のマス目に丸や三角が、真ん中に3つの矢印がかいてあります。丸は3つの矢印の上から順に矢印の向きに動きます。三角は3つの矢印の上から順に矢印と反対の向きに動きます。それぞれの丸や三角はどこに動きますか。右側のマス目にかいてください。リンゴの印のところは先生と一緒にやりましょう。

5 話の記憶（Bグループ男子）

「お母さんが入院してしまったので、クマ君はお見舞いに行くことにしました。クマ君はお気に入りの赤い手袋をはめて出かけました。病院に行く途中おいしい果物をお母さんに届けようと思い果物屋さんに入りました。『お母さんの大好きなミカンと僕の好きなリンゴを持っていこう』。買い物を済ませたクマ君が病院に着くと、お母さんはベッドでぐっすり寝ています。クマ君は一緒に食べようと思って買ってきた果物を、お母さんのそばにそっと置きました。そのときクマ君は手袋をしていないことに気がつき『あれ、どこかに落としたのかな？』とお部屋を出て探しに行きました。クマ君が出ていって少したったころ、お友達がお見舞いに来ました。リスさんは赤いセーター、タヌキさんは緑のマフラー、ネコさんは黄色の帽子を持ってきました。そのころクマ君は、病院の廊下の隅に赤い手袋が落ちているのを見つけました。『なーんだ、廊下に落としてたんだ』。クマ君は手袋を拾ってお母さんのお部屋に戻りました。すると、部屋の中にイヌのお医者さんとネズミの看護師さんがいて、お母さんの具合を診ていました。テーブルの上にはたくさんのお見舞いの品が置いてあります。ネズミの看護師さんが『お友達が持ってきてくれたのよ』と教えてくれました。クマ君は『みんな来てくれたんだ。うれしいな』とニッコリしました。お母さんはまだ寝ています。クマ君はハートと星の印がついた袋にみんなからのお見舞いの品を入れて、お母さんを起こさないように枕元にそっと置いて帰りました。その後お母さんは元気になり退院したそうですよ」

・クマ君がお母さんのお見舞いに持っていったもの2つに○をつけましょう。
・クマ君の手袋は何色でしたか。その色のクーピーペンで丸の中を塗りましょう。
・タヌキさんがお見舞いに持っていったものは何ですか。その色のクーピーペンで○をつけましょう。
・リスさんがお見舞いに持っていったものは何ですか。その色のクーピーペンで○をつけましょう。
・お医者さんはどの動物でしたか。○をつけましょう。
・お友達がお見舞いに来てくれたことを聞いたときのクマ君の顔に○をつけましょう。
・お友達が持ってきたお見舞いの品を、クマ君は袋に入れましたね。その袋についていた印全部に○をつけましょう。

・お話の季節と同じ季節の絵に○をつけましょう。

6 推理・思考（Bグループ男子）

・四角の中に白丸と黒丸がかかれています。全部の黒丸を真っすぐな線でつないで1つの形を作りましょう。1つの形になれば、白丸が形の中にいくつ入っても構いません。左上のイチゴの印のところは先生と一緒にやりましょう。

7 話の記憶（Bグループ女子）

「クマさんが果物屋さんでお買い物をした帰り道のことです。ブドウとミカンを買って星の印がついた箱に入れて野原を歩いていると、坂で転んでしまいました。そのときポケットに入れていた青い手袋を落としてしまったのですが、クマさんは気づかずにそのまま歩いていきました。そこへサル君が通りかかりました。サル君は手袋を見つけて『誰の手袋だろう？』と言って拾うと、近くの寒そうに立っていたお地蔵様の手にはめてあげました。そしてサル君は、遊ぶお約束をしているネズミさんが待っている公園へと走っていきました。次にネコさんがやって来て、手袋をはめているお地蔵様に気づくと『わたしのマフラーも巻いてあげるわ。わあ、すてき』とお地蔵様の首に赤いマフラーを巻きました。次に、リスさんとタヌキ君が楽しそうにおしゃべりしながらやって来ました。『もうすぐお正月だね』とタヌキ君が言うと、リスさんが『お正月がやって来るのが楽しみだわ』と言いました。リスさんはお地蔵様に気がつくと『まあ、ではわたしの帽子をかぶせてあげるわ』と毛糸でできた暖かそうな帽子を頭にかぶせてあげました。タヌキ君は、『僕も何かお供えしたいな。うーん、そうだ、このお気に入りのセーターにしよう』と着ていたセーターをお地蔵様に着せてあげました。いろいろな動物が暖かいお供えをしてくれて、お地蔵様はまるで雪ダルマのようです。しばらくするとクマさんが手袋を探しに戻ってきました。お地蔵様が自分の手袋をはめていることに気がつき『手袋があったー！』と大喜びしています。そしてさっきとは様子が違っているお地蔵様を見て、『これじゃ暑そうだよ』と言ってマフラーと帽子とセーター、そして手袋も外してあげました。クマさんは手袋を自分の手にはめると、その代わりに果物をお供えすることに決め、果物が入っている箱の中に、帽子とマフラーとセーターも入れてお供えしました。その箱には『もっと寒くなったら使ってくださいね』という手紙が貼ってあったそうですよ」

・クマさんは何を買いましたか。○をつけましょう。
・クマさんが落としたものは何ですか。○をつけましょう。
・クマさんが落としたものは何色ですか。その色のクーピーペンで丸の中を塗りましょう。
・お地蔵様にマフラーを巻いてあげたのはどの動物でしたか。○をつけましょう。
・リスさんがお地蔵様にあげたものは何でしたか。○をつけましょう。
・サル君のことを待っているのはどの動物でしたか。○をつけましょう。

・クマさんが持っていた箱についていた印は何でしたか。○をつけましょう。
・このお話のすぐ後に来る楽しいことと仲よしのものに○をつけましょう。

8 推理・思考（重ね図形）（Bグループ女子）

・左上のバナナの印のところを見ましょう。透き通った紙にマス目と丸がかかれた２枚の絵があります。この２枚の太い線を重ねたとき、マス目の丸はどうなりますか。矢印の右側のマス目にかいてください。バナナの印のところは先生と一緒にやりましょう。

9 話の記憶（Cグループ男子）

「春が終わり、雨が毎日降る季節になりました。今日も空は雲がいっぱいで、今にも雨が降りだしそうです。そこでゾウ君はお友達を誘って、お家でかくれんぼをすることにしました。オニになったのはリスさんです。リスさんはさっそくお家の中を探し始めました。まず１階のリビングを探しているとつぼが置いてある棚の一番下にウサギさんがいるのを見つけました。『ウサギさん見ーつけた！』『あっ、見つかっちゃった！　わたしが１番なのね』とウサギさんは少し残念そうに言い、リスさんと一緒にほかの動物たちを探しに行きました。探していると水玉模様のカーテンがユラユラ揺れています。どうやら誰かいるようです。ウサギさんがカーテンを開けながら『見ーつけた！』と言うと、そこにいたのはネコ君でした。『何でわかったの？　見つからないと思ったのに』と不思議がるので、少しカーテンが揺れていたことを教えてあげました。『今度は気をつけよう！　よーし、みんなを探すぞ』。３匹は楽しくワイワイおしゃべりをしながら２階に探しに行きました。すると、タンスの中から変な音がします。３匹はヒソヒソ声で『何かな？』『誰かが隠れているのかな？　静かに聞いてみよう！』と言って静かにしていると、今度は中から『ハクション』という声がしました。『見てみようよ！』と、そっと引き出しを開けて中を見てみるとネズミさんが小さく丸まっていました。『見つかっちゃった。ほかのみんなはもう見つかったの？』『キツネ君とゾウ君がまだなんだ。なかなか見つからないの。だから一緒に探そう』とリスさんが言うので、ネズミさんも一緒に探すことになりました。でもお家の中のいろいろなところを探しても見つかりません。『どこにいるんだろう』とみんなで考え、まだお庭を探していないことに気がつきました。お庭に行ってみると、植木鉢の後ろに隠れていたキツネ君を見つけました。『ここなら見つからないと思ったのになあ。でも僕が最後に見つかったんでしょ！』『それがまだゾウ君が見つからないの。どこにいるのかしら？』とみんなで首をかしげながらお家の中に戻り、１部屋ずつ順番に探していきましたが見つかりません。最後は子ども部屋です。お部屋の中には飛行機のおもちゃが散らかっていて、近くに黄色い箱があります。するとその箱のふたがモゾモゾと動きました。みんなでふたを開けて中をのぞくと、ゾウ君が大きい体を一生懸命小さくして隠れていました。みんなが『やっと見つけたー！』とうれしそうに言うと、ゾウ君は『なかなか来ないからみんな帰っちゃったかな？　って少し心配になっちゃった。よかった』と言いました。その後はみんなで違う遊びをしました」

・このお話の季節と仲よしのものは何ですか。○をつけましょう。
・このお話の日の天気は何ですか。○をつけましょう。
・カーテンの後ろに隠れていたのはどの動物ですか。○をつけましょう。
・ゾウ君のお家のカーテンの模様はどれですか。○をつけましょう。
・かくれんぼでオニになった動物に○をつけましょう。
・子ども部屋に散らかっていたおもちゃに○をつけましょう。
・くしゃみをして見つかった動物に○をつけましょう。
・ゾウ君が隠れていた箱は何色ですか。その色のクーピーペンで丸の中を塗りましょう。

10 **推理・思考（回転図形）**（Cグループ男子）

・左上のミカンの印のところを見ましょう。左側の絵を矢印の右側のように回すと中の丸はどうなりますか。右側にかき足してください。ミカンの印のところは先生と一緒にやりましょう。

11 **話の記憶**（Cグループ女子）

「外はとてもよいお天気です。お日様がニコニコと顔を出していますが、動物たちはリス君のお家でかくれんぼをして遊ぶことになりました。キツネさんがオニになりました。キツネさんは『大好きなリス君を一番に見つけようっと』と張り切っています。まず1階のリビングルームです。お庭にはピンクのコスモスと、黄色のキクの花がきれいに咲いています。お部屋の中を見渡すと、キツネさんは縦じま模様のカーテンが揺れているのに気がつきました。どうやら誰かいるようです。『そこに隠れているのは誰？』と声をかけると『見つかっちゃった』と最初に出てきたのはゾウさんです。『どうしてここに隠れているのがわかったの？　見つからないと思っていたのに』と残念そうです。『縦じま模様のカーテンが揺れていたんだよ』とキツネさんはニコニコしながら言いました。次に見つかったのはネズミ君です。体の小さいネズミ君はお庭の植木鉢の中に隠れていました。『あーっ、見つかっちゃった。絶対に見つからないと思ったのに』。ネズミ君はとても悔しがっています。『あとはリス君とウサギさんだね。どこに隠れているんだろう？』と、またみんなでお家の中を探し始めました。今度は2階を探してみることにしました。すると、たんすの中から変な音がします。みんなはヒソヒソ声で『何かな？』『誰かが隠れているのかな？静かに聞いてみよう！』と言い、そっと耳を澄ますと、中から『ハクション』という声が聞こえてきました。『見てみようよ！』とみんなはそっと引き出しを開けて中をのぞいてみました。するとウサギさんが小さく丸まっていました。『見つかっちゃった。ほかのみんなはもう見つかったの？』『リス君がまだなんだ。なかなか見つからないんだよ。だから一緒に探してくれる？』とみんなが言ったので、ウサギさんも一緒に探すことになりました。お家の中のいろいろなところを探しても見つかりません。どこにいるのだろうと１部屋ずつ順番に探していきました。最後に２階の子ども部屋に来ましたが、リス君はまだ見つかりません。テーブルの上に電車のおもちゃが置いてありました。そして、テーブルの下には飛行機のおもちゃがあり、キツネさんは踏んでしまいそうになりました。『危なかった。大事なおもちゃが壊れてしまうところだったよ』と言って部屋の中を見渡すと、たくさんのおもちゃが散らかっています。そこに黄色いバケツがありました。よく見ると少し動いています。みんなでそっと中をのぞくとリス君が隠れていました。みんなは『やっと見つけたー！』とうれしそうです。リス君は、『なかなか見つけてくれないから、眠くなってしまったよ』と少し疲れてしまったようです。その後はみんなで違う遊びをして、楽しく過ごしました」

・このお話の季節はいつですか。その季節と仲よしのものに○をつけましょう。
・かくれんぼでオニになった動物に○をつけましょう。
・このお話の日はどんなお天気でしたか。○をつけましょう。
・リス君のお家のリビングルームにあるカーテンの模様はどれですか。○をつけましょう。
・リス君が隠れていたところはどこですか。○をつけましょう。
・かくれんぼは何匹でしましたか。その数だけ黒丸を囲みましょう。
・子ども部屋のテーブルの上には何がありましたか。○をつけましょう。
・くしゃみをして見つかった動物に○をつけましょう。

12 推理・思考（回転図形）（Cグループ女子）

・左上のパイナップルの印のところを見ましょう。左側の絵の黒いひし形が矢印の右側の絵のように動いたとき、中の丸はどうなりますか。右側にかいてください。パイナップルの印のところは先生と一緒にやりましょう。

集団テスト

13 巧緻性・制作（Aグループ男子）

旗作り：折り紙（オレンジ色）１枚、ストロー１本、綴じひも（赤）１本、クーピーペン（赤、青）、スティックのりが用意されている。
・ストローに綴じひもを通してチョウ結びをしましょう。
・折り紙を三角の四つ折りにしてから開き、１つの斜めの折り線に沿ってちぎり半分にしましょう。
・ちぎった折り紙のうち１枚の折り線を青のクーピーペンでなぞり、その両側にできるだけ大きな三角を赤のクーピーペンでかきましょう。

・三角をかいた折り紙の端にのりをつけ、ストローに貼りましょう。

14 巧緻性・制作（Aグループ女子）

てるてる坊主作り：キッチンペーパー２枚、折り紙（水色）１枚、しずくの形が印刷された台紙、綴じひも（赤）１本、クーピーペン（青）、スティックのりが用意されている。

・キッチンペーパー１枚を丸めてもう１枚の真ん中に置き、包んでてるてる坊主を作りましょう。
・てるてる坊主の首に赤い綴じひもを巻き、チョウ結びをしましょう。
・水色の折り紙を白い面が見えるように四角に四つ折りにし、１枚の角を三角に折り上げ水色が見えるようにしましょう。残り３枚は重ねたまま反対側に同じように折り上げ、三角にしてください。
・三角に折った折り紙の端にのりをつけ、てるてる坊主の頭にかぶせるように貼って帽子にしましょう。
・しずくの形の中を青のクーピーペンで塗り、周りの太い線の真ん中をちぎりましょう。ちぎったしずくはてるてる坊主の体にのりで貼ってください。

15 巧緻性・制作（Bグループ男子）

チョウチョ作り：チョウチョの頭と右側の羽根が印刷されたＡ４判の台紙（穴が開いている）、チョウチョの左側の羽根が印刷された台紙、正方形1／4サイズの折り紙（青、黄色）各１枚、綴じひも（赤）１本、クーピーペン（黒）、スティックのりが用意されている。

・チョウチョの左側の羽根をちぎり、台紙のチョウチョの左側にのりで貼りましょう。
・黄色の折り紙を三角の四つ折りにし、最初に貼った羽根の下にのりで貼りましょう。
・青の折り紙を筒状に丸め、チョウチョの頭の下にのりで貼りましょう。
・台紙のチョウチョの頭に触角と目を黒いクーピーペンで描き足しましょう。
・台紙の穴に綴じひもを通してチョウ結びをしましょう。

16 巧緻性・制作（Bグループ女子）

つくばこちゃん作り：女の子と柵が印刷されたＡ４判の台紙（穴が開いている）、おにぎりが印刷された台紙、綴じひも（赤）１本、クーピーペン（黒、赤、黄色）、スティックのりが用意されている。

・おにぎりののりを黒のクーピーペンで塗り、周りの四角い太い線を線の真ん中でちぎります。ちぎったら、その絵を女の子の絵の左下にのりで貼りましょう。
・女の子の服に指示された通りに赤のクーピーペンで矢印をかき、女の子が手に持っているバナナを黄色のクーピーペンで塗りましょう。
・女の子がキリンを見ているように見えるように、台紙の柵の中にキリンを描きましょう。
・台紙の穴に綴じひもを通してチョウ結びをしましょう。

17 巧緻性・制作（Cグループ男子）

自転車の男の子作り：自転車に乗っている男の子が印刷されたＢ４判の台紙（穴が開いている）、タイヤが印刷された台紙、正方形1／4サイズの折り紙（オレンジ色）１枚、綴じひも（赤）１本、クーピーペン（赤、黒、黄色）、スティックのりが用意されている。

・タイヤの黒い太い線の真ん中をちぎりましょう。
・自転車の絵の後ろのタイヤのところにちぎったタイヤをのりで貼り、前のタイヤのところに黒のクーピーペンでタイヤを描きましょう。タイヤは両方とも地面につくようにしてください。
・折り紙を三角に１回折り、男の子の帽子を作りましょう。
・帽子を男の子にかぶせるようにのりで貼りましょう。
・男の子のズボンを赤のクーピーペンで、自転車のライトを黄色のクーピーペンで塗りましょう。
・台紙の穴に綴じひもを通しチョウ結びをしましょう。

18 巧緻性・制作（Cグループ女子）

お弁当作り：おにぎりと丸が印刷されたＢ４判の台紙（穴が開いている）、丸の中にトマトとブロッコリーが印刷された台紙、お弁当用アルミカップ１個、直径1.5cmの丸シール（黄色）１枚、綴じひも（赤）１本、綴じひも（オレンジ色、赤より長い）１本、クーピーペン（赤、黒）、スティックのりが用意されている。

・アルミカップをのりで台紙の右上に貼りましょう。オレンジ色の綴じひもを自分の３本の指に巻きつけ輪にしてそっと抜き、スパゲティに見立ててアルミカップの中に入れてください。
・トマトを赤のクーピーペンで塗りましょう。
・おにぎりと丸が印刷されている台紙の真ん中に、タコウインナーを赤のクーピーペンで描きましょう。
・おにぎりののりを黒のクーピーペンで塗りましょう。
・台紙の左下の丸の真ん中に黄色のシールを貼り、目玉焼きにしましょう。
・トマトとブロッコリーの周りの丸の太い線の真ん中をちぎりましょう。
・ちぎった丸をおにぎりの台紙の左上にのりで貼りましょう。
・台紙の穴に赤の綴じひもを通しチョウ結びをしましょう。

言　語（各グループ共通）

・お名前を教えてください。
・ここまで誰と来ましたか。どのようにして来ましたか。
・好きな動物は何ですか。

・好きな果物は何ですか。
・好きな食べ物は何ですか。
・今日は何を食べてきましたか。
・お友達と一緒に何をするのが好きですか。

行動観察（各グループ共通。4、5人ずつに分かれて行う）

・ジャンケンゲーム…チームごとに何を出すか相談し、全員一斉に同じジャンケンの手を出しテスターと勝負する。決めた手が勝っていても1人でも違う手を出していたら負け、というお約束がある。
・パターンブロック積みゲーム…机の上に用意されたパターンブロックをお友達と協力しできるだけ高く積む。
・お城作り…用意されている大小の紙コップを使って、お友達と協力し床の上でできるだけ高いお城を作る。

運動テスト

各グループ共通。

けん垂

逆手で鉄棒を握り、鉄棒の上から顔が出るようにけん垂をする。足は床につかないように曲げる。

クマ歩き

U字の白線に沿って1人ずつクマ歩きをする。できるだけ速く行う。

面接資料／アンケート

第二次考査中に作文がある。約15分の学校紹介のビデオを鑑賞した後、2つのテーマから1つ選び約15分で書く（【】内はテーマ）。

Aグループ男子
・【役員】お仕事と学校の役員や行事が重なった場合はどうしますか。
・【方針】学校の教育方針とご家庭の教育方針が異なるときはどのように対処しますか。

Aグループ女子
・【友人関係】子どもが友人関係の問題で学校に行きたくないと言ったらどうしますか。
・【林間学校】子どもが3泊4日の林間学校に行きたくないと言ったらどうしますか。

Bグループ男子
・【事故対応】子どもがほかの子にけがをさせられたらどのように対処しますか。

・【友人関係】学校で子どもがお友達に意地悪をしているとほかの保護者から言われたら、どのように対処しますか。

Bグループ女子

・【スマホ・アプリ】無料アプリ、メールなどでの保護者間交流についてどう思いますか。
・【友人関係】同じクラスに子どもと気が合わない子がいたら、保護者としてどのように対処しますか。

Cグループ男子

・【給食】食べ物の好き嫌いについてご家庭ではどのように指導されていますか。また給食指導についてはどのようにお考えですか。
・【指導方針】子どもが登下校中に電車、バス、道路などでふざけているとほかの保護者から指摘されたらどうしますか。

Cグループ女子

・【アレルギー】生活科の授業で虫や動物にふれる機会がありますが、子どもが虫や動物が苦手だったりアレルギーがあったりする場合、子どもにどう説明しますか。
・【運動会】本校の運動会は厳しい練習や勝敗にこだわる伝統がありますが、ご家庭ではどのように取り組もうと思いますか。

1

かぐやひめ

きんたろう

ももたろう

うらしまたろう

1

2

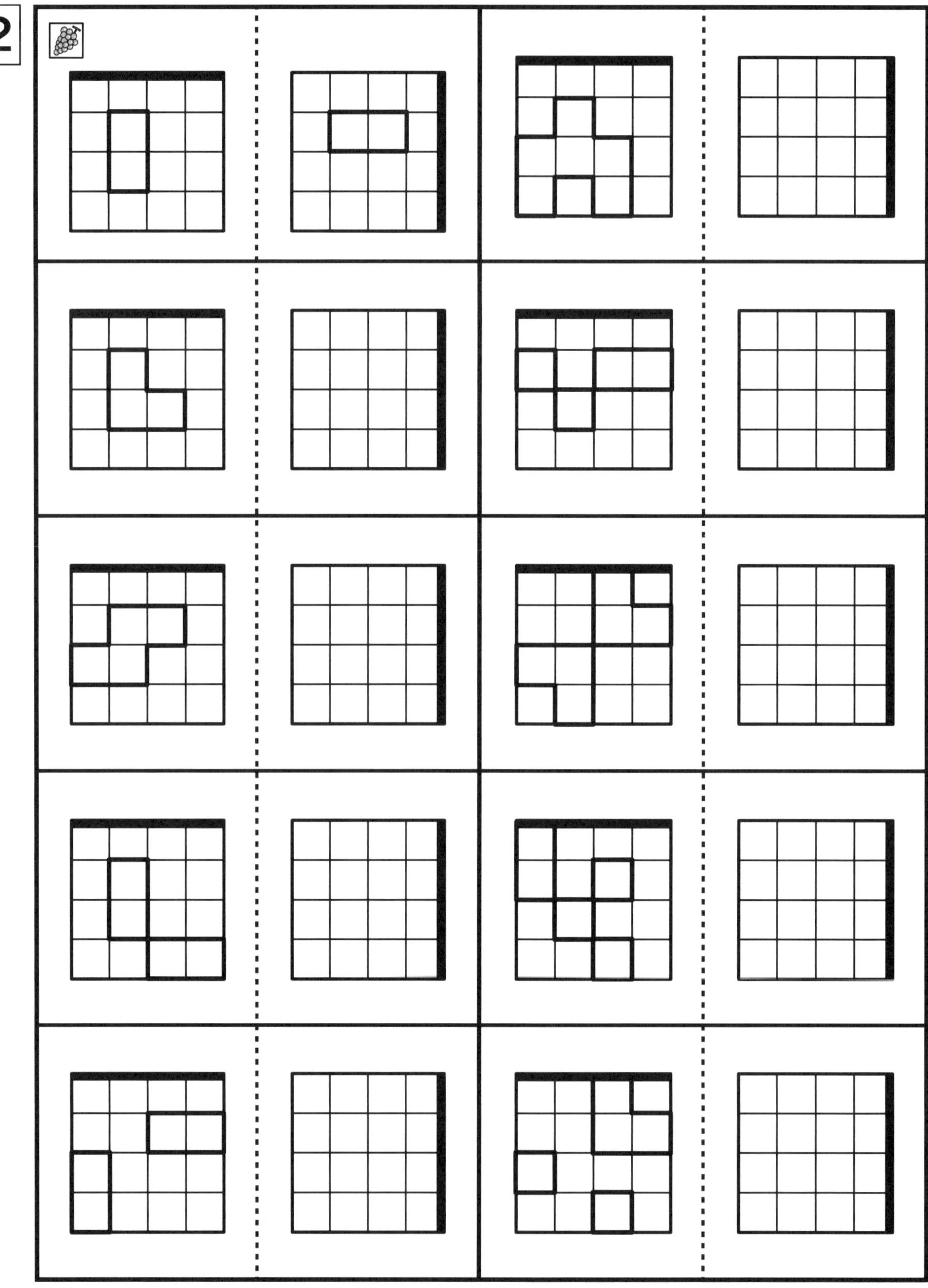

3

ももたろう

うらしまたろう

いっすんぼうし

さるかにがっせん

3

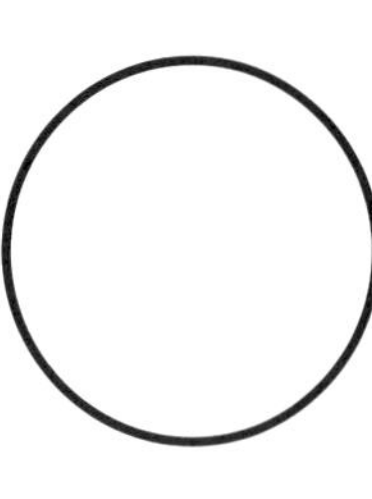

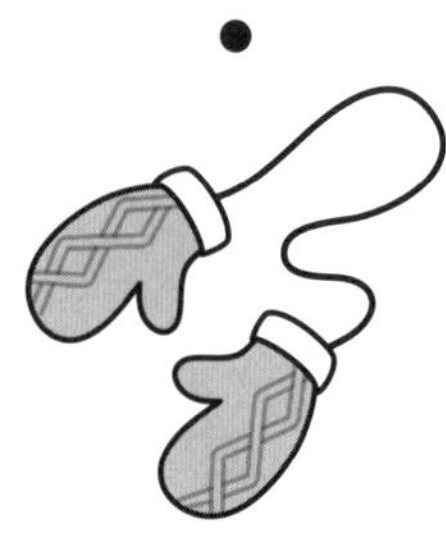

4

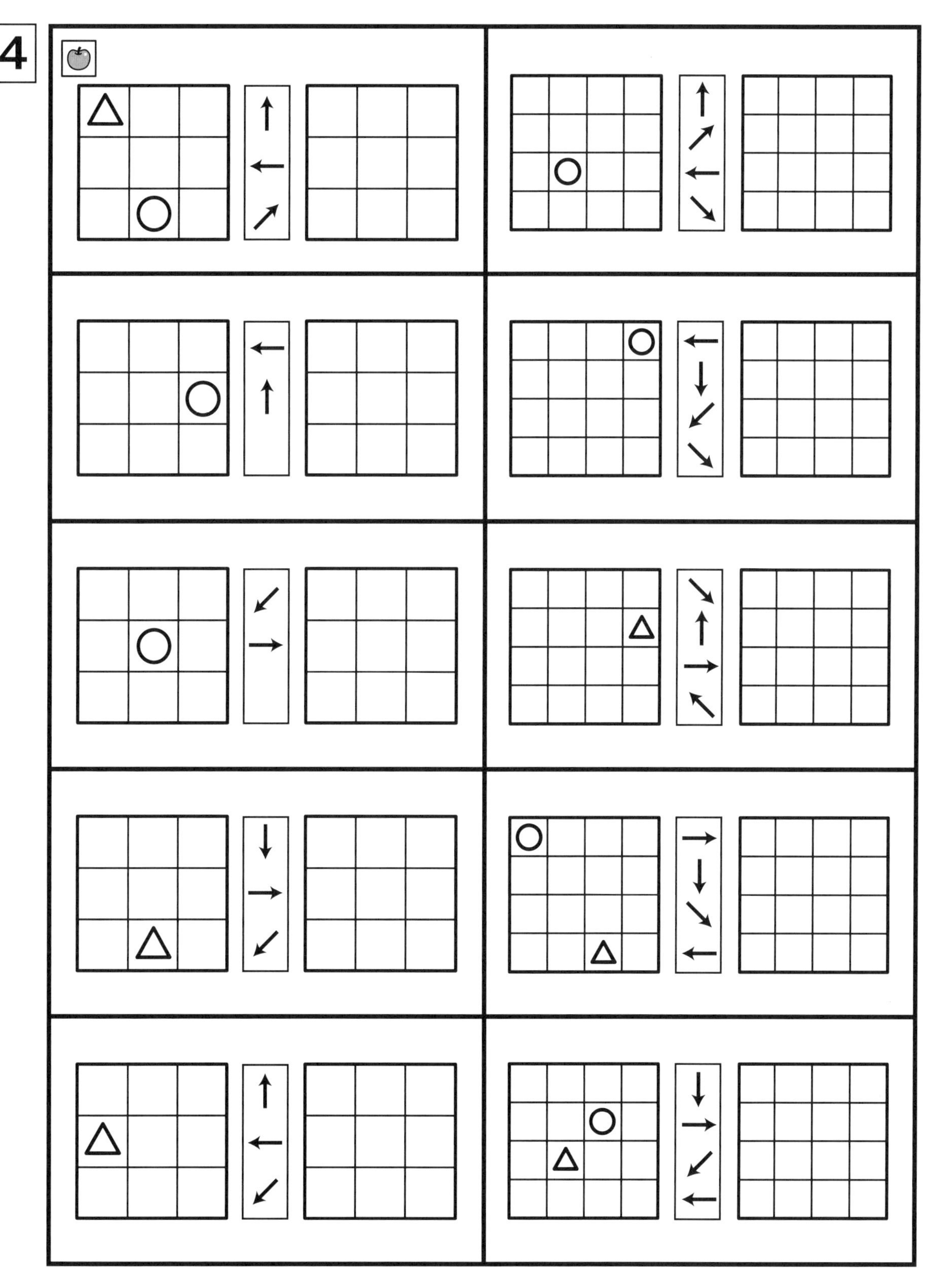

5

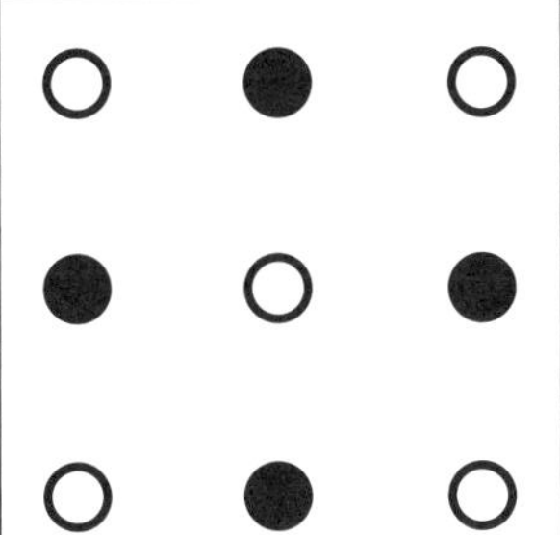
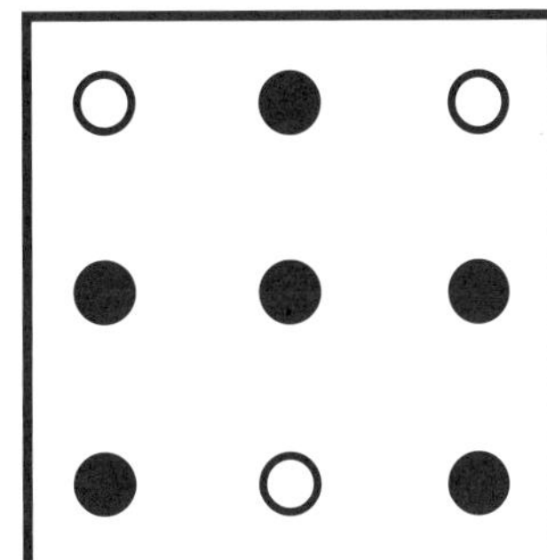
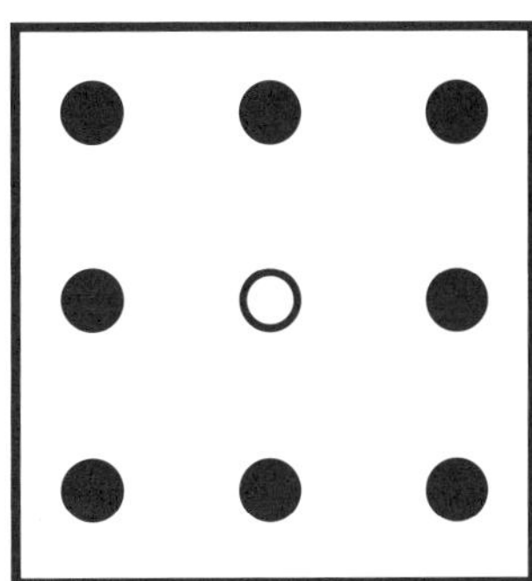

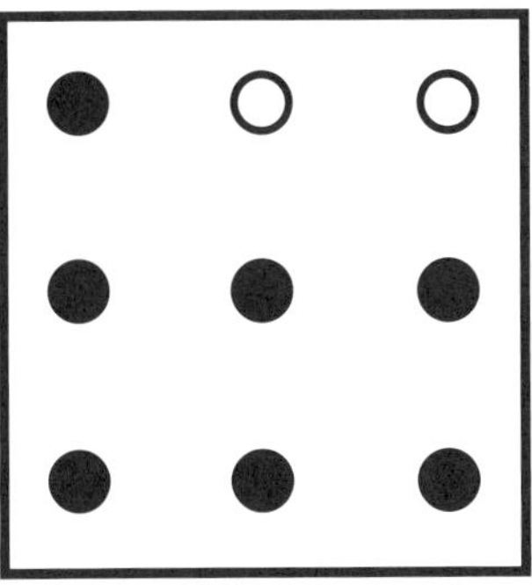
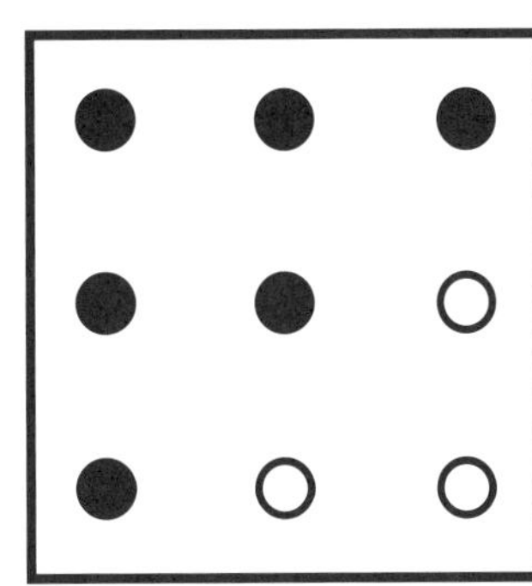
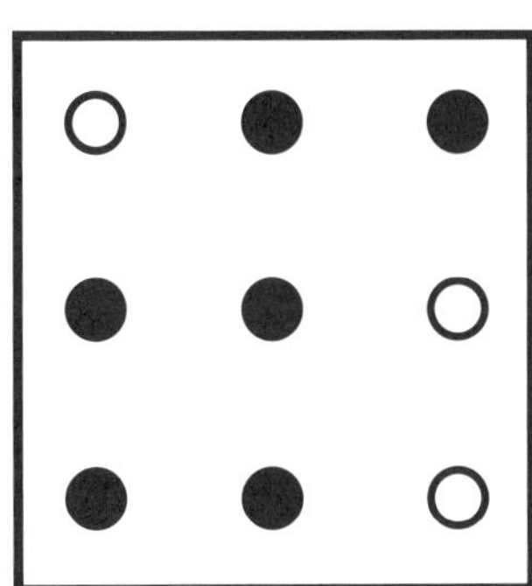

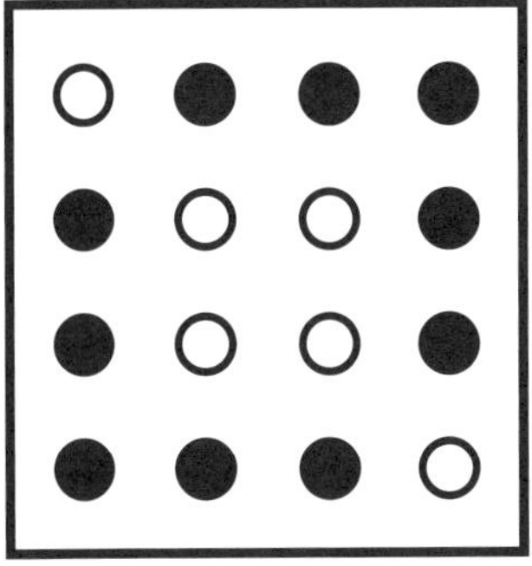
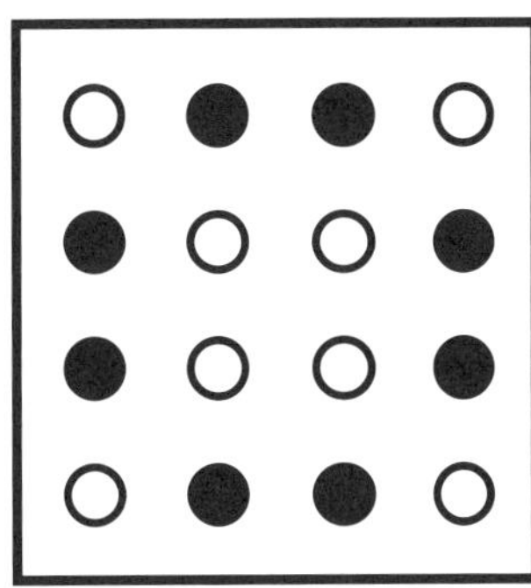
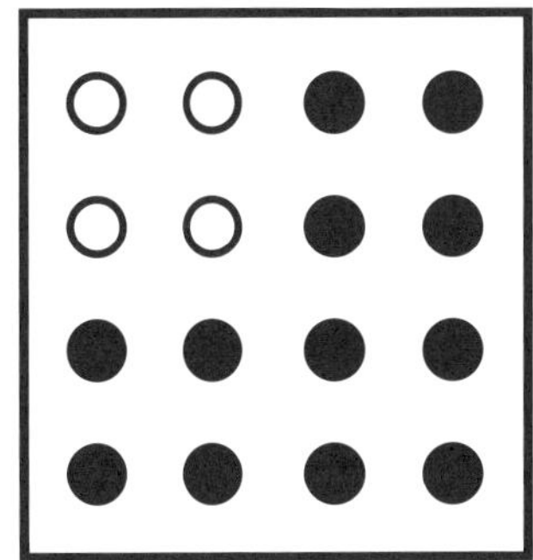

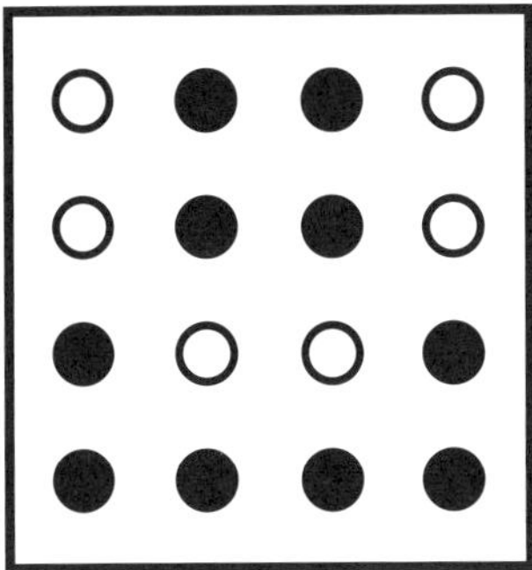
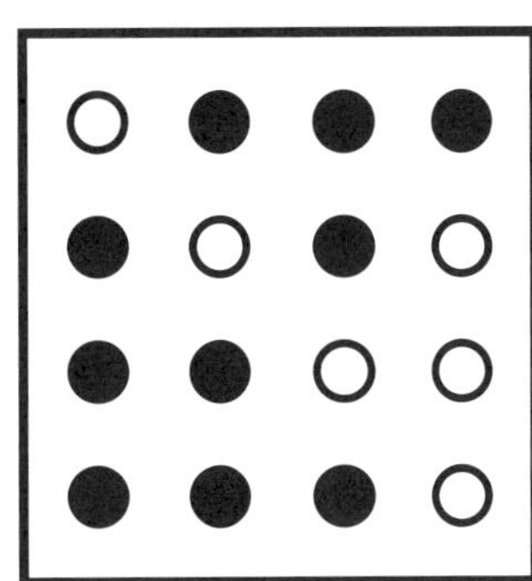
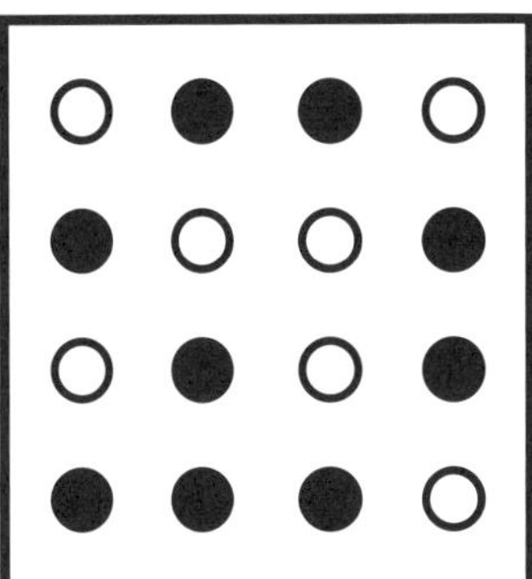

7

8

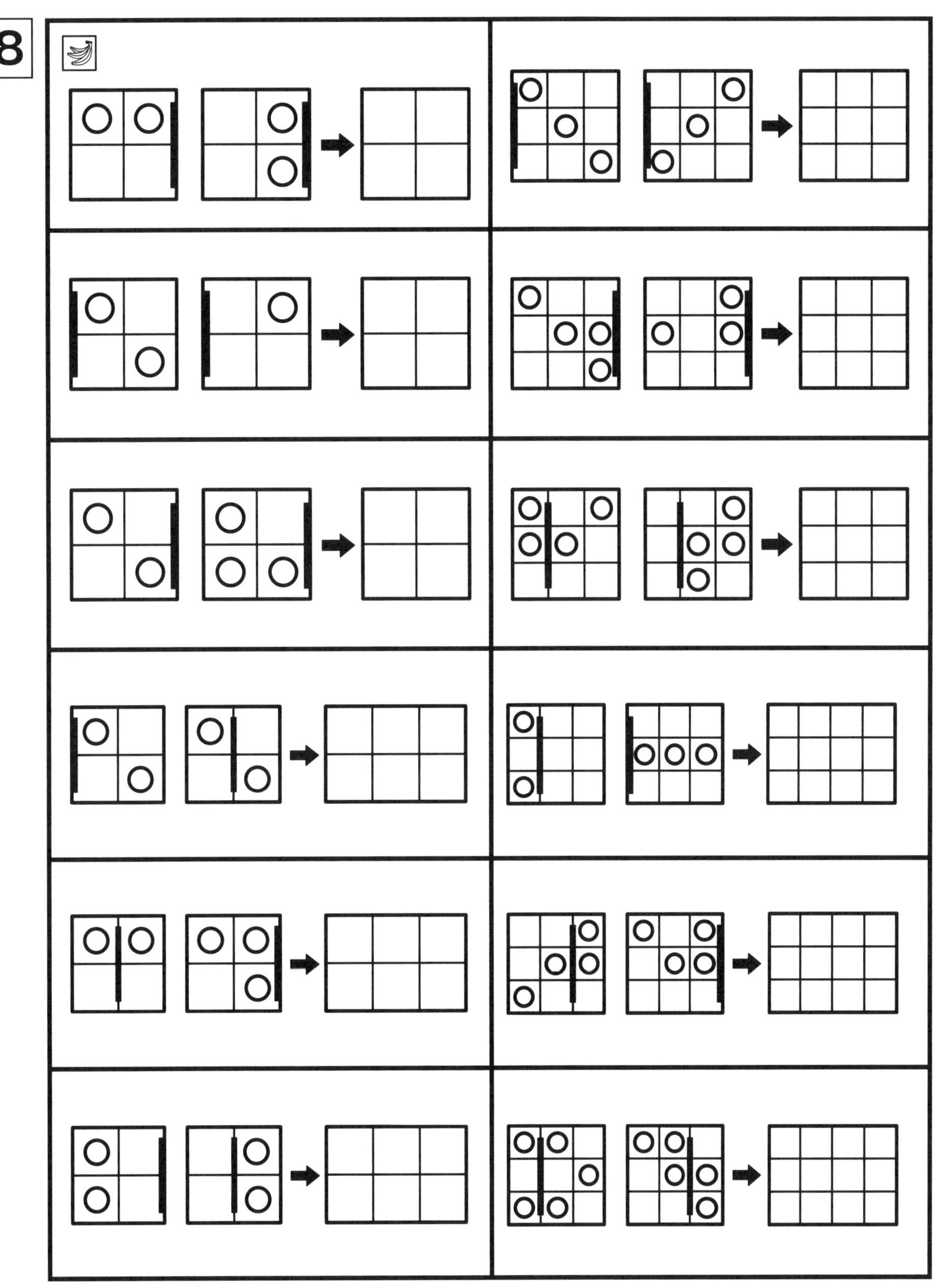

9

10

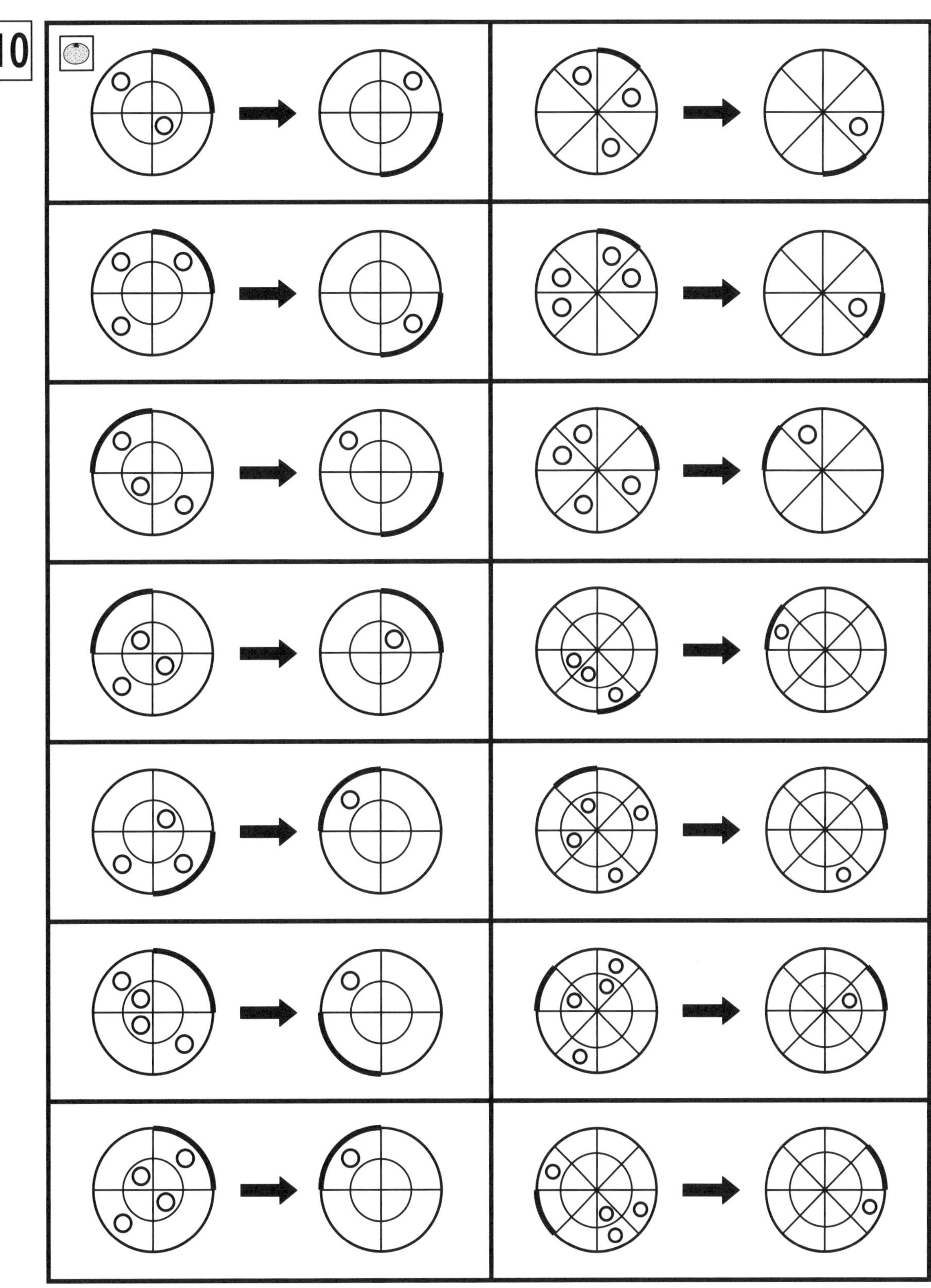

11

12

13

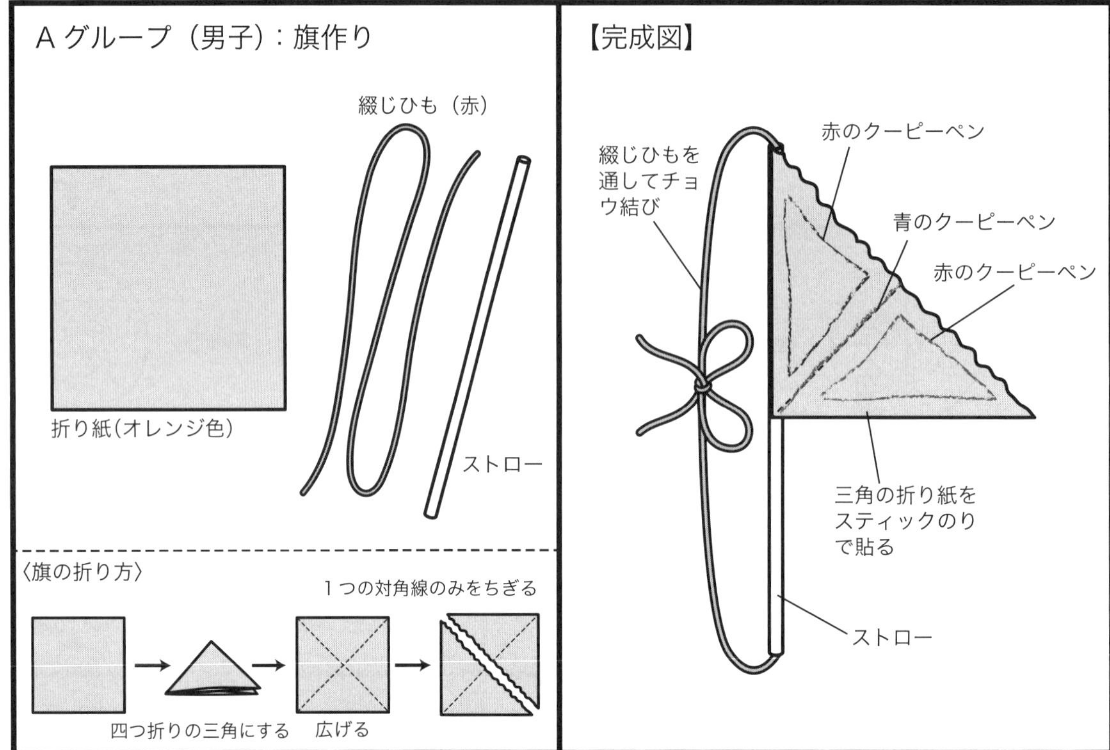

Aグループ（男子）：旗作り
綴じひも（赤）
折り紙(オレンジ色)
ストロー
〈旗の折り方〉
1つの対角線のみをちぎる
四つ折りの三角にする
広げる
【完成図】
綴じひもを通してチョウ結び
赤のクーピーペン
青のクーピーペン
赤のクーピーペン
三角の折り紙をスティックのりで貼る
ストロー

14

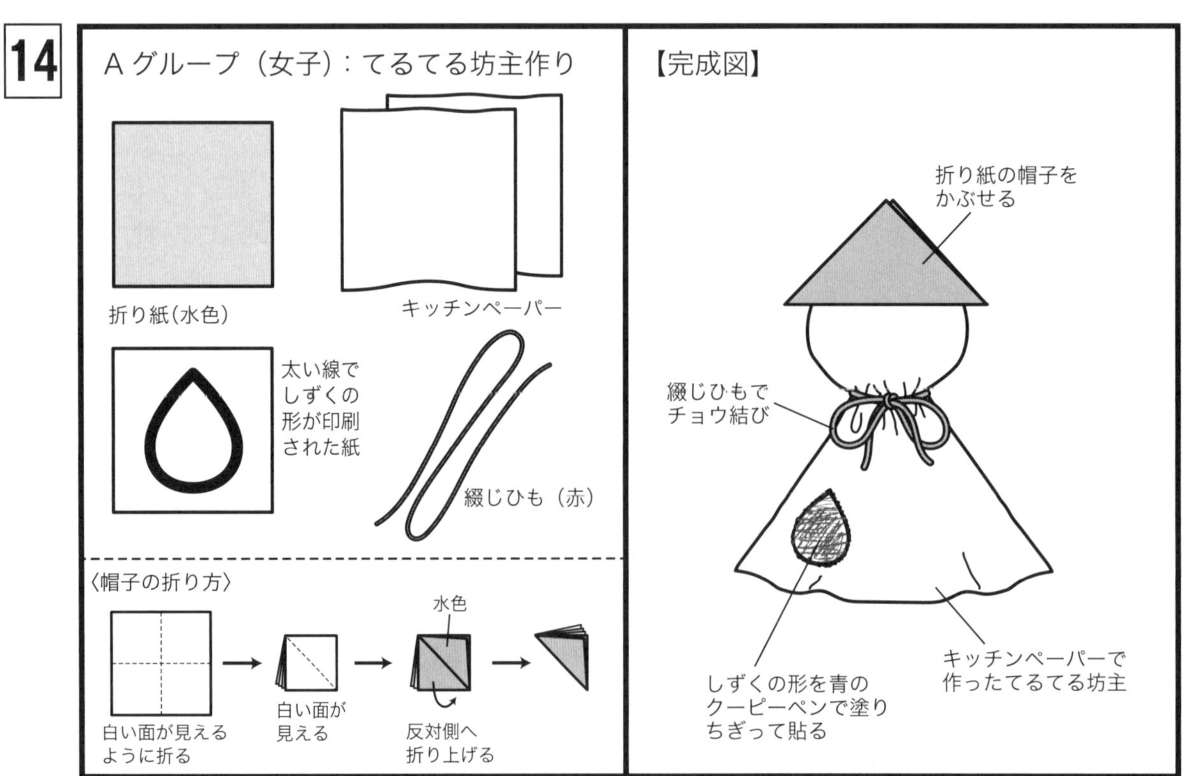

Aグループ（女子）：てるてる坊主作り
折り紙(水色)
キッチンペーパー
太い線でしずくの形が印刷された紙
綴じひも（赤）
〈帽子の折り方〉
白い面が見えるように折る
白い面が見える
水色
反対側へ折り上げる
【完成図】
折り紙の帽子をかぶせる
綴じひもでチョウ結び
しずくの形を青のクーピーペンで塗りちぎって貼る
キッチンペーパーで作ったてるてる坊主

15

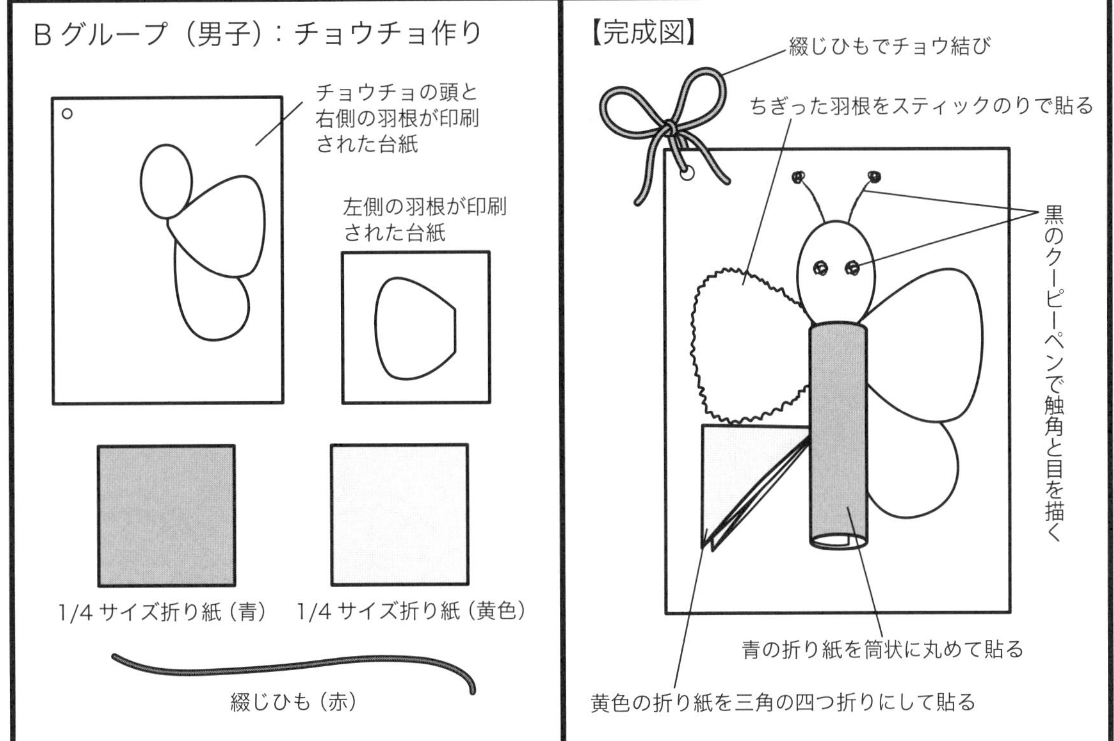
Bグループ（男子）：チョウチョ作り
チョウチョの頭と
右側の羽根が印刷
された台紙
左側の羽根が印刷
された台紙
1/4 サイズ折り紙（青）
1/4 サイズ折り紙（黄色）
綴じひも（赤）
【完成図】
綴じひもでチョウ結び
ちぎった羽根をスティックのりで貼る
黒のクーピーペンで触角と目を描く
青の折り紙を筒状に丸めて貼る
黄色の折り紙を三角の四つ折りにして貼る

16

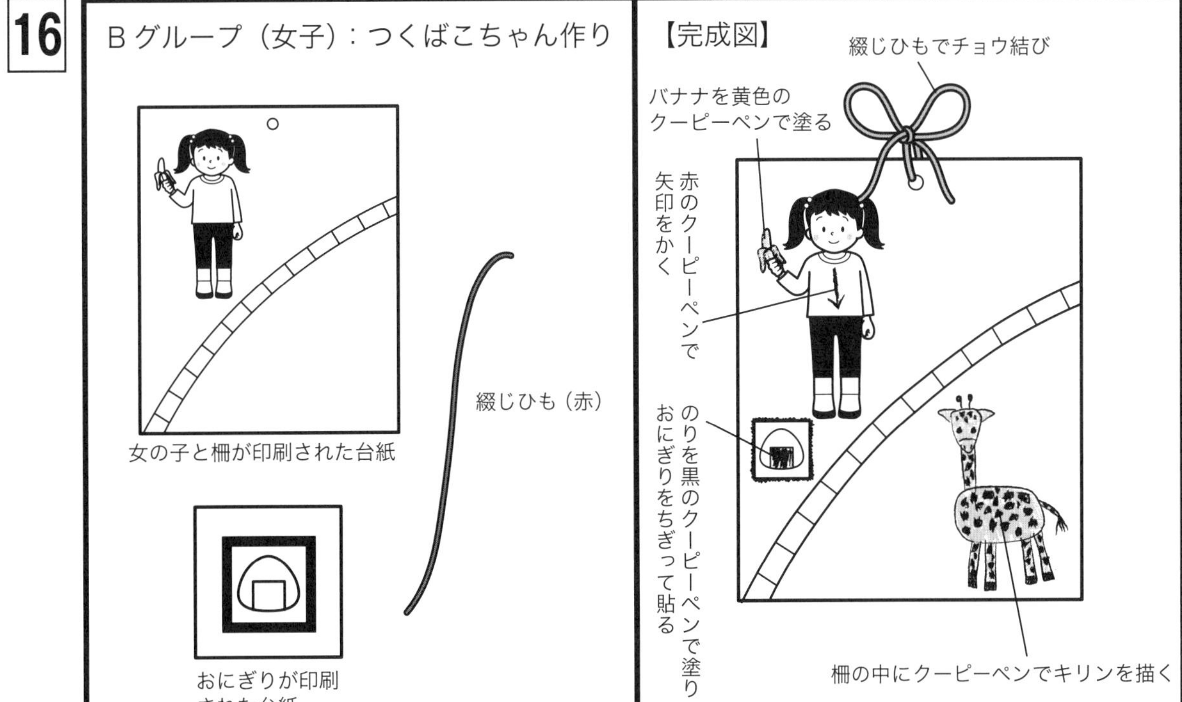
Bグループ（女子）：つくばこちゃん作り
女の子と柵が印刷された台紙
綴じひも（赤）
おにぎりが印刷
された台紙
【完成図】
綴じひもでチョウ結び
バナナを黄色の
クーピーペンで塗る
赤のクーピーペンで
矢印をかく
のりを黒のクーピーペンで塗り
おにぎりをちぎって貼る
柵の中にクーピーペンでキリンを描く

17

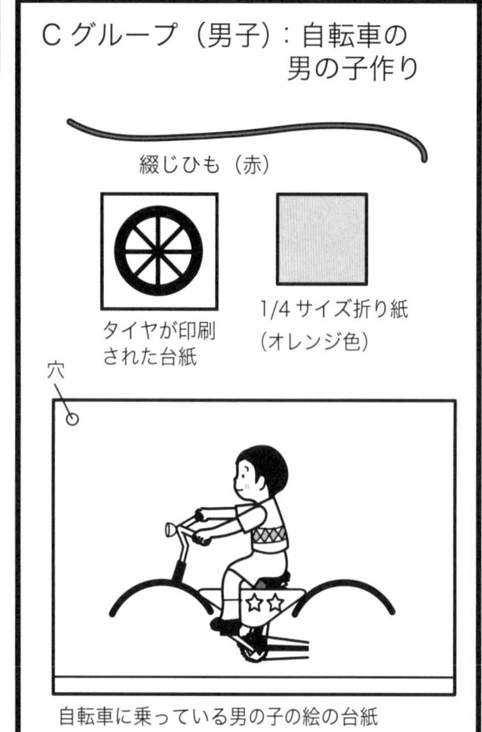

Cグループ（男子）：自転車の男の子作り
綴じひも（赤）
タイヤが印刷された台紙
1/4サイズ折り紙（オレンジ色）
穴
自転車に乗っている男の子の絵の台紙

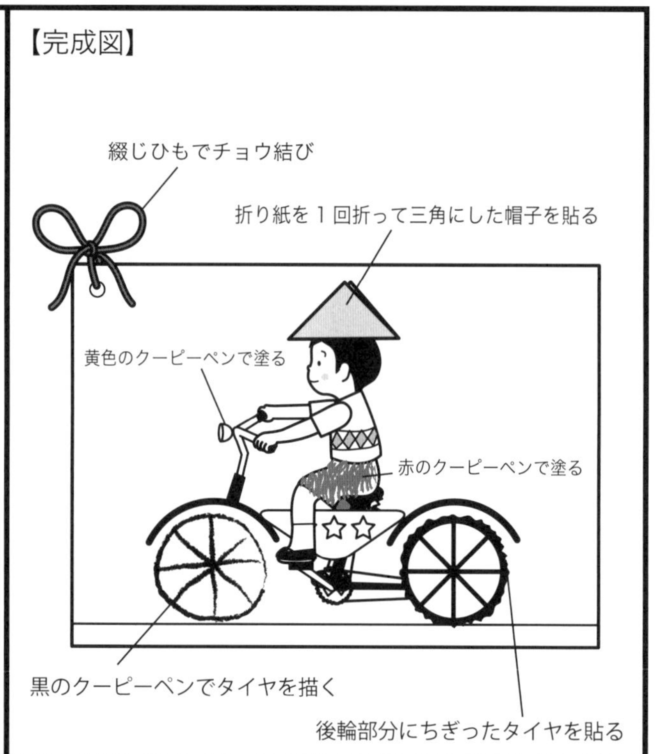

【完成図】
綴じひもでチョウ結び
折り紙を１回折って三角にした帽子を貼る
黄色のクーピーペンで塗る
赤のクーピーペンで塗る
黒のクーピーペンでタイヤを描く
後輪部分にちぎったタイヤを貼る

18

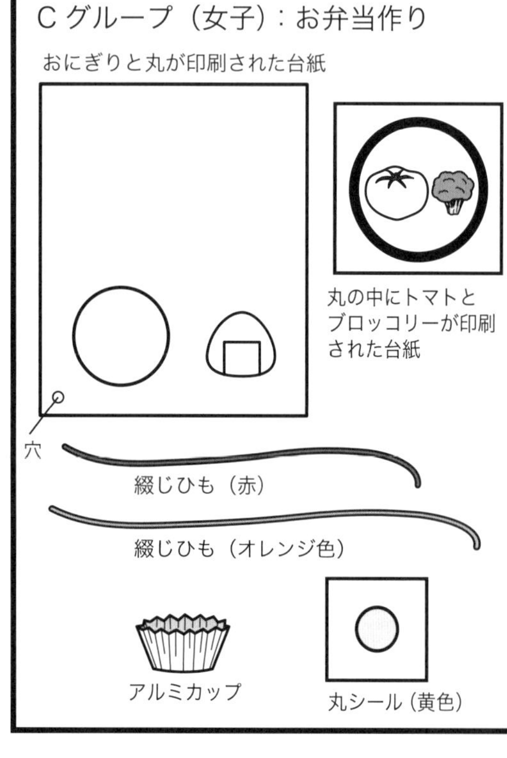

Cグループ（女子）：お弁当作り
おにぎりと丸が印刷された台紙
丸の中にトマトとブロッコリーが印刷された台紙
穴
綴じひも（赤）
綴じひも（オレンジ色）
アルミカップ
丸シール（黄色）

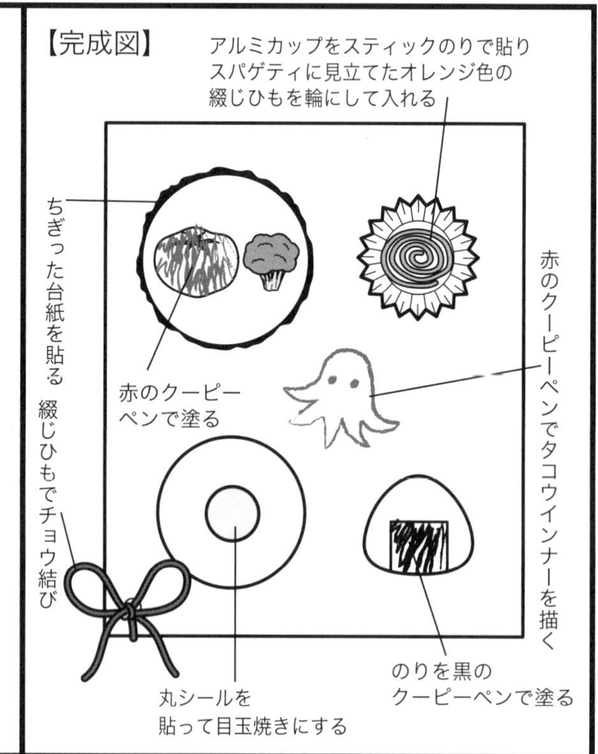

【完成図】
アルミカップをスティックのりで貼りスパゲティに見立てたオレンジ色の綴じひもを輪にして入れる
ちぎった台紙を貼る
綴じひもでチョウ結び
赤のクーピーペンで塗る
赤のクーピーペンでタコウインナーを描く
丸シールを貼って目玉焼きにする
のりを黒のクーピーペンで塗る

section
2015 筑波大学附属小学校入試問題

選抜方法

第一次 男女とも生年月日順にA（4月2日～7月31日生）、B（8月1日～11月30日生）、C（12月1日～4月1日生）の3グループに分け、それぞれ抽選で各グループ約300人を選出する。

第二次 考査は1日で、第一次合格者を対象に約30人単位でペーパーテスト、約15人単位で集団テスト、運動テストを行い、男女各約100人を選出する。所要時間は約1時間。

第三次 第二次合格者を対象に抽選を行い、男女各64人を選出する。

ペーパーテスト

筆記用具は赤、青、緑、黄色、ピンク、黒など各グループで異なる色のクーピーペンを使用。訂正方法は×（バツ印）。出題方法は話の記憶はテープでほかは口頭。

1 話の記憶（Aグループ男子）

「今日はウサギ君のお誕生日です。動物たちはお祝いに遊園地へ行くことにしました。動物たちは近くの駅で待ち合わせをしました。待ち合わせの時間より前に、ブタ君が緑のリュックサックを背負ってやって来ました。ネコさんは時間ピッタリに来ましたが『帽子を忘れてきてしまったわ』と言いました。ウサギ君は黄色いリュックサックを背負って、待ち合わせの時間より少し遅れてきました。ウサギ君、ブタ君、ネコさんは駅で待っていましたが、サル君がなかなか来ないので動物たちは心配になりました。ブタ君は『サル君遅いよね！ どうしちゃったのかな』とプンプン怒りだしました。するとサル君のお母さんが駅にやって来て、『ごめんなさいね。熱を出してしまって、今日はみんなと行けなくなってしまったの』とみんなに謝りました。それを聞いたブタ君は『熱を出したなんて知らなかったから、ひどいこと言っちゃったな……』と思いました。みんなでサル君が来られないのなら遊園地に行くのはどうしようかと迷っていると、ネコさんが『サル君がかわいそうだから今度にしようよ』と言いました。ブタ君は『せっかくウサギ君のお誕生日なのだから今日行こうよ』と言いました。そうしたら、サル君のお母さんが『気にしないで、遊園地に行ってらっしゃい』と言ってくれたので、電車に乗って遊園地へ行くことにしました。5つ目の駅で降りて遊園地の入口まで歩いていきました。途中に川があり、橋のところでタヌキさん親子が釣りをしていたので、ブタ君がタヌキさん親子に『何が釣れたの？』と聞きました。するとタヌキのお父さんが『コイを4匹釣ったんだよ』と言い、タヌキの子どもは『カメを網で捕まえたの！』と喜びながら見せてくれたので、みんなは『わあ、すごいね。見せてくれてありがとう！』と言って遊園地の入口の方に向かいました。遊園地の入口にはピンクのサクラの花が咲いていました。遊園地に入って、初めに乗ったのは観覧車です。キリンの係員さんに『２人乗りになります』と言われたので、ウサギ君とネコさんが２匹で赤いゴンドラに乗り、ブタ君は１匹でゴンドラに乗りました。次はジェットコースターです。ゴリラの係員さんに『２人ずつ乗ってくださいね』とまた言われたので、ここでもブタ君は１匹で乗りました。その次のレーシングカーでも、ゾウの係員さんに『２人乗りです』とまたまた言われてしまいました。ブタ君は今度も１匹で乗りました。そして最後にアヒルのボートに乗ろうとすると、クマの係員さんに『２人乗りです』とまたまたまた言われたので、ブタ君は結局１匹で乗ることになりました。１匹でボートを漕いだら汗をいっぱいかいてしまい、とっても大変でした。すべての乗り物が２人乗りだったので、ブタ君は『やっぱりサル君がいればよかったな』と思いながら帰りました」

・どの動物のお誕生日でしたか。○をつけましょう。
・お友達が待ち合わせの時間に来ないので怒っていたのはどの動物ですか。○をつけましょう。
・遊園地に行けなかったのはどの動物ですか。○をつけましょう。
・ブタ君のリュックサックは何色でしたか。その色のクーピーペンで丸の中を塗りましょう。
・タヌキの子どもが捕まえた生き物は何ですか。○をつけましょう。
・タヌキのお父さんが釣った魚は何匹ですか。その数だけ○をかきましょう。
・遊園地でブタ君たちが乗ったもの全部に○をつけましょう。
・今のお話の季節と合う絵に○をつけましょう。

2 推理・思考（回転図形）（Aグループ男子）

・左側の形が動いてダイヤの位置が右側のようになると、線はどのようになりますか。右側の足りないところに線をかきましょう。全部やりましょう。

3 話の記憶（Aグループ女子）

「キツネ君が足にけがをしてしまって幼稚園をお休みしました。心配したクマさん、サル君、リスさん、ウサギ君はみんなでキツネ君のお見舞いに行くことにしました。幼稚園が終わったら公園のブランコで待ち合わせしようと決めました。待ち合わせの場所に早く来ていたクマさんとサル君は、みんなを待ちきれず、先にキツネ君のお家に行ってしまいました。キツネ君が遊びに行けず寂しく外を見ていたら、きれいな色に変わったモミジの葉っぱが風にのってひらひらと、開いている窓からお部屋に入ってきました。そのとき、クマさんとサル君がやって来ました。クマさんはリンゴとドーナツ、サル君はバナナとチョコレートのお見舞いを用意していました。キツネ君はとても喜んでニコニコの笑顔になりました。その後３匹で積み木のお城を作ったり、紙飛行機を作って遊んでいました。そこへリスさんが『みんな、もう来てたんだね』とケン玉を持ってお見舞いにやって来ました。するとウサギ君もやって来ました。ウサギ君は待ち合わせ場所に行ったのに誰もいなかったので『みんなで公園のブランコで待ち合わせをして行こうねって言ったじゃないか』とプンプン怒っています。『ごめん、ごめん、キツネ君に早く会いたかったんだ』とクマさんとサル君は謝りました。その様子を見ていたキツネ君のお母さんが『さあ、おやつを食べて仲直りしましょう』と言って、みんなが持ってきたお見舞いを出してくれました。みんなはドーナツを２つずつ、バナナを１本ずつ食べましたが、キツネ君はドーナツを３つも食べました。するとサル君が『僕の持ってきたチョコレートも食べてよ』と言いました。ウサギ君はそれを聞いて『もしかして、みんな、お見舞いを持ってきたの？　じゃあ、ちょっと出かけてくる！　すぐ戻るね！』と言いました。キツネ君は『来てくれただけでうれしいよ』と言いましたが、ウサギ君はお家を飛び出していきました。しばらくするとウサギ君はコスモスを花束にして戻ってきました。『はい、どうぞ』。キツネ君は『とってもきれいだね。ありがとう』と言いました。その後みんなでなぞなぞ遊びをしました。リスさんが『スイカの中にいる生き物は何だ？』とクイズを出しました。クマさんが『わかった！　イカだ！』と答えました。リスさんは次に『カメラの中にいる生き物は何だ？』とクイズを出しました。すると『わかった！　カメだ！』とウサギ君が言いました。楽しく遊んでいるとみんなのお母さんがお迎えに来てくれました。キツネ君が『もうみんな帰る時間なの？』と驚いて時計を見たら、もう夕ごはんの時間でした。『早く元気になってね』とみんなは帰っていきました」

・キツネ君が外を見ていたときにお部屋に入ってきた葉っぱはどれですか。その葉っぱの色のクーピーペンで○をつけましょう。
・クマさんが持ってきたお見舞いは何ですか。○をつけましょう。
・キツネ君のお見舞いに最初にやって来た動物に○をつけましょう。
・最初にお見舞いに来た動物たちはキツネ君と何をして遊びましたか。○をつけましょう。
・リスさんが持ってきたお見舞いは何ですか。○をつけましょう。
・ウサギ君が持ってきた花束は何のお花ですか。○をつけましょう。
・ウサギ君はお見舞いにやって来たときにどんな顔をしていましたか。合う絵に○をつけましょう。
・キツネ君が食べたドーナツの数だけ○をかきましょう。
・お話の中のなぞなぞにあった「カメラの中にいる生き物」とは何でしょうか。○をつけましょう。
・みんなが来てくれたときのキツネ君の顔を上から、みんなが帰ってしまうことになったときのキツネ君の顔を下から選んで、点と点を線で結びましょう。

4 推理・思考（回転図形）（Aグループ女子）

・左側の形が動いてダイヤの位置が右側のようになると、線はどのようになりますか。右側の足りないところに線をかきましょう。全部やりましょう。

5 話の記憶（Bグループ男子）

「クマ君が朝起きたら外は曇り空でした。今日はウサギさん、リスさん、キツネ君、サル君と山登りに行く日です。お母さんがお弁当を作ってくれました。お弁当の中身はクマ君の大好きなおにぎり２つとリンゴでした。リュックサックにお弁当を入れて支度をしたら、さあ出発です。待ち合わせの場所にはリスさんとキツネ君が来ていました。『おはよう、クマ君。朝は心配したけどすっかりお天気になってよかったね』とリスさんが話していると、ウサギさんがやって来ました。そこへ『おはよう！　みんな早いね』と言いながらサル君もやって来て、全員集合したので山道を歩き始めました。お日様がキラキラと輝いています。みんなで気持ちよく歩いていると、お花畑の前に来ました。そこには茎の長いピンクのお花が一面に咲いていてとてもきれいでした。『わー、きれいね。わたしは春のお花が好きだけど、秋のお花もとってもすてきなのね』とウサギさんが言いました。また、しばらく歩いていくと今度は川が流れていてそこに一本橋が架かっていました。この橋を渡らなければ山の頂上へは行けません。『みんなで順番にこの橋を渡ろう』とクマ君が張り切って言いました。すると『わたし、怖くて渡れないわ……』とウサギさんがべそをかき始めました。それを見たキツネ君とリスさんは『怖いなんて言ってウサギさんは弱虫だね』と笑いました。『そんなことを言ったらウサギさんがかわいそうだよ。せっかくみんなで楽しく遊ぶのにそんなことを言ったら楽しくなくなっちゃうよ』とクマ君が言いました。キツネ君とリスさんは恥ずかしくなり顔を赤くしながら、『ウサギさん、ごめんね』と謝り、ウサギさんのためによいことを考えました。怖がっているウサギさんの前をキツネ君、後ろをリスさんと、２匹がウサギさんを挟んで橋を渡ってあげることにしたのです。ウサギさんは安心して橋を渡ることができましたが、キツネ君は『今日のお弁当は僕の大好きな玉子焼きが入っているんだ。みんなにはあげないからね』とよそ見をしながらおしゃべりしていたので、足をすべらせてしまいました。その拍子にキツネ君の黄色いリュックサックが橋の下に落ちて川を流れていってしまいました。キツネ君はしょんぼりしています。やっと頂上に着きました。みんなはおなかがペコペコです。山の頂上ですてきな景色を見ながらお弁当を食べることにしました。頑張って歩いた後のお弁当は最高においしくてみんなニコニコ顔です。その中で１匹だけしょんぼりしていたキツネ君に、みんなはお弁当を少しずつ分けてあげることにしました。キツネ君はみんなの優しい気持ちにうれしくなり、さっき橋で玉子焼きをみんなには分けてあげないと言ったことが恥ずかしくなってしまいました。『これからは僕もお友達に優しくしよう』と思いました。そして帰り道は夕焼けがとてもきれいでした」

・待ち合わせ場所に最後にやって来た動物に○をつけましょう。
・山登りの途中でべそをかいてしまった動物に○をつけましょう。
・からかった動物を止めたのはどの動物ですか。○をつけましょう。
・「ごめんね」と謝ったのはどの動物ですか。○をつけましょう。
・キツネ君のリュックサックの色のクーピーペンで丸の中を塗りましょう。
・キツネ君のお弁当に入っていたものに○をつけましょう。
・お話の中でお花畑に咲いていた花に○をつけましょう。
・山登りに出かける前のお天気の様子が正しく描いてあるものに○をつけましょう。

6 推理・思考（Bグループ男子）

・マス目に○がかかれた２つのお家が並んでいます。○をかき足して、左右どちらのお家も同じところに○が入るようにしましょう。

7 話の記憶（Bグループ女子）

「今日は前から楽しみにしていた家族みんなで動物園に行く日です。みゆちゃんは玄関で暖かなコートとマフラー、そして手袋をつけました。赤が大好きなみゆちゃんは、コートもマフラーも手袋も全部お気に入りの赤い色です。お父さん、お母さん、お兄ちゃんのけい君も支度をして、さっそくお出かけです。ワクワクしながらバスに乗っていると、『あと２つで終点のバス停に着くよ。そこに動物園があるからね』とけい君が教えてくれました。終点でバスを降りると、すぐ目の前に動物園の入口がありました。みゆちゃんとけい君は大喜びで動物園に入ると、いろいろな動物を見つけました。キリン、ゾウ、リスを見たところで、『そろそろおなかがすいたからお昼にしましょう』とお母さんが言いました。お弁当をベンチで食べていると、そこに男の人が慌てた様子で走ってきました。『うちの子を見ませんでしたか？　娘が迷子になってしまったんです』と言って、男の人は汗をかきながらまた走っていってしまいました。みゆちゃんとけい君はお弁当を食べ終わり、また別の動物を見たくなって歩いていると、道の真ん中で女の子が１人で泣いているのを見つけました。『どうしたの？』とみゆちゃんが心配になって聞いてみると、『お父さんと離ればなれになって迷子になってしまったの』と女の子は言いました。『あっ、僕たちさっきお父さんに会ったよ。一生懸命君のことを探していたよ。動物園の入口の方へ行ったから僕たちも一緒にお父さんを探してあげるよ』とけい君が言いました。みゆちゃんは女の子のお父さんを探して歩いている間に、女の子とお友達になりました。女の子はまおちゃんという名前でした。動物園の入口まで行くと、さっきの男の人が困った顔をしながら動物園の人に話をしているところでした。『お父さーん！』まおちゃんは大きな声でさけぶと走り出しました。２人はお互いの顔を見るとほっとした様子でした。そして『お父さん、ごめんなさい』とまおちゃんが言うと、『もう１人でどこかに行ってはいけないよ』とお父さんが優しく言いました。みゆちゃんもうれしくなって『まおちゃん、お父さんが見つかってよかったね』と言うと、『ありがとう。お友達の印に手袋を交換してくれる？』とまおちゃんが言いました。まおちゃんの黄色い手袋と自分の手袋を交換すると、『大切にするね、また今度遊びましょうね』とみゆちゃんはお別れをして帰っていきました」

・みゆちゃんの格好に○をつけましょう。
・動物園で見なかった動物に○をつけましょう。
・今聞いたお話の季節と仲よしのものに○をつけましょう。
・みゆちゃんとまおちゃんは手袋を交換しましたね。では、みゆちゃんは帰るときに何色の手袋をしていましたか。その色と同じものに○をつけましょう。
・お話の中で、あといくつで動物園の停留所に着くとけい君は言っていましたか。その数だけ○をかきましょう。
・まおちゃんがお父さんと会えた場所に○をつけましょう。
・みゆちゃんたちは何に乗って動物園へ行きましたか。○をつけましょう。

8 推理・思考（対称図形）（Bグループ女子）

・透明な紙にかかれた上と下のお家を点線で折ってピッタリ重ねたとき、○の位置はどうなりますか。その様子に合うように両方のお家に○をかき足していきましょう。

9 話の記憶（Cグループ男子）

「幼稚園のお庭の木の葉っぱがだんだん黄色く色づいてきました。今日も幼稚園には元気なお友達がたくさんやって来ました。よしこ先生が子どもたちにお話をしています。『皆さんで昔話の劇をしたいと思います。今からお話を読みますから、どのお話にしたいか相談しましょう』。そう言ってよしこ先生は『桃太郎』『浦島太郎』『さるかに合戦』の絵本を読んでくれました。ごろう君、げんき君、さくらちゃん、ももちゃんがどの劇をしたいか相談を始めました。『わたしは浦島太郎の劇がやりたいわ。だってすてきな乙姫様の役をやってみたいから』とさくらちゃんが言いました。すると、げんき君が『僕は桃太郎の役がやりたい。桃太郎の劇にしようよ』と言いました。さくらちゃんとげんき君の２人は自分の言いたいことを言うとずっとにらみ合ったまま黙ってしまい、みんなもすっかり困ってしまって黙りこんでしまいました。すると、よしこ先生が『では、こんなふうに決めるのはどうかしら。どの劇を皆さんがやりたいのか今から聞きますから手を挙げてくださいね。一番多く手が挙がったお話の劇に決めたいと思います』と言いました。子どもたちはとてもよい考えだと賛成し、さっそくよしこ先生は子どもたちにどのお話がよいか聞きました。『桃太郎がよい人は５人ですね。浦島太郎がよい人は１人、さるかに合戦がよい人はいませんね。では手を挙げた人が一番多かったのは桃太郎なので、劇は桃太郎にしたいと思います』。さくらちゃんは少し残念そうな顔をしていましたが、すぐに次になりたいものを考え始めました。『桃太郎にはお姫様は出てこないから、何の役になろうかな』。するとよしこ先生が、目のつり上がった丸い顔のオニのお面を持ってきてくれました。さくらちゃんは大好きな赤い色のオニのお面を見て、少し怖そうだけど赤い顔がとてもかっこよくてやってみたいなと思いました。その後、みんなで相談して劇の役を決めました。桃太郎の役はげんき君、サルの役はももちゃん、ごろう君はイヌの役、そしてさくらちゃんは思い切ってオニの役に手を挙げて決まりました。役が決まると子どもたちは張り切って準備を始めました。『桃太郎のお話だからきびだんごがいるね。みんなで作ろうよ』とげんき君が言うと、さくらちゃんが『大きなモモもあった方がいいわね。オニのパンツも作ろうかしら』と言いました。子どもたちはニコニコ顔です。どんな劇になるのか楽しみですね」

・どの昔話の劇をすることになりましたか。○をつけましょう。
・げんき君はどの役に決まりましたか。○をつけましょう。
・ももちゃんはどの役に決まりましたか。○をつけましょう。
・ごろう君はどの役に決まりましたか。○をつけましょう。
・さくらちゃんが一番初めになりたかったものは何ですか。○をつけましょう。
・お話のころの季節と合う絵に○をつけましょう。
・さくらちゃんが使ったお面はどれですか。○をつけましょう。

10 模　写（Cグループ男子）

・左のお手本と同じになるように右の四角に線を引きましょう。線は必ずマス目の真ん中を通るようにかきましょう。黒のクーピーペンでかいて、間違えたら赤のクーピーペンで初めからかき直しましょう。

11 話の記憶（Cグループ女子）

「ウサギのミミちゃんはお母さんと一緒にケーキ屋さんへお買い物に行くことにしました。お母さんはニンジンの模様のエプロンを外してお出かけの支度をしています。外はとてもよいお天気です。ミミちゃんは元気よく歩き始めました。お母さんは歩きながらお話をしてくれました。『ミミちゃん、森には恐ろしいキツネがすんでいてあなたのことを食べてしまうかもしれないから手をつないで歩きましょうね』。ミミちゃんは『うん。だいじょうぶよ。お母さんから離れたりしないからね』とお母さんとお約束をしました。ところが、しばらく歩いていくとお花屋さんの前できれいな青いチョウチョがひらひらと飛んでいるではありませんか。ミミちゃんはお約束をすっかり忘れて、チョウチョを追いかけて森の方に向かっていってしまいました。お母さんは慌ててミミちゃんを追いかけましたが、もう姿が見えません。森の入口まで来ると川があり、そこにはカエルの形をした岩がありました。お母さんはそこでクマ君に会いました。『ウサギの子どもを知りませんか？』と聞くと、『それならさっき森の中に入っていったよ』とクマ君が教えてくれました。するとタヌキさんもやって来ました。『ウサギさん、そんなに慌ててどうしたの？』とタヌキさんが聞

2015

くと、『うちの子が迷子になってしまったの。森の中には恐ろしいキツネがすんでいるから急いで探しているの』とお母さんが言いました。『それは大変だ！』タヌキさんとクマ君が一緒に探してくれることになりました。さて、そのころウサギのミミちゃんは森の奥まで来ていました。『帰り道がわからなくなってしまったわ』と迷子になったことに気づくと、すっかり心細くなり急にお母さんに会いたくなりました。すると、そこへキツネが現れ『どうしたんだい？　迷子になってしまったのか。僕がお母さんのところに連れていってあげるよ。こっちに行くとお母さんがいるよ』と右の道を指さしました。ミミちゃんは心配になり、右の道と左の道を何度もよく見ました。右の道ではキツネが呼んでいます。左の道には川があり、遠くにカエルの形をした岩があります。どっちに行けばよいのかと考えていると、キツネが『こっちだよ。こっちに行けばお母さんに会えるよ』とミミちゃんの腕を引っ張ろうとしました。そのときです。カエルの形の岩の方からタヌキさんとクマ君が走ってきて、『うそをついたらいけないよ。その子のお母さんはここにいるよ』と大きな声でキツネに言いました。キツネは驚いて走って逃げていってしまいました。タヌキさんとクマ君の後ろにミミちゃんのお母さんが立っていました。『お母さん、お約束を破ってごめんなさい』とミミちゃんは泣きそうな顔で言いました。『ミミちゃん、あなたが無事でよかったわ。お約束は守りましょうね』と優しく言うと、お母さんはミミちゃんをギュッと抱きしめてくれました。ミミちゃんはお母さんの温かい胸に抱きしめられて笑顔になりました」

・お母さんのエプロンの模様はどれですか。○をつけましょう。
・ミミちゃんが見つけたチョウチョは何色でしたか。その色のクーピーペンで丸の中を塗りましょう。
・お話に出てきた動物は何匹ですか。その数だけ○をかきましょう。
・お母さんが森の入口で見た岩はどの生き物の形でしたか。○をつけましょう。
・ミミちゃんはどちらの道を通って帰りましたか。通ったと思う方の道に○をつけましょう。
・お話の動物が出てきた順に描かれているのはどちらの四角ですか。○をつけましょう。
・ミミちゃんはお母さんとどこへお買い物に行こうとしていましたか。○をつけましょう。

12 推理・思考（対称図形）（Cグループ女子）

・左のお手本を真ん中の点線で折ると、右の四角にはどのように線が写りますか。右側の四角に線をかきましょう。黒のクーピーペンでかいて、間違えたら赤のクーピーペンで初めからかき直しましょう。

集団テスト

13 巧緻性・制作（Aグループ男子）

クロール君作り：オレンジ色の画用紙（B６判１枚、約2.5×７cm２枚、直径約８cmの丸１枚）、10cm四方の黄色の画用紙（直径約６cmの丸の中に小さな丸がかいてある）１枚、細く長いストロー１本、太く短いストロー１本、綴じひも（赤）１本、四角シール（赤）３枚、クーピーペン（赤、黒）、スティックのりが用意されている。

・オレンジ色の丸い画用紙に黒のクーピーペンで目、赤のクーピーペンで口を描きましょう。

・オレンジ色の大きな長四角の画用紙を縦長に置いて、顔を描いたオレンジ色の丸い画用紙の口の位置を上に合わせ、スティックのりで貼りましょう。

・細いストローを太いストローの中に通し、太いストローを赤いシール１枚で大きな長四角の画用紙の真ん中より少し上に貼りましょう。

・細いストローの先にオレンジ色の小さい画用紙をそれぞれ赤いシールで貼って、手にしましょう。右手は画用紙を下に向け、左手は画用紙を上に向けて貼りましょう。

・黄色の画用紙にある大きな丸の輪郭と、小さな丸の中をちぎり金メダルにしましょう。

・黄色の画用紙の小さな穴に綴じひもを通してかた結びをして、クロール君の首に金メダルをかけてあげましょう。

14 巧緻性・制作（Aグループ女子）

オラフ作り：紙コップ（２ヵ所に穴が開いている）１個、紙皿１枚、だんごの形がかいてある画用紙１枚、モール（茶色）２本、四角シール（白）４枚、綴じひも（青）２本、指サック（オレンジ色）１個、クーピーペン（水色、黒）、スティックのりが用意されている。

・だんごの形の中に黒目を黒のクーピーペンで描き、白目は水色のクーピーペンで塗り、目を作りましょう。終わったら手で周りの線をちぎり、紙コップの側面に開いた穴より上にスティックのりで貼りましょう。

・紙コップの側面の穴に、内側から指サックを入れて外に出し、鼻にしましょう。

・２本のモールを半分に折り、紙コップの底の穴にさして、髪の毛にしましょう。

・紙コップの左と右に綴じひもを１本ずつそれぞれ白いシールで留めたら、２本のひもの端を合わせてかた結びしましょう。

・紙皿を丸めて紙コップの中に入れ、体にしましょう。

・最後に紙コップの縁に２枚の白いシールを外と内から挟むように貼り合わせ、歯を作りましょう。

15 巧緻性・制作（Bグループ男子）

鳥作り：B４判の画用紙（茶色）１枚、折り線が印刷されたA４判の1／3大の紙（黄色）１枚、羽の形の紙（白）２枚、丸がかいてある８cm四方の紙（白）１枚、丸シール（青）

1枚、綴じひも（赤）1本、クーピーペン（青）、スティックのり、穴開けパンチが用意されている。

・丸がかいてある紙の丸の中を青のクーピーペンで塗り、線の通りにちぎりましょう。
・茶色の画用紙を半分に折り、山になっている方を上にし、左上に穴開けパンチで穴を開けて立たせましょう。
・黄色い紙を点線で折り、茶色の画用紙の穴を開けた方の内側にＶ字になるようにのりで貼って鳥のくちばしにしましょう。
・先ほどちぎった丸を目になるように茶色の画用紙に貼り、反対側には丸シールを貼って目にしましょう。
・羽の形の紙２枚を点線で折り、スティックのりで茶色の画用紙に貼って左と右の羽にしましょう。
・茶色の画用紙の穴に綴じひもを通して輪になるようかた結びをし、鳥のとさかにしましょう。

16 巧緻性・制作（Ｂグループ女子）

アサガオ作り：アサガオの葉とつると左下に丸が描いてあるＡ４判の台紙（穴が開いている）、葉の形が描いてある台紙（緑）、正方形1／4サイズの折り紙（ピンク）２枚、綴じひも（赤）１本、クーピーペン（緑、黒）、スティックのりが用意されている。

・Ａ４判の台紙の葉の形の中を緑のクーピーペンで塗りましょう。
・緑の台紙を葉の形の通りにちぎって、大きな台紙の左下の丸の中にスティックのりで貼りましょう。
・アサガオの花になるよう折り紙を折って（図のような折り方を指示される）、台紙に描いてあるつるの周りの好きなところに貼りましょう。
・左上の空いているところに黒のクーピーペンでチョウチョを描きましょう。
・台紙の穴に綴じひもを通し、チョウ結びをしましょう。

17 巧緻性・制作（Ｃグループ男子）

夏の木作り：木が描いてあるＡ４判の台紙（穴が開いている）、葉の形が描いてある台紙（緑）、正方形1／4サイズの折り紙（オレンジ色）１枚、綴じひも（赤）１本、クーピーペン（黄緑、黒）、スティックのりが用意されている。

・台紙に太い線で描かれた葉っぱを黄緑のクーピーペンで塗りましょう。
・黒のクーピーペンで台紙の右下の木の穴にカブトムシを描きましょう。
・緑色の台紙の葉っぱを線の通りにちぎりましょう。
・折り紙でセミを折りましょう（図のような折り方を指示される）。
・ちぎった葉とセミをスティックのりで台紙に貼りましょう。葉は右上の丸の中に、セミは木の幹の上に貼りましょう。

・台紙の穴に綴じひもを通してチョウ結びをしましょう。

18 巧緻性・制作（Cグループ女子）

花作り：A４判（黄色）の台紙（穴が開いている）、花の形が描いてある正方形1／4サイズの折り紙（ピンク）１枚、折り紙（水色）１枚、長方形1／8サイズの折り紙（黄緑）１枚、綴じひも（赤）１本、クーピーペン（赤）、スティックのりが用意されている。

・ピンクの折り紙に描かれた花の真ん中を赤いクーピーペンで塗り、外側の線をちぎりましょう。
・水色の折り紙をポケットになるように３辺の縁にのりをつけて台紙に貼りましょう。
・黄緑の細長い折り紙を茎にして、ちぎった花にスティックのりで貼ります。茎の方を水色のポケットにさしましょう。
・台紙の上の両端の角を点線の通りに後ろに折り、綴じひもを穴に通してチョウ結びをしましょう。

言　語（各グループ共通）

１人につき１問を指名された人が答える。

・お名前を教えてください。
・今日は誰とどうやって来ましたか。
・朝ごはんは何を食べましたか。
・誕生日を教えてください。
・好きな食べ物は何ですか。
・嫌いな食べ物は何ですか。
・好きな動物は何ですか。
・嫌いな動物は何ですか。
・好きな色は何ですか。
・好きな遊びは何ですか。
・サンタさんにもらいたいプレゼントは何ですか。

行動観察（各グループ共通。４、５人ずつに分かれて行う）

・パターンブロック積み…チームごとにパターンブロックを使ってできるだけ高くなるように積む。
・お城作り…用意されている大小の紙コップを使って、できるだけ高いお城を作る。

運動テスト

各グループ共通。

クマ歩き

U字の白い線に沿って１人ずつクマ歩きをする。できるだけ速く行う。

面接資料/アンケート

第二次考査中にアンケートがある。アンケート記入の前に約20分の学校紹介のビデオを鑑賞した後、15～20分で記入する。

・志望動機について（B５判横書き、10行程度)。

1

2

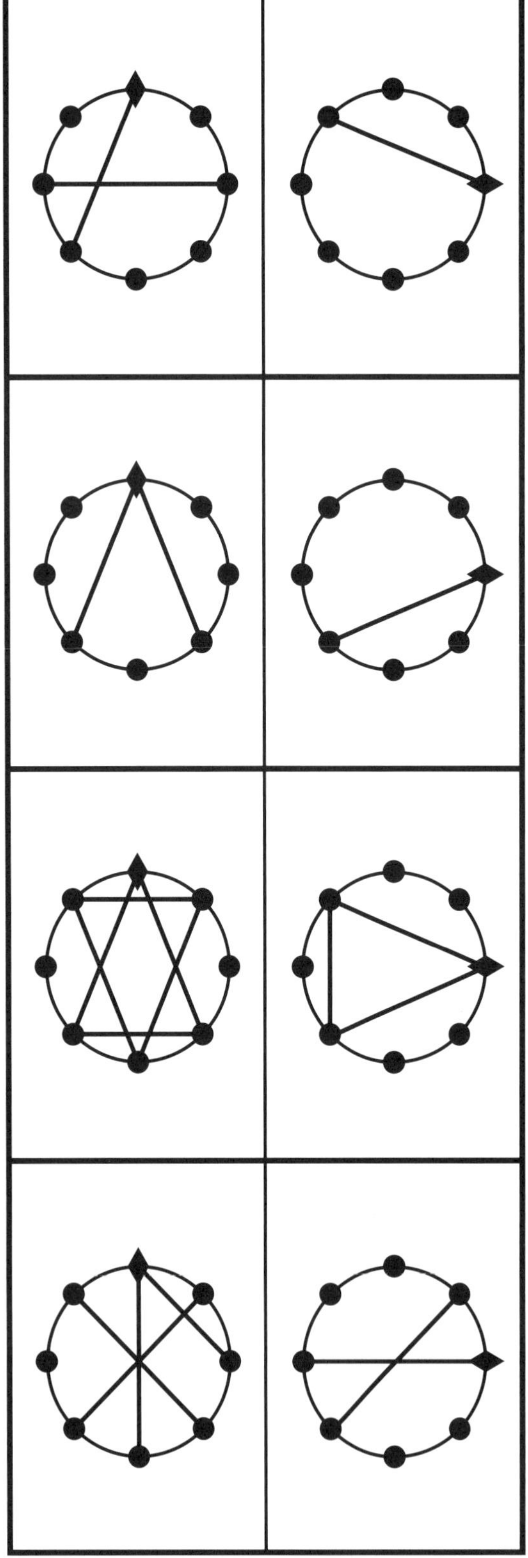

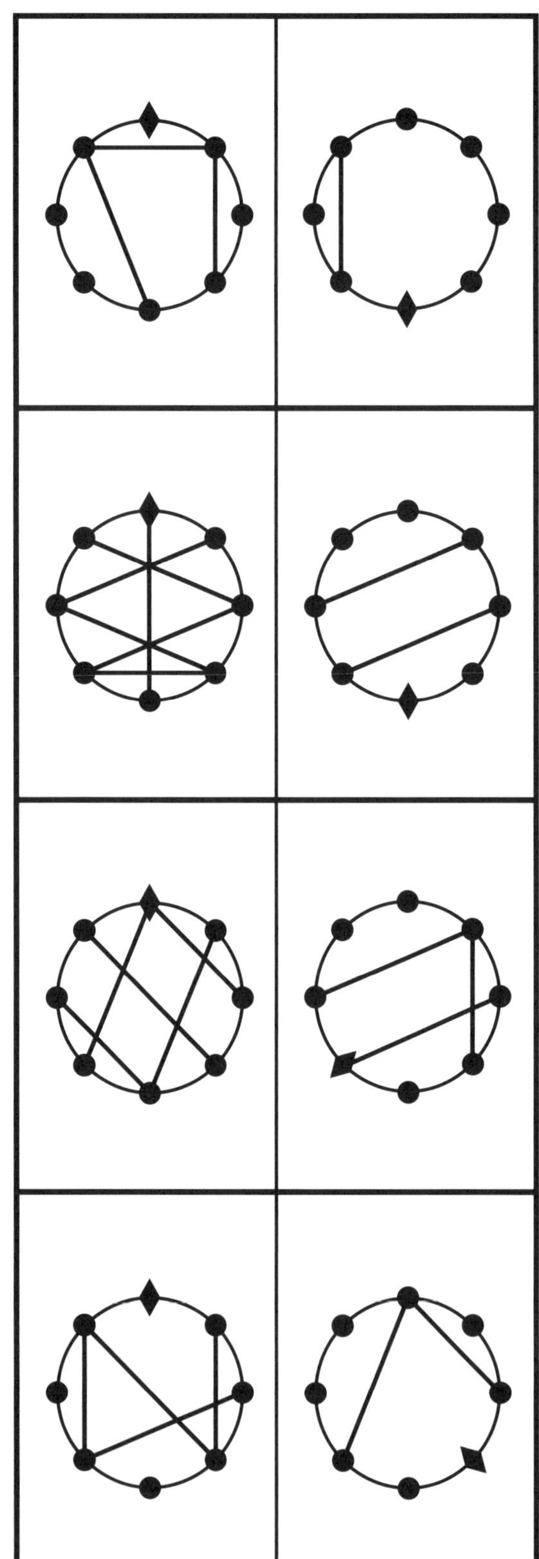

3

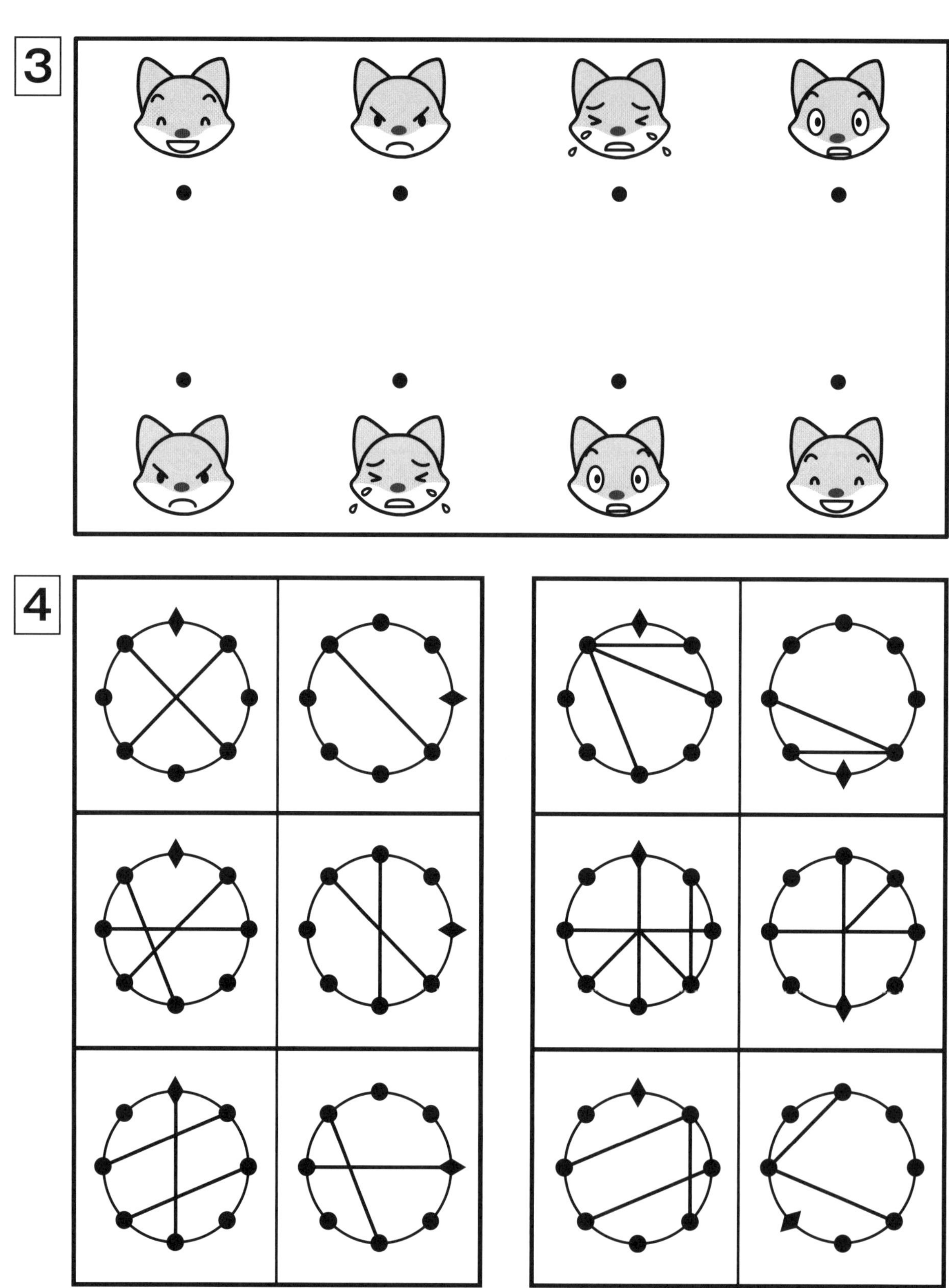

5

6

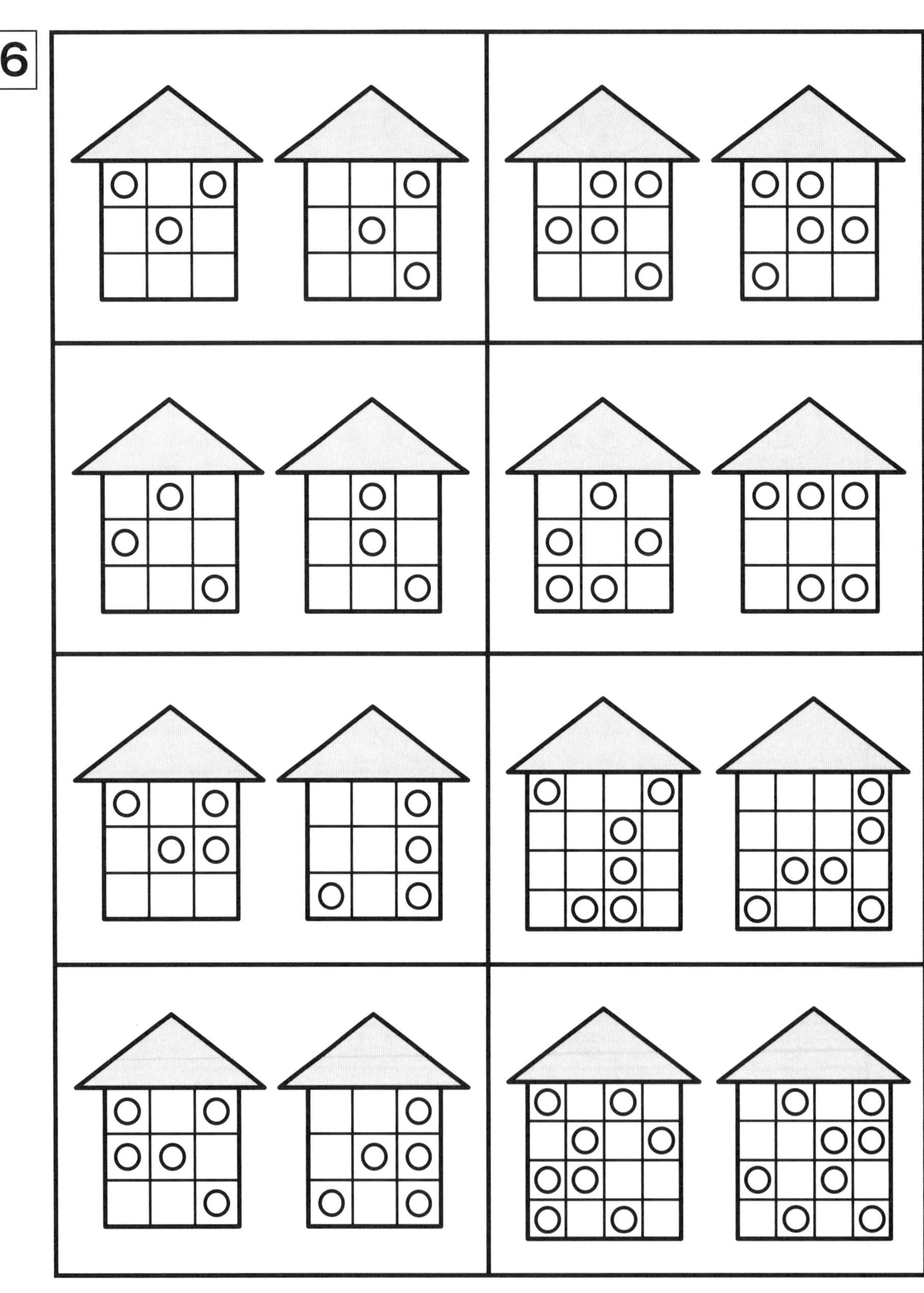

2015

7

8

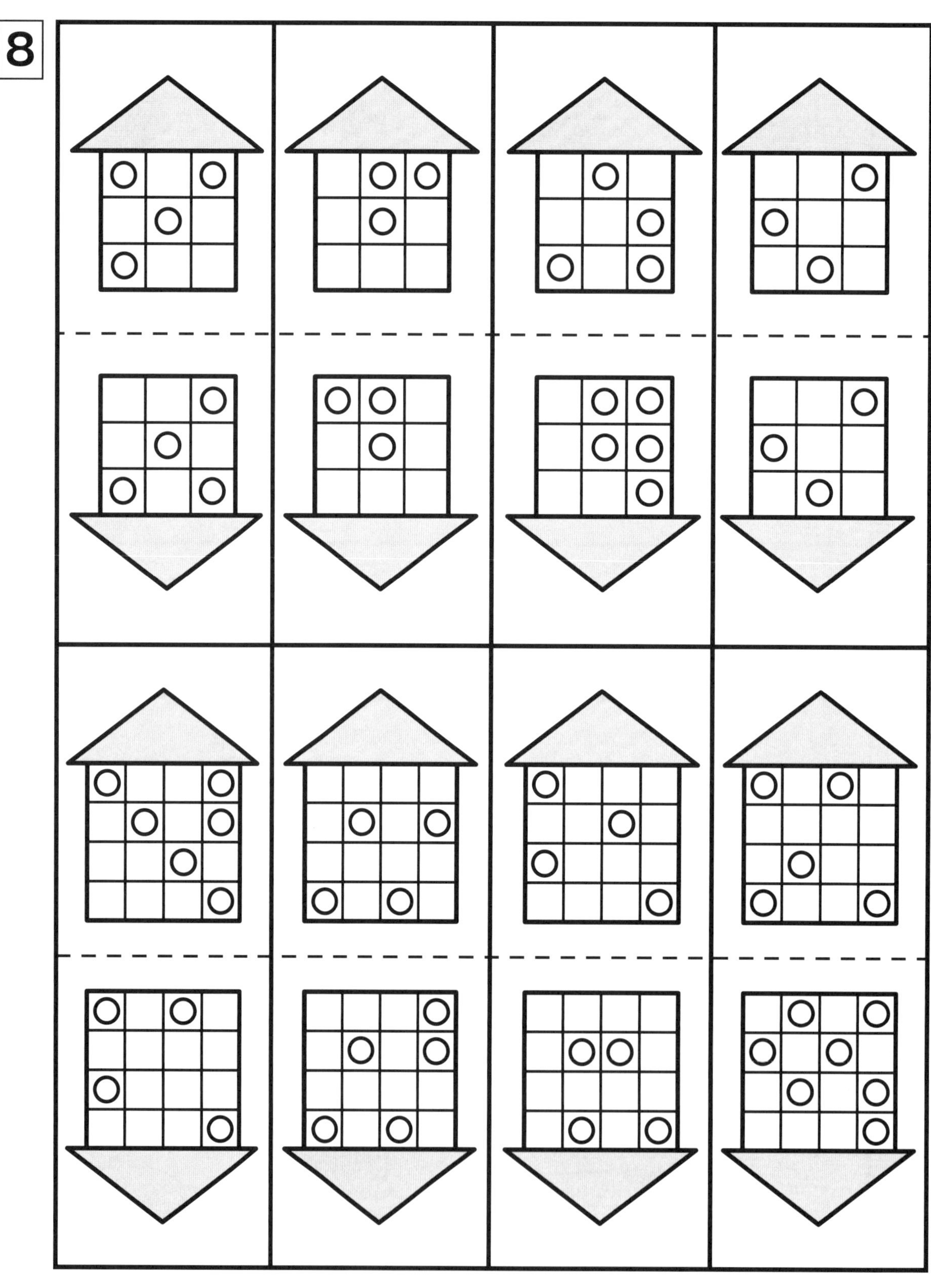

9

10

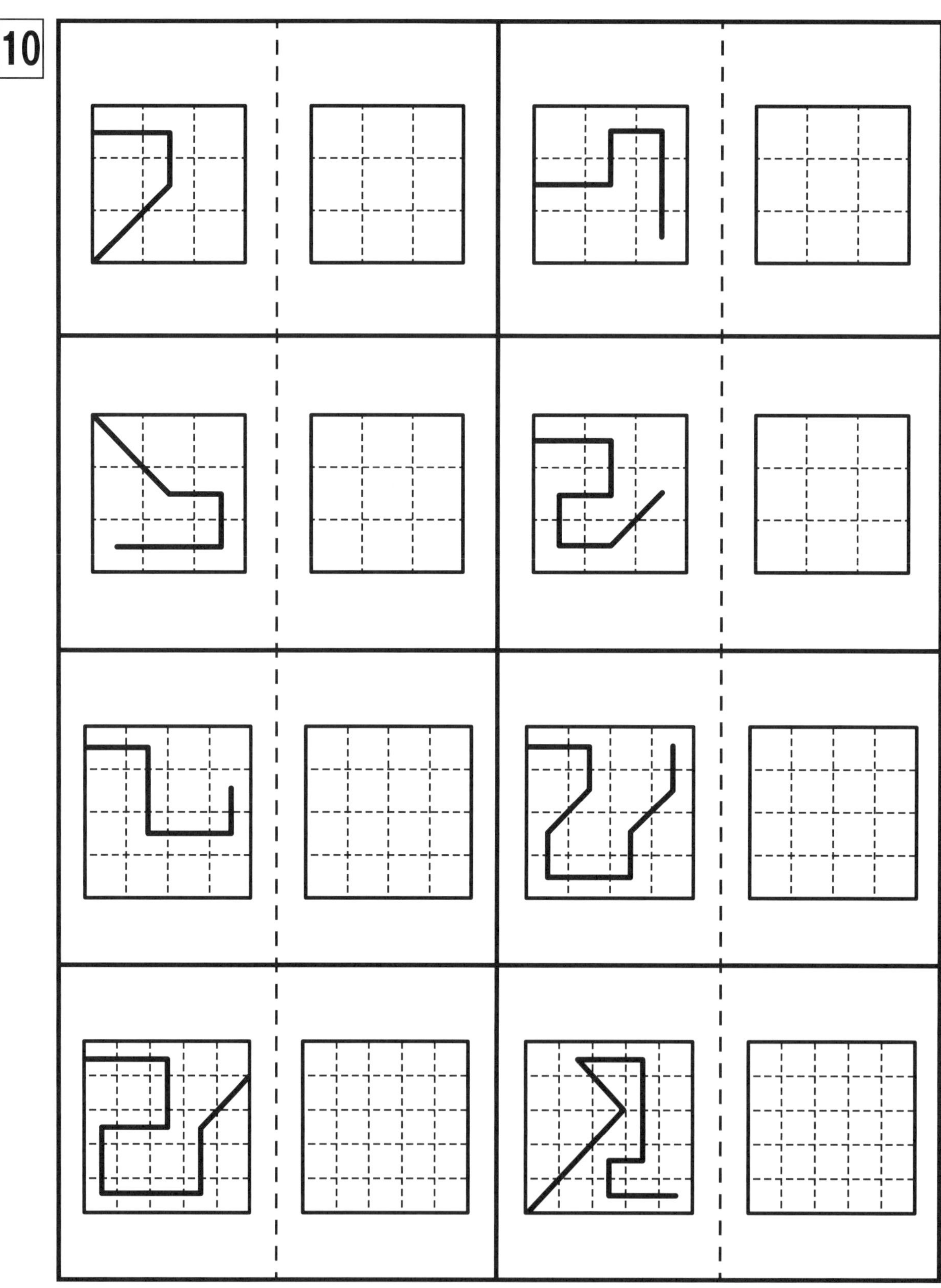

11

12

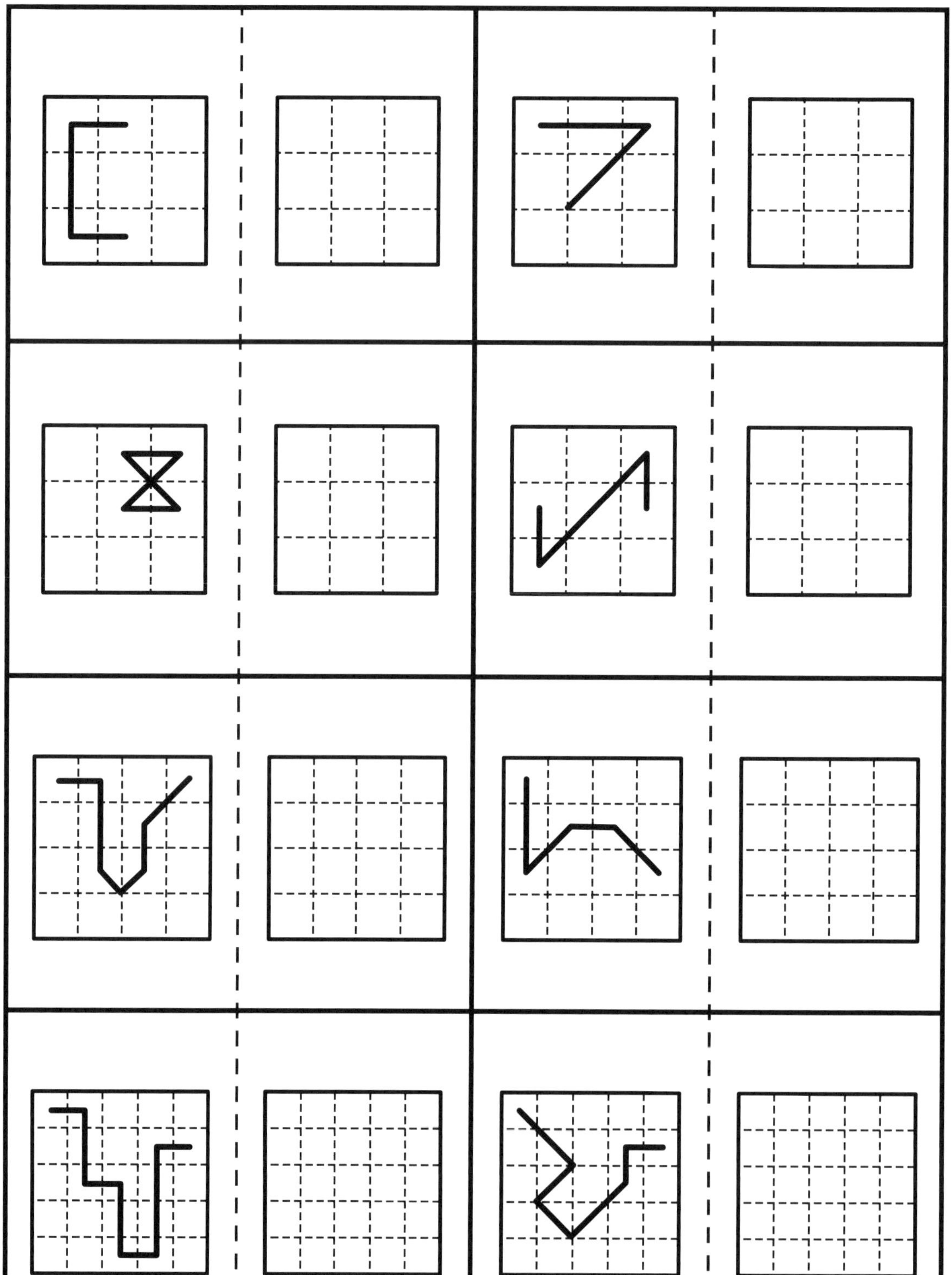

13

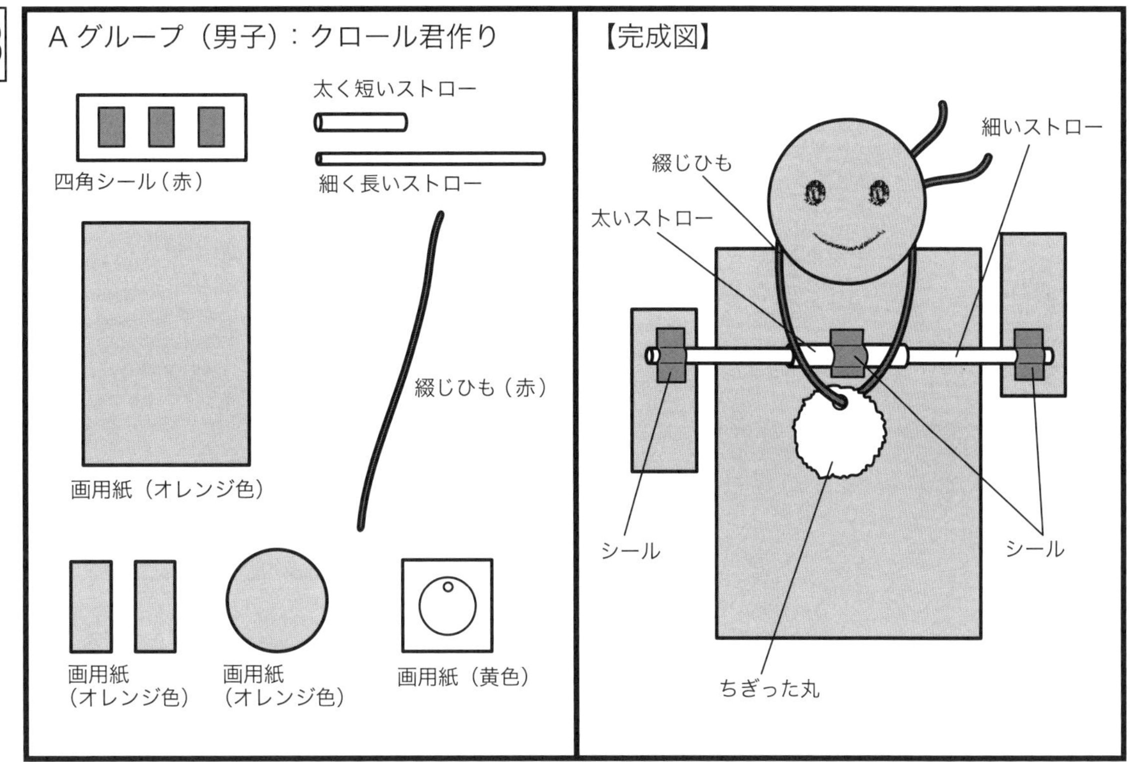
A グループ（男子）：クロール君作り
四角シール（赤）
太く短いストロー
細く長いストロー
画用紙（オレンジ色）
綴じひも（赤）
画用紙
（オレンジ色）
画用紙
（オレンジ色）
画用紙（黄色）
【完成図】
綴じひも
太いストロー
細いストロー
シール
シール
ちぎった丸

14

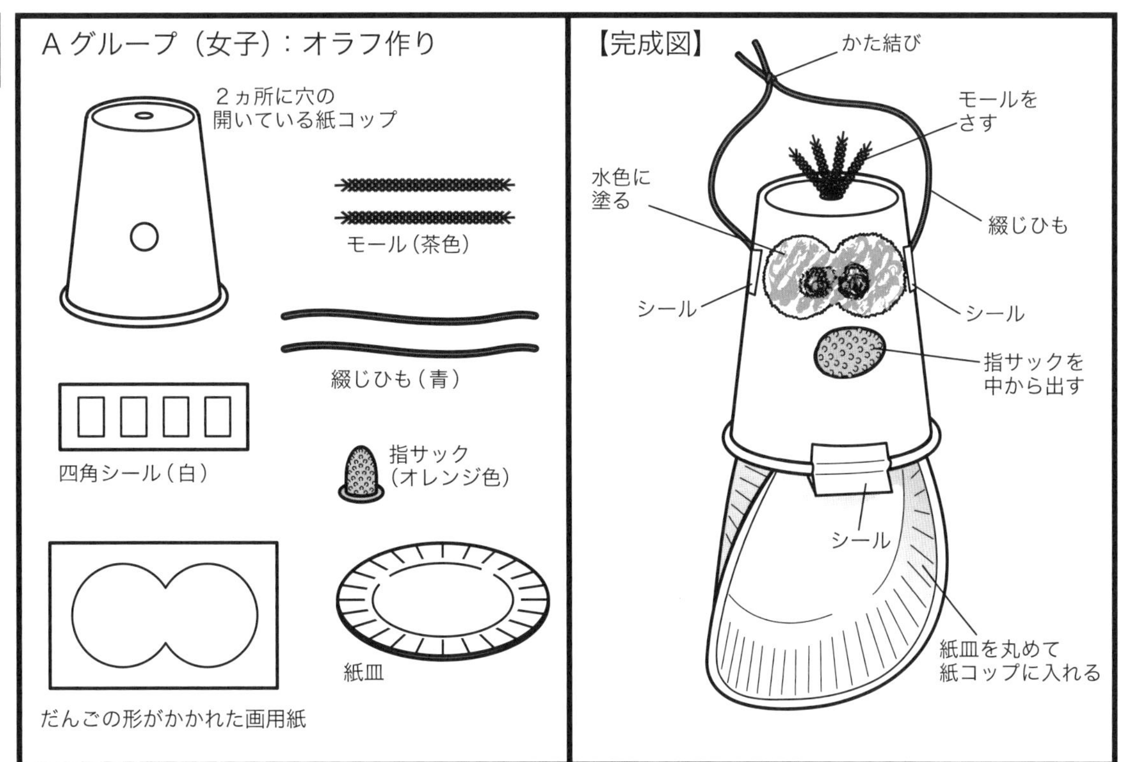
A グループ（女子）：オラフ作り
２ヵ所に穴の
開いている紙コップ
モール（茶色）
綴じひも（青）
四角シール（白）
指サック
（オレンジ色）
だんごの形がかかれた画用紙
紙皿
【完成図】
かた結び
モールを
さす
水色に
塗る
綴じひも
シール
シール
指サックを
中から出す
シール
紙皿を丸めて
紙コップに入れる

15

B グループ（男子）：鳥作り

A4 判 1/3 くらいの紙（黄色）

丸がかかれた紙（白）

羽用の紙（白）

丸シール（青）

綴じひも（赤）

画用紙（茶色）

【完成図】

青いクーピーペンで丸を塗り、ちぎって貼る
反対側は青い丸シールを貼って目にする

綴じひもを通してかた結びし、とさかにする

点線を折って貼る

画用紙を半分に折り、穴開けパンチで穴を開けて鳥の体にする

点線部分を折り、V 字になるように貼る

16

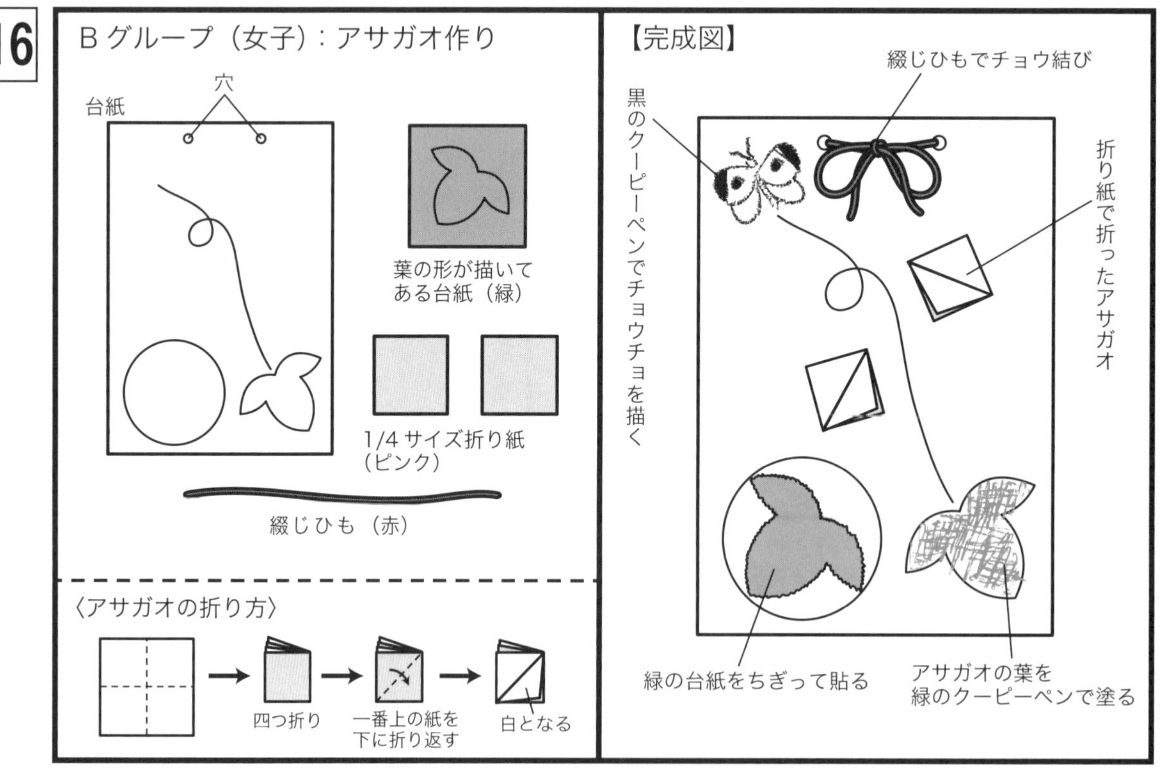

2015

17

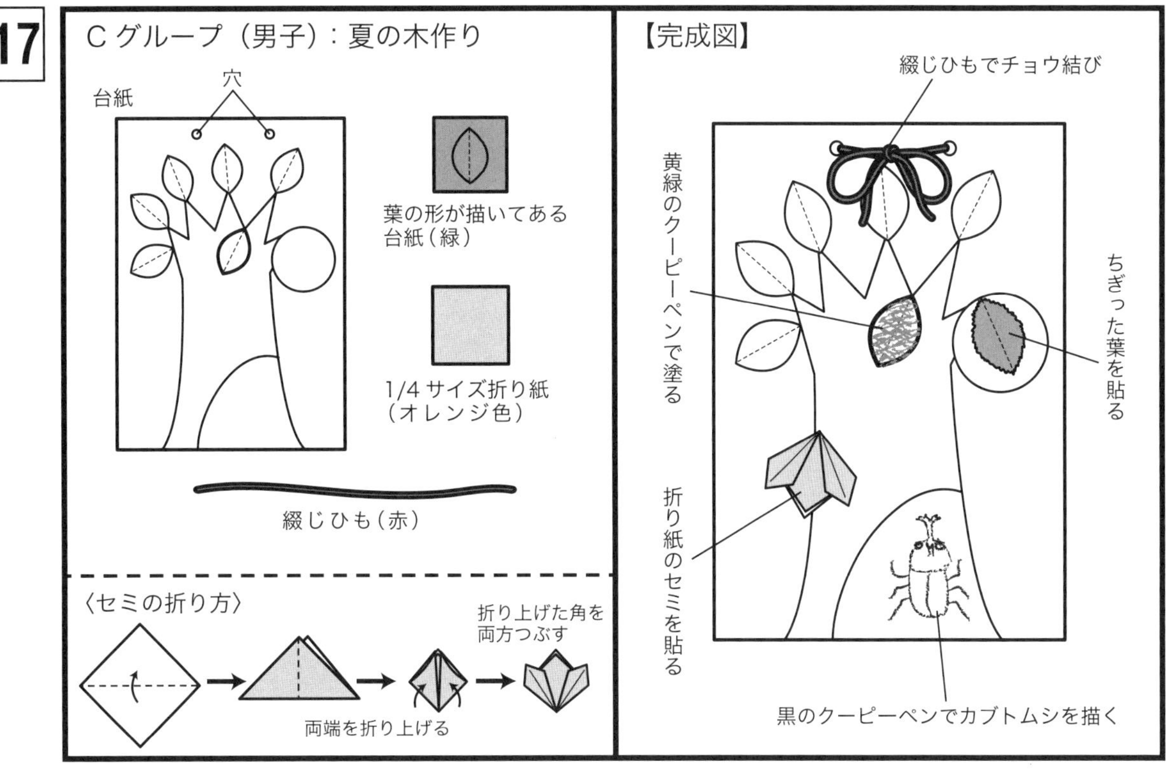
Cグループ（男子）：夏の木作り
穴
台紙
葉の形が描いてある
台紙（緑）
1/4 サイズ折り紙
（オレンジ色）
綴じひも（赤）
〈セミの折り方〉
折り上げた角を
両方つぶす
両端を折り上げる
【完成図】
綴じひもでチョウ結び
黄緑のクーピーペンで塗る
ちぎった葉を貼る
折り紙のセミを貼る
黒のクーピーペンでカブトムシを描く

18

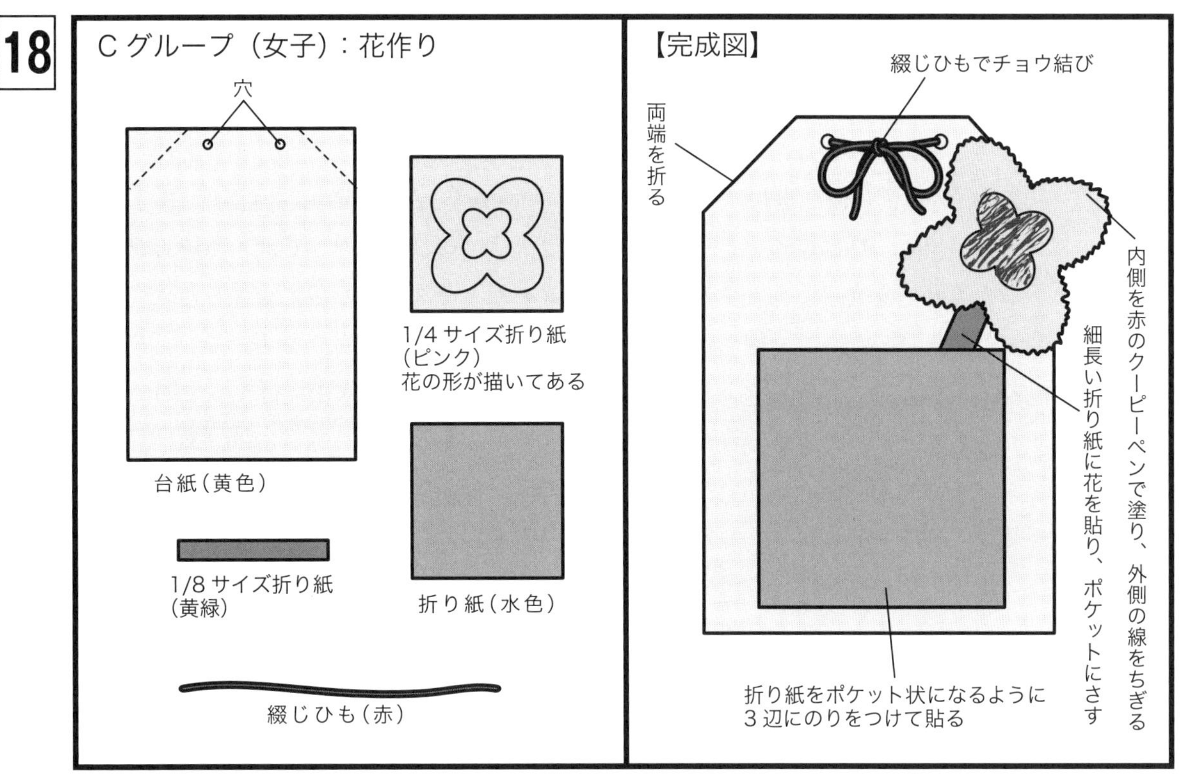
Cグループ（女子）：花作り
穴
1/4 サイズ折り紙
（ピンク）
花の形が描いてある
台紙（黄色）
1/8 サイズ折り紙
（黄緑）
折り紙（水色）
綴じひも（赤）
【完成図】
綴じひもでチョウ結び
両端を折る
内側を赤のクーピーペンで塗り、外側の線をちぎる
細長い折り紙に花を貼り、ポケットにさす
折り紙をポケット状になるように
3辺にのりをつけて貼る

section
2014 筑波大学附属小学校入試問題

選抜方法

第一次 男女とも生年月日順にA（4月2日～7月31日生）、B（8月1日～11月30日生）、C（12月1日～4月1日生）の3グループに分け、それぞれ抽選で各グループ250～300人を選出する。

第二次 考査は1日で、第一次合格者を対象に約30人単位でペーパーテスト、約15人単位で集団テスト、運動テストを行い、男女各約100人を選出する。所要時間は約1時間。

第三次 第二次合格者を対象に抽選を行い、男女各64人を選出する。

ペーパーテスト

筆記用具は赤、青、緑、黄色、ピンク、黒など各グループで異なる色のクーピーペンを使用。訂正方法は×（バツ印）。出題方法は話の記憶はテープでほかは口頭。

1 話の記憶（Aグループ男子）

「朝、リスさんが目を覚ますと窓から見えるホオズキがオレンジ色に色づいていました。今日はお友達のタヌキ君とウサギさん、サル君と一緒にプールに行く日です。でも、タヌキ君は少し遅れるということだったので、先にサル君のお母さんと一緒に3匹だけで出かけることになりました。3匹がさっそく着替えてプールに入ろうとするとサル君のお母さんが『入る前に何か忘れていることはないですか』と言ったので、3匹は『あ！ そうだ！』と思い出し、準備運動をしてからプールに入って遊びました。しばらく遊んだ後、持ってきたお弁当を食べようとするとそこへタヌキ君とイヌ君がやって来ました。イヌ君に泳ぎに行くと言ったら、一緒に行きたいと言うので連れてきたようです。でも、イヌ君は網を持っていたので、みんなが不思議に思ってたずねると、『泳ぎに行くって聞いたから海に行くのかと思ったよ』と答え、みんなで大笑いしました。お弁当には、おにぎり5つとサンドイッチが5つ入っていたのでみんなで1つずつ食べました。みんなで夕方になるまで遊び、帰る時間になりました。帰り道でリスさんはお母さんから買い物を頼まれていたことを思い出しました。お父さんの誕生日のお祝いのためにロウソクを4本買った後、隣の八百屋さんでお父さんの大好きなフルーツを買ってお家に帰りました」

・リスさんが朝起きたらホオズキは何色になっていましたか。その色のクーピーペンで丸の中を塗りましょう。
・みんなはどこへ出かけましたか。○をつけましょう。

・リスさんたちを連れていってくれたのはどの動物のお母さんでしたか。○をつけましょう。
・サル君のお母さんに言われて思い出してやったことはどれですか。○をつけましょう。
・遅れてきたのはどの動物でしたか。○をつけましょう。
・リスさんが買ったロウソクは何本でしたか。その数だけ丸の中を塗りましょう。
・リスさんが八百屋さんで買ったものは何だと思いますか。○をつけましょう。
・お話の季節に咲く花は何ですか。○をつけましょう。

2 推理・思考（回転図形）（Aグループ男子）

・左側のテントウムシが右側のように向きを変えたとき、テントウムシの黒丸はどこになりますか。テントウムシの向きを考えてその場所を塗りましょう。

3 話の記憶（Aグループ女子）

「ある寒い曇った日、女の子はおばあちゃんに編んでもらった星の模様のマフラーをしてお母さんとお買い物に出かけました。外は寒くて、息を吐くと白くなりました。田んぼに立っているかかしも寒そうに見えました。モミジもイチョウも散っています。スーパーではたこや羽子板を売っていました。お母さんが『もうすぐお正月が来るわね』と言いました。食料品売り場に行っておもちを買い、野菜売り場ではダイコンを買いました。次に女の子とお母さんは果物売り場に行く途中のお菓子売り場で、胸にクマの模様が入った白いセーターを着た小さな男の子が泣いているのを見ました。『どうしたの？』と聞くと男の子は『おばあちゃんと来たのだけど１人でお菓子を見ていたら迷子になったの』と言いました。女の子はお店の人に言って店内放送をしてもらいました。すると、すぐに男の子のおばあちゃんが来ました。お礼に男の子は、おばあちゃんが持っていたアメを２個くれました。おばあちゃんの荷物を持って男の子は帰っていきました。それを見ていたお母さんが『えらいわね』と言ったので、女の子は『わたしだってえらいもん』と言って、おもちとダイコンの入った袋を持ちましたが『やっぱり重いな』と思いました」

・買い物に行く途中の田んぼにあったものに○をつけましょう。
・お話に出てきた女の子に○をつけましょう。
・女の子にマフラーを編んでくれた人に○をつけましょう。
・女の子とお母さんがスーパーで買ったものに○をつけましょう。
・スーパーで売っていたお正月のものは何でしたか。○をつけましょう。
・迷子になっていた男の子のセーターは何模様でしたか。○をつけましょう。
・女の子は、お礼に何をもらいましたか。○をつけましょう。
・今のお話の季節と仲よしのものに○をつけましょう。

4 推理・思考（回転図形）（Aグループ女子）

・左側のテントウムシが右側のように向きを変えたとき、テントウムシの黒丸はどこになりますか。テントウムシの向きを考えてその場所に●をかきましょう。

5 話の記憶（Bグループ男子）

「明日はいよいよ運動会。タヌキのポンタ君はかけっこが大嫌いです。空は灰色の雲がいっぱいで今にも雨が降りそうです。ポンタ君は『明日の運動会は雨で中止にならないかな』と思っていました。『明日のポンタの運動会には、お父さんとお母さん、そしてお姉さんで応援に行くから頑張ってね。お弁当は何がいい？』とお母さんに聞かれたので、ポンタ君は『僕の嫌いなエビとキュウリは入れないでね』と言いました。運動会の朝になりました。お母さんは緑の縦じまのエプロンを着けてお弁当を作っていました。『ポンタの大好きな玉子焼きとトマトを入れたわよ』と言いました。昨日の夜は曇っていましたが、今日はとてもよいお天気です。運動会に行く途中、青い空には鯉のぼりが泳いでいました。ポンタ君は『僕の大好きなお弁当だし、頑張ろう』と思いました。ポンタ君は赤組です。玉入れは赤組が勝ちました。次の綱引きは青組が勝ちました。お昼のお弁当を食べて、いよいよかけっこです。ポンタ君はキリンさん、キツネさん、ゾウさん、ブタさん、ウサギさんと走りました。『ヨーイ、ドン！』で走り出すと、ポンタ君はキツネさんのしっぽにぶつかって飛ばされてしまいました。そして、ゾウさんの鼻の上に飛んでいってしまいました。『何だよう！』ゾウさんはびっくりして鼻を振りました。ポンタ君はすべり台のようにゾウさんの鼻の上をすべって飛んで、今度はキリンさんの首につかまりました。『わあ！　何だよう！　重たいじゃないか！』キリンさんは首につかまったポンタ君を振り落とそうとしました。するとポンタ君はキリンさんの首から、またすべり台のようにすべって飛んで、何と一番前を走っていたウサギさんを跳び越えて１位でゴールしたのです。かけっこで１位になったポンタ君はびっくり仰天です。でも『かけっこも楽しいな』と思いながら空を泳いでいるこいのぼりを眺めてお家に帰りました」

・運動会の前の日のお天気に○をつけましょう。
・お母さんのエプロンは何色でしたか。その色のクーピーペンで丸の中を塗りましょう。
・お母さんのエプロンの模様に○をつけましょう。
・このお話と同じ季節のものに○をつけましょう。
・ポンタ君の大好きな食べ物に○をつけましょう。
・ポンタ君の嫌いな食べ物に○をつけましょう。
・ポンタ君とかけっこをしていないのはどの動物でしょうか。○をつけましょう。
・一番最初にポンタ君を飛ばしたのはどの動物でしょうか。○をつけましょう。

6 推理・思考（回転図形）（Ｂグループ男子）

・左の絵を矢印の方向にコトンと１回倒すとどの絵になりますか。右側から選んで○をつけましょう。

7 話の記憶（Ｂグループ女子）

「モミジやイチョウなどの木の葉がきれいな色に色づいてきました。明日はいよいよ運動会です。ネズミ君はかけっこが苦手でいつも負けてしまうので運動会が嫌いでした。夜になって、ネズミ君は赤色の縦じまのパジャマに着替えて、窓の外の雨を見ながら『明日も降らないかな』と思っていました。するとお父さんが部屋に入ってきて話しました。『明日の運動会楽しみだな。お母さんと弟とみんなで応援に行くから頑張るんだぞ』『でも、僕はかけっこでいつも負けちゃうからな……』『だいじょうぶ！　明日はお弁当におまえの大好きなエビフライを入れてもらおう。それと弟が大好きなトマトも入れてもらおう。きっと元気が出て速く走れるさ』。お父さんに励ましてもらってネズミ君は眠りました。次の日、運動会が始まりました。最初の競技は玉入れで赤組が勝ちました。次は綱引きです。ネズミ君の青組が勝ちました。そして、ついにかけっこの始まりです。ネズミ君はドキドキしながらスタートしました。一生懸命走っていると、前を走っていたキツネ君が転びそうになり、大きなしっぽがネズミ君に当たりました。小さなネズミ君はポーンと跳ね飛ばされ、ブタ君の鼻の穴に入ってしまいました。ブタ君がびっくりしてフンッと鼻を鳴らすと、ネズミ君はまた吹き飛んでいき、今度はゾウさんの鼻にベタッとくっつきました。ゾウさんはびっくりして鼻を大きく振りました。するとキリンさんの頭の上までネズミ君は飛ばされました。びっくりしたキリンさんが頭を振り下ろすと、ネズミ君は一番前を走っていたウサギさんの前にストンと降りました。『ゴール！　１位はネズミ君です！』おやおや、ネズミ君はゴールに降りたようですよ」

・お話の季節に合う絵に○をつけましょう。
・運動会の前の日の夜のお天気に○をつけましょう。
・ネズミ君の好きな食べ物に○をつけましょう。
・ネズミ君の弟の好きな食べ物に○をつけましょう。
・かけっこで１番になった動物に○をつけましょう。
・かけっこで２番になった動物に○をつけましょう。
・お話に出てこなかった動物に○をつけましょう。
・ネズミ君のパジャマは何色でしたか。その色のクーピーペンで丸の中を塗りましょう。
・ネズミ君のパジャマは何模様でしたか。合う模様に○をつけましょう。

8 推理・思考（回転図形）（Ｂグループ女子）

・左の絵を矢印の方向にコトンと１回倒すとどの絵になりますか。右側から選んで○をつけましょう。

9 話の記憶（Cグループ男子）

「とても天気のよい日に、ネズミさんとネコさんはお花畑にピクニックに行くことにしました。ネズミさんもネコさんも朝から楽しみでたまりません。お母さんにおいしいお弁当を作ってもらい、お弁当と水筒をリュックサックに入れて出発です。お花畑に行く途中の道でネズミさんとネコさんは待ち合わせをしていました。『あっ、ネコさんおはよう！』少し先に来ていたネズミさんが、ネコさんに元気よくあいさつをしました。『ネズミさん、もう来ていたの？』『そうなの、ピクニックが楽しみでスキップをしてお家から来たら、少し早めに着いちゃったみたい』とネズミさんが言いました。２匹は仲よく手をつなぐと、お花畑へ向かって歩き始めました。しばらく歩いていると、道の向こう側から大きな声が聞こえてきます。『あれ、誰かな。何だか聞いたことがあるような声だけど』。２匹が行ってみると、キツネさんとブタ君がけんかをしていました。ネズミさんが『どうしてけんかになっちゃったの』と聞くと、２匹は『うーん、うーん』と言うばかりで、うまく理由が言えません。そのうち、キツネさんとブタ君は顔を見合わせて、思わず笑ってしまいました。あまり長い間けんかをしていたので、どうしてけんかになったのかを忘れてしまったようです。『うふふ、２匹とも笑ったってことは、もう仲直りね』とネコさんが言いました。『じゃあ、わたしたちとピクニックへ行きましょう。お弁当はたくさんあるからだいじょうぶよ』とネズミさんが２匹を誘いました。『ありがとう。一緒に行っていいの？』『もちろんよ！』４匹は元気いっぱいに歩き始めました。そのとき強い風が吹いて、ネズミさんが飛ばされて穴に落ちてしまいました。どうやって助けようかと３匹が考えていると、キツネさんが『いい考えがある』と言いました。『どんな考えなの』。ネコさんが聞きました。『みんな背が低い順に並んで、そして順番に穴の中に手を入れて届いたらネズミさんを引っ張り上げるんだ』。さっそく動物たちは、背の低い順に並びました。ネコさん、ブタ君、キツネさんの順になり、穴の中に手を入れます。ネコさんは、あと少しのところで手が届きませんでした。ブタ君が穴の中にグッと手を入れると、何とか届きました。『ネズミさん、僕の手につかまって』。ネズミさんの手をしっかりつかんだブタ君は、力いっぱいネズミさんを引き上げました。『ドッシーン』。ブタ君は尻もちをついてしまいましたが、どうにかネズミさんを助けることができました。『どうもありがとう』。ネズミさんがお礼を言い、再び出発です。しばらく歩くと、お花畑に着きました。ネコさんとネズミさんが持ってきたお弁当には、とてもおいしい玉子焼きとおにぎりが入っていました。４匹は仲よくお弁当を食べ、みんなニッコリ笑顔になりました」

・ピクニックに行った日のお天気に○をつけましょう。
・動物たちがピクニックに行った場所に○をつけましょう。

・待ち合わせ場所に先に来ていた動物に○をつけましょう。
・けんかをしていた動物に○をつけましょう。
・穴に落ちてしまった動物に○をつけましょう。
・「いい考えがある」と言った動物に○をつけましょう。
・背の順に並んだときに一番前になった動物に○をつけましょう。
・お弁当に入っていたものに○をつけましょう。

10 位置・記憶（Cグループ男子）

※カラーで出題。絵の中の指示通りに、それぞれの四角の左上にあるお手本にクーピーペンで色を塗ってから行ってください。実際の考査は音の合図でテレビにお手本が映り、しばらく映し出された後、音の合図でお手本が消えます。
・（左のお手本を見せた後、隠す）今見たお手本と同じ場所の丸に同じ色を塗りましょう。

11 話の記憶（Cグループ女子）

「ある日、キツネさんが足の骨を折ってしまったと聞いて、心配になったクマさんはお見舞いに行くことにしました。クマさんは、胸に星の模様のついたＴシャツに野球帽をかぶりアメを３個持って、歩いてキツネさんのお家に行くことにしました。お母さんから、『お見舞いにドーナツを４つ買っていってね。今は曇っていてお日様も出ていないし、雨が降りそうだから傘も持っていきなさいね』と言われたので、クマさんは黄色い傘を持って出かけました。行く途中、道端にアサガオやヒマワリの花が咲いていてとてもきれいでした。クマさんは、『このヒマワリを摘んでいこう』と思い、咲いているヒマワリを花束にして持っていくことにしました。その途中に公園があり、公園の前を通ると、サル君が『おーい、クマさん！　一緒に遊ぼうよ』と声をかけてきました。見ると、ネズミ君もジャングルジムに登って遊んでいて、ウサギさんも砂場で遊んでいました。クマさんが、『今日はキツネさんが足の骨を折っちゃったから、お見舞いに行くところなの』と言うと、サル君は『ちょっとくらい、いいでしょ？　少し一緒に遊ぼうよ』と言いました。クマさんはジャングルジムとシーソーで少しだけ遊んでいくことにしました。すると、雨が降って来たので、クマさんが『もうキツネさんのお家に行くね』と言って公園を出ようとすると、ネズミ君が『僕も行くよ』と言って一緒に行くことになりました。途中でお母さんから言われたお見舞いを買わなければいけないことを思い出し、ケーキ屋さんに寄りました。『あれ？何を買うんだったっけ？』とクマさんは忘れてしまい、ケーキを４つ買っていくことにしました。そのころキツネさんは、つまらなそうに雨を見ていました。『あーあ、こんな足じゃお外で遊べないわ。つまらない……』。すると、遠くの方にクマさんとネズミ君の姿が見えてキツネさんはびっくりしました。『こんにちは！　お見舞いに来ました！』と元気な声であいさつをして、キツネさんのお部屋に入れてもらったクマさんとネズミ君は、３匹でトランプやケン玉で遊びました。クマさんのお見舞いを食べて、またみんなで楽しく遊んで帰りました」

・お話に出てきたクマさんはどれですか。○をつけましょう。
・出かけるときのお天気はどんな天気でしたか。○をつけましょう。
・クマさんはアメをいくつ持っていきましたか。その数だけ○をつけましょう。
・公園でクマさんは何をして遊びましたか。○をつけましょう。
・クマさんの傘は何色でしたか。丸の中をその色のクーピーペンで塗りましょう。
・クマさんたちがお家にやって来る前、キツネさんはどんな顔をしていましたか。○をつけましょう。
・お話の季節は何ですか。○をつけましょう。
・キツネさんのお家では何をして遊びましたか。○をつけましょう。

12 位置・記憶（Cグループ女子）

※カラーで出題。絵の中の指示通りに、それぞれの四角の左上にあるお手本にクーピーペンで色を塗ってから行ってください。実際の考査は音の合図でテレビにお手本が映り、しばらく映し出された後、音の合図でお手本が消えます。
・（左のお手本を見せた後、隠す）今見たお手本と同じ場所の丸に同じ色を塗りましょう。

集団テスト

13 巧緻性・制作（Aグループ男子）

カマキリ作り：長四角が印刷されたＡ４判の台紙（穴が開いている）、細長い丸が印刷された台紙、折り紙（緑）１枚、丸シール（黒）２枚、綴じひも（緑）１本、４色のクーピーペン（黒、緑ほか）、スティックのりが用意されている。ホワイトボードにお手本のカマキリが貼ってある。
・顔を作ります。緑の折り紙を半分の半分の半分の三角に折って、台紙の長四角の上に逆さにスティックのりで貼った後、三角の２つの角に黒の丸シールを貼りましょう。
・細長い丸の黒い線を手でちぎり、台紙の長四角の下にスティックのりで貼りましょう。
・緑のクーピーペンで台紙にカマキリのカマと脚をお手本と同じように描き、綴じひもを穴に通してチョウ結びをしましょう。

14 巧緻性・制作（Aグループ女子）

輪飾り作り：長方形1／3サイズの折り紙（赤）３枚、（黄色）２枚、綴じひも（黄緑）５本、スティックのりが用意されている。
・スティックのりを使って折り紙を輪にしましょう。その後、ひも、赤、ひも、黄色、ひ

も、赤、ひも、黄色、ひも、赤の順番になるように折り紙の輪の間を綴じひもで結んでいきましょう。

15 **巧緻性・制作**（Ｂグループ男子）

サンタさんの顔と雪ダルマ作り：Ｂ６判（オレンジ色）の台紙（穴が開いている）、太い線の丸が印刷された台紙３枚、正方形1／4サイズの折り紙（黄色）１枚、丸シール（白）１枚、綴じひも（赤）１本、クーピーペン（黒）、スティックのりが用意されている。

・丸が印刷された用紙の太い線をちぎって３枚の丸を作りましょう。
・サンタさんの黄色い帽子を作ります。折り紙を三角に３回折って三角帽子を作りましょう。オレンジ色の台紙に、ちぎった丸１枚をサンタさんの顔になるようにスティックのりで貼りましょう。
・サンタさんには三角帽子もかぶせます。スティックのりで貼りましょう。そして三角帽子の先に丸シールを貼りましょう。
・黒のクーピーペンで顔を描きましょう。
・台紙の左上に穴が開いています。綴じひもを通してチョウ結びをしましょう。チョウ結びができない人は片結びをしましょう。
・ちぎった丸の残り２枚を台紙に貼って雪ダルマを作り、黒のクーピーペンで顔も描きましょう。

（紙ではなく、油粘土を２つに分けて丸めて雪ダルマを作り、台紙の上に置いたグループもある）

16 **巧緻性・制作**（Ｂグループ女子）

人形作り：人形の体が印刷された台紙、太い線で丸が印刷された台紙、ビニール袋（穴が開いている）、綴じひも（赤）１本、クリップ１個、クーピーペン（赤）、スティックのりが用意されている。

・体の台紙の右足の靴下を赤のクーピーペンで塗りましょう。
・体の台紙を両端から折りたたみ、重なったところにクリップを留めましょう。
・太い線の丸をちぎり、赤のクーピーペンで顔を描きましょう。
・ビニール袋の中に人形の体の台紙を入れ、袋の上の方に顔をスティックのりで貼りましょう。
・ビニール袋の右下の穴に綴じひもを通してチョウ結びをしましょう。

17 **巧緻性・制作**（Ｃグループ男子）

夢のトラック作り：四角がかいてある台紙（穴が開いている）、丸が２つ印刷された台紙、正方形1／4サイズの折り紙（赤）１枚、綴じひも（赤）１本、スティックのりが用意されている。

・赤い折り紙を三角になるように半分に折りましょう。
・折った折り紙を台紙の四角の左側の線に合わせてとがった部分が左下になるようにスティックのりで貼りましょう。
・丸を２つちぎって、スティックのりで貼ってタイヤにしましょう。
・台紙の穴に綴じひもを通して、チョウ結びをしましょう。

18 巧緻性・制作（Ｃグループ女子）

ウサギ作り：直径約16cmの紙皿１枚（穴が開いている）、ウサギの顔の台紙、正方形1／4サイズの折り紙（ピンク）２枚、直経1.5cmの丸シール（赤、白）各２枚、綴じひも（赤）１本、クーピーペン（茶色）、スティックのりが用意されている。
・顔の台紙に茶のクーピーペンで鼻の部分を塗り、口を描きましょう。描き終わったら台紙を丸い線に沿ってちぎりましょう。
・赤の丸シールを目になるように貼りましょう。折り紙を半分の半分の三角に折りましょう。２枚重なっているとがった方を下にして真ん中から下に向けて折りましょう。もう１枚も同じように折り、耳にしましょう。
・耳を白の丸シールで目の上に留めましょう。
・ウサギの顔の裏にスティックのりを塗り、紙皿に貼りましょう。
・紙皿の穴に綴じひもを通してチョウ結びをしましょう。

言　語（各グループ共通）

１人ずつ質問に答える。
・あなたのお名前と誕生日を教えてください。
・今日は誰とどうやって来ましたか。
・朝ごはんは何を食べましたか。
・好きなおもちゃは何ですか。

行動観察（各グループ共通）

・紙コップ積みゲーム…40～50個ある紙コップを２グループに分かれて高くなるように積む。終わりの合図で積んだコップを１分で重ねて片づける。
・ジャンケンゲーム…チームごとに何を出すか相談し、一斉に全員が同じジャンケンの手を出し、テスターと対戦する。

運動テスト

各グループ共通。

縄結び

待つ間に、縄跳びの縄を２回たたみ、１回結ぶ。

クマ歩き

U字の線に沿って１人ずつクマ歩きをする。

面接資料／アンケート

第二次考査中にアンケートがある。アンケート記入の前に約10分の学校紹介のビデオを鑑賞した後、約25分で記入する。

・志望動機について（B５判横書き、10行程度）。

1

2

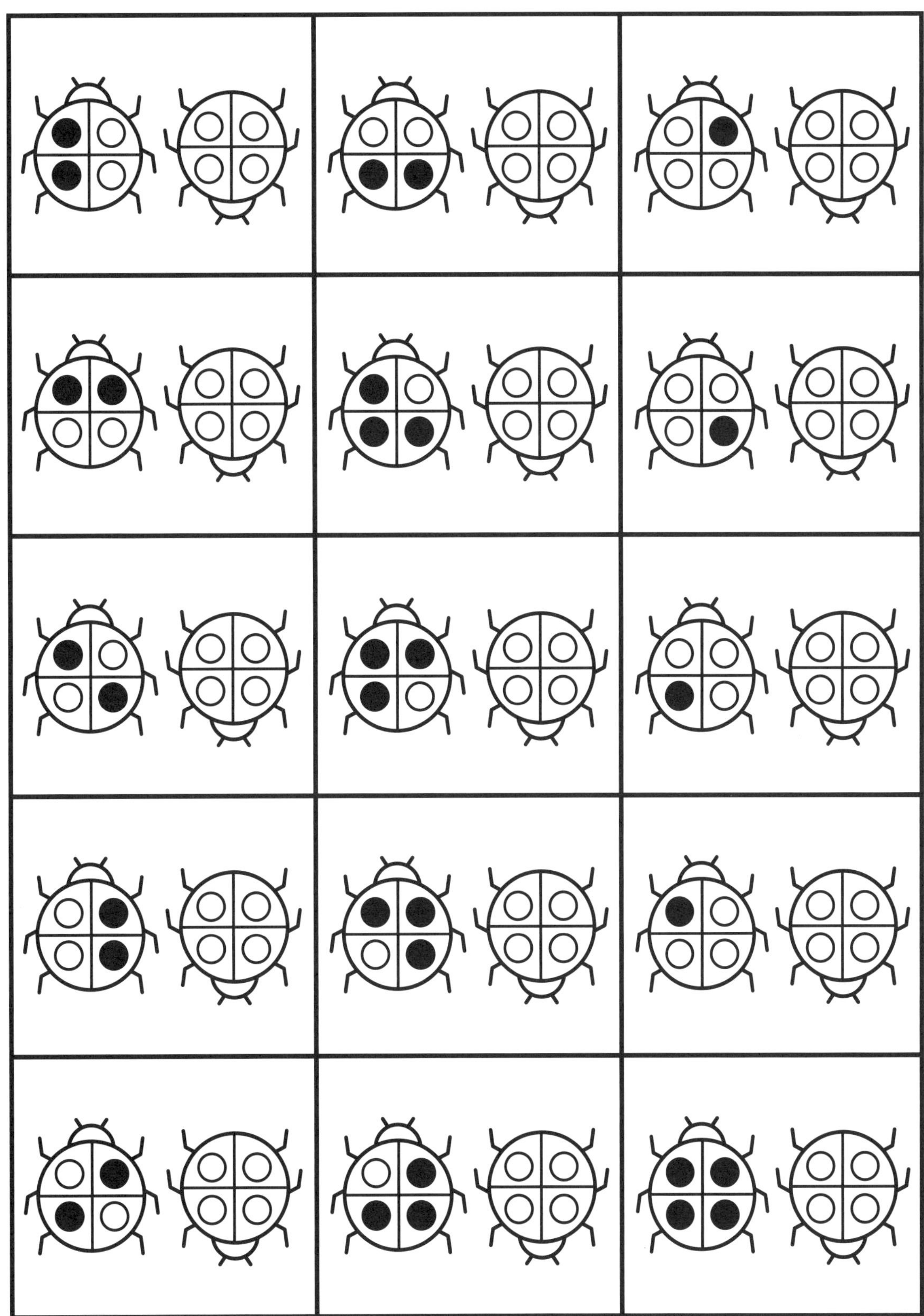

3

4

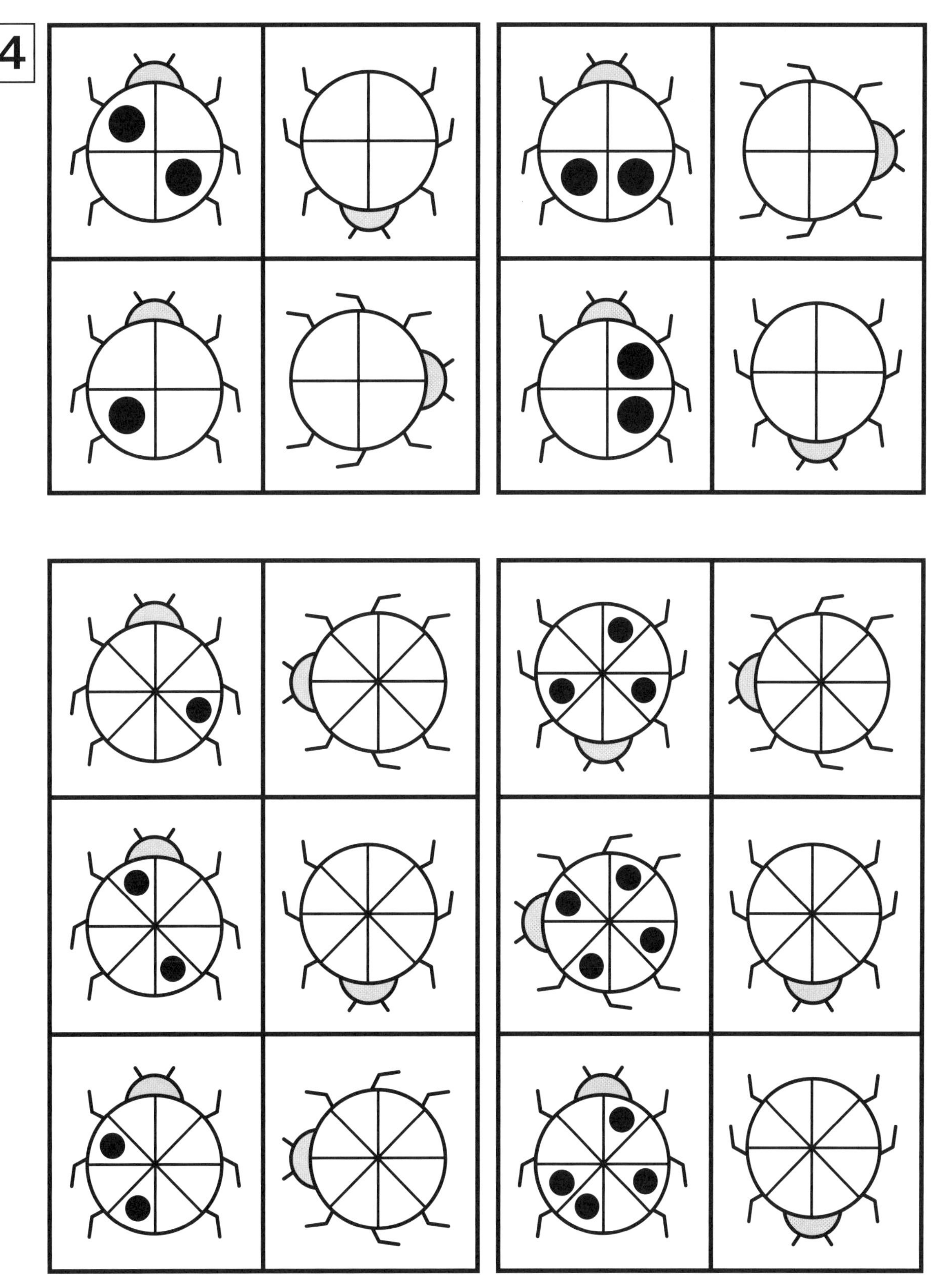

5

2014

6

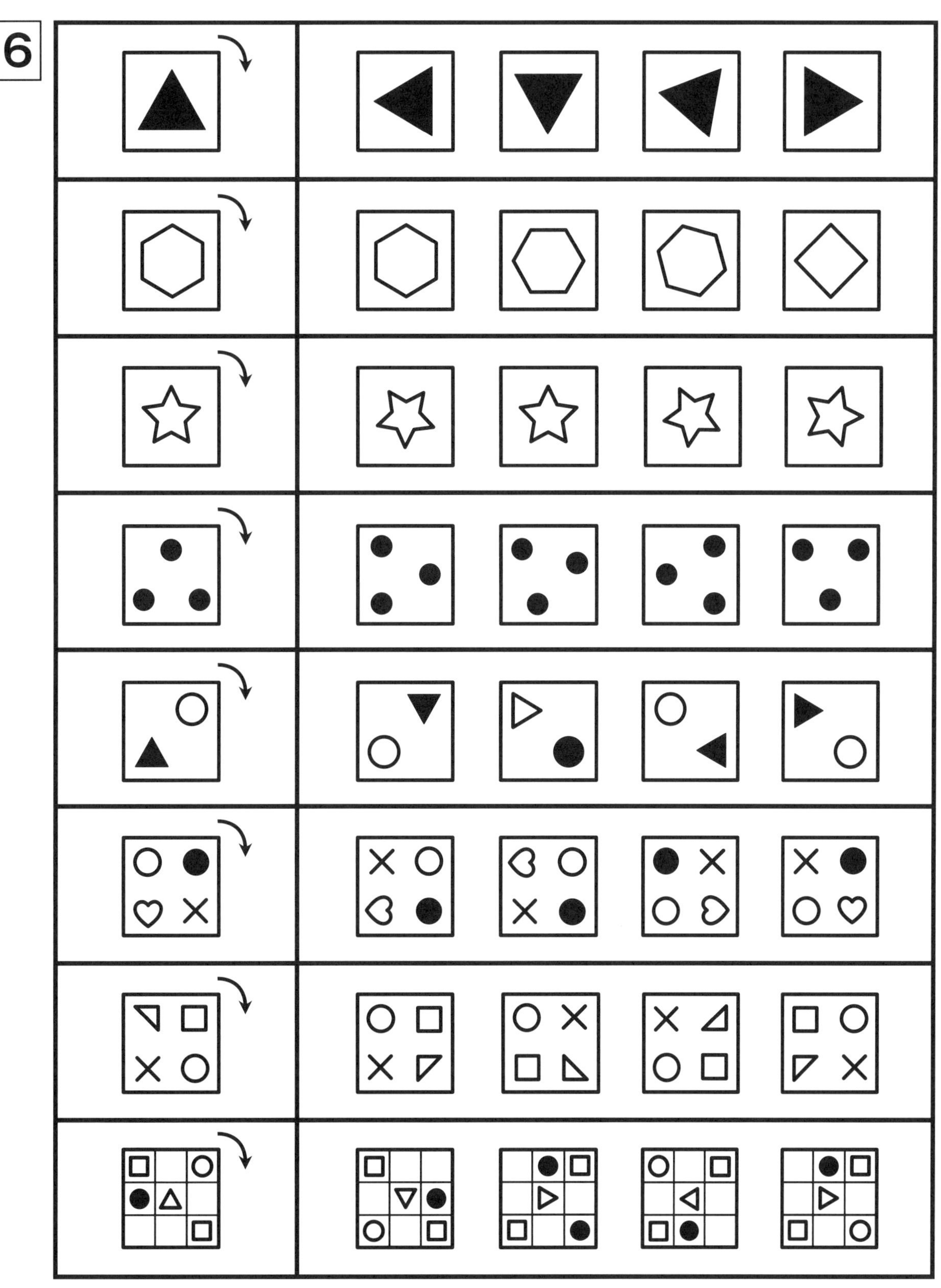

7

8

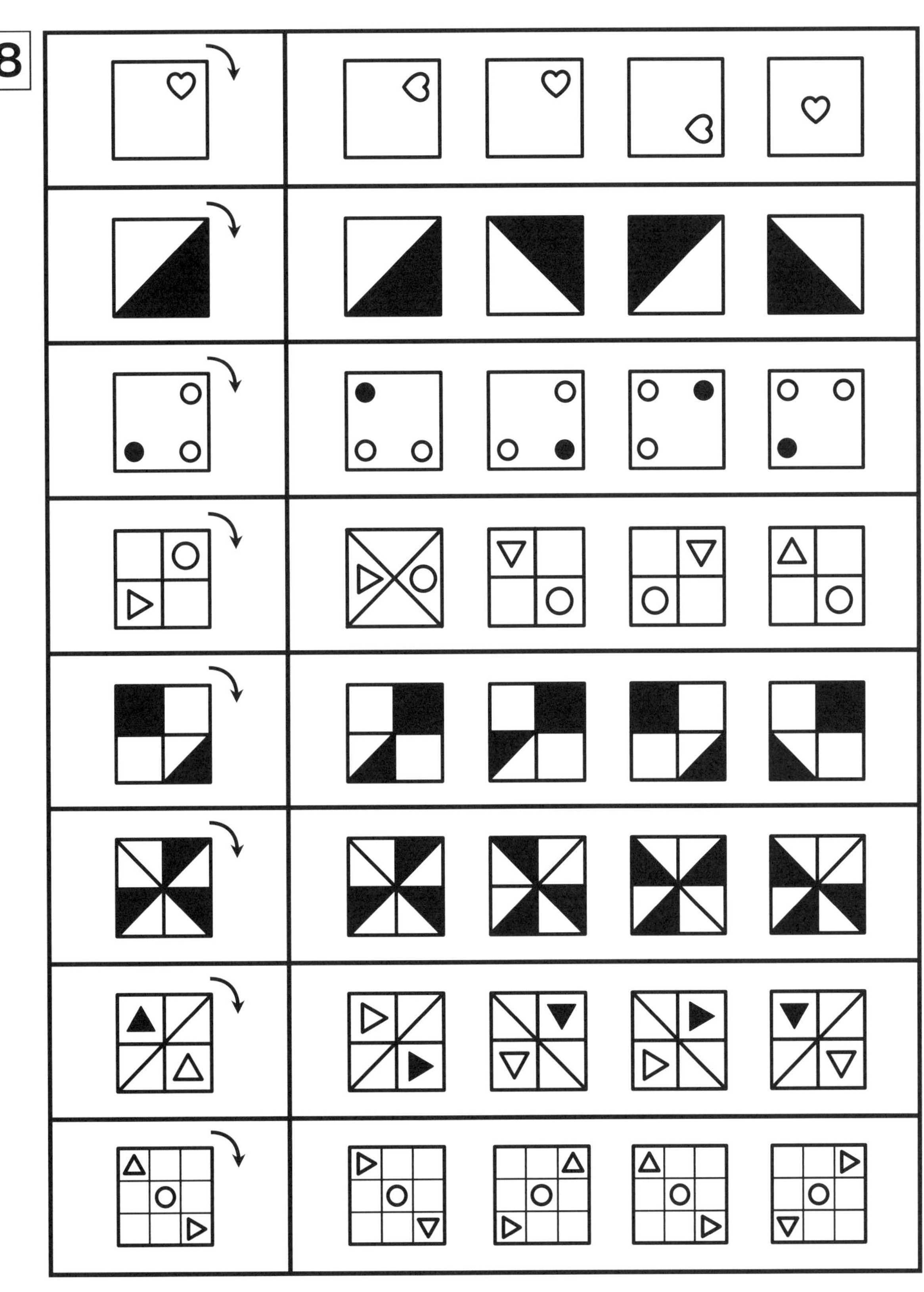

9

10

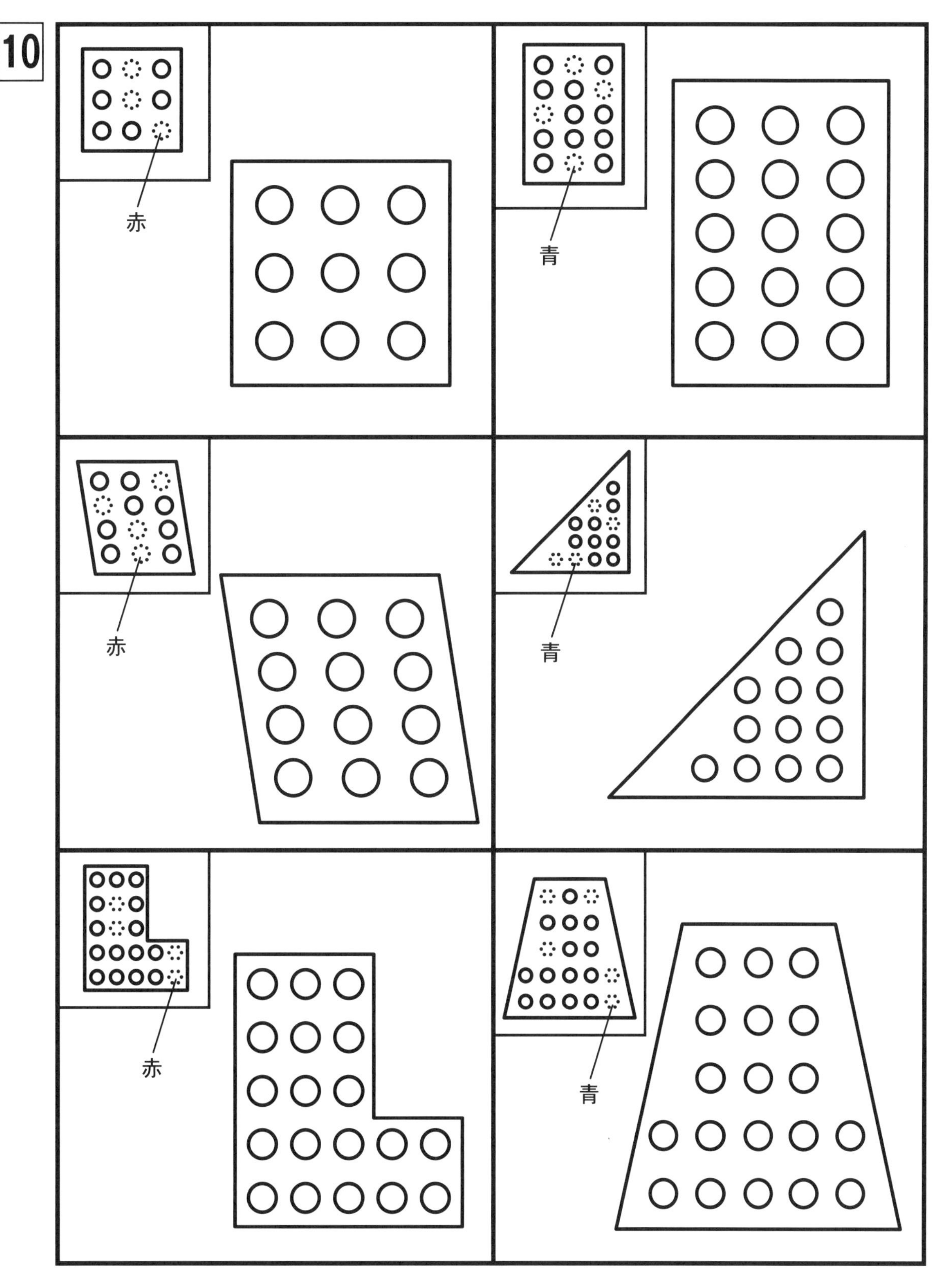

11

12

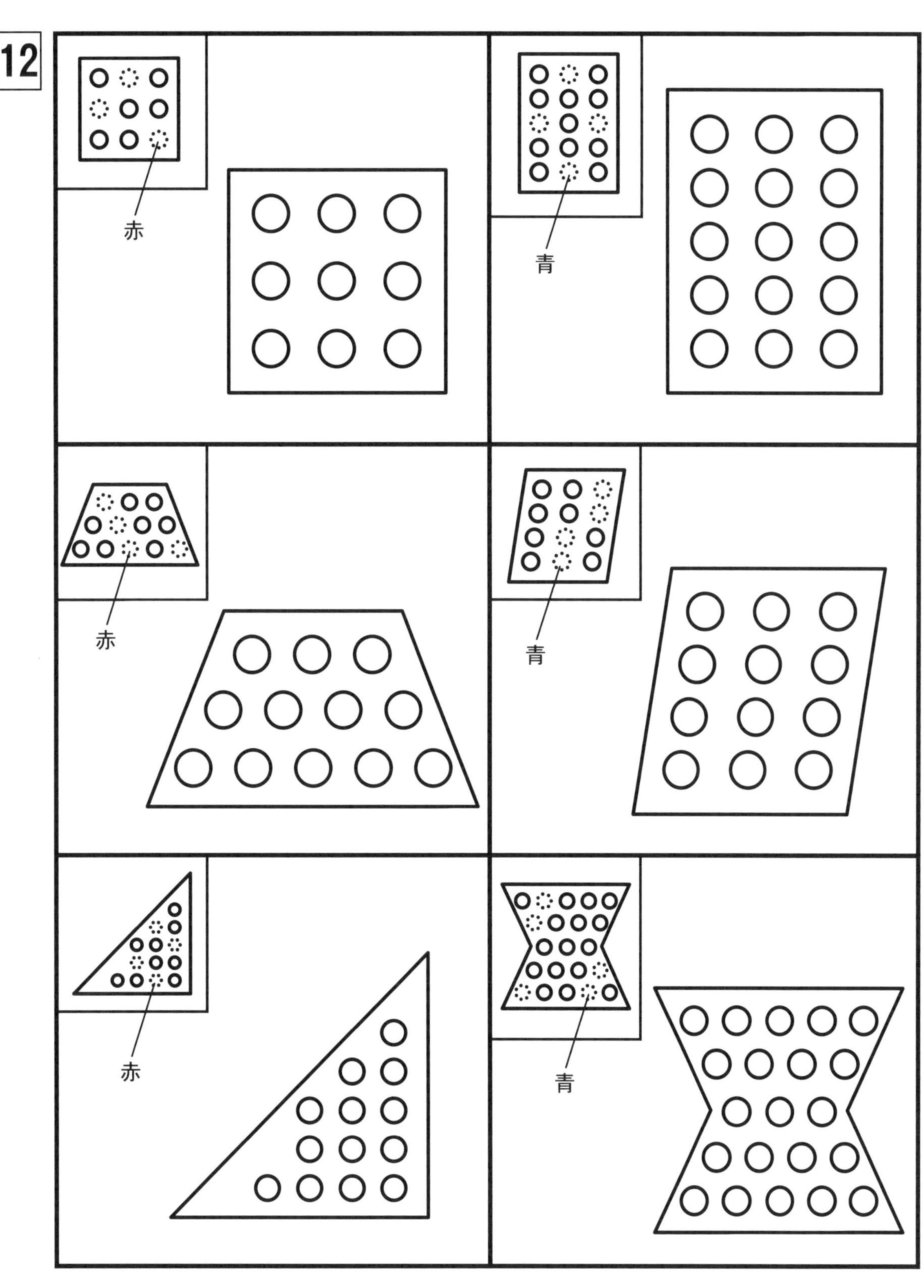

13

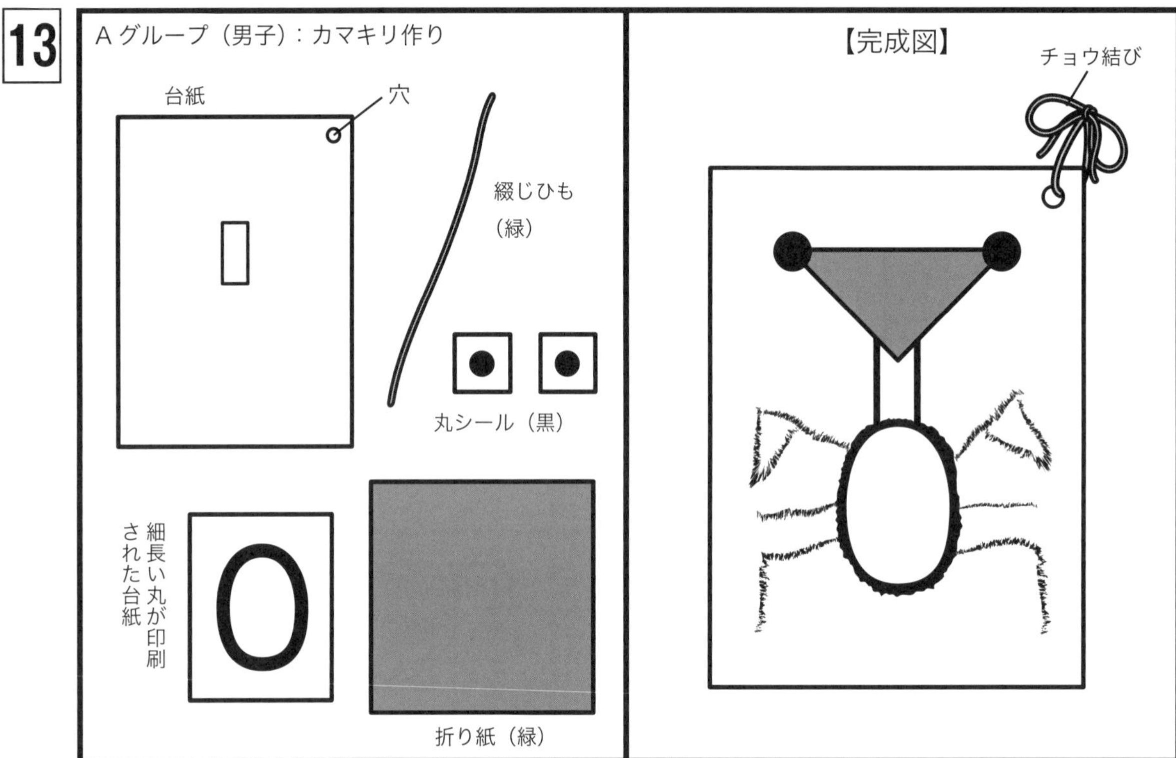
Aグループ（男子）：カマキリ作り
台紙
穴
綴じひも（緑）
丸シール（黒）
細長い丸が印刷された台紙
折り紙（緑）
【完成図】
チョウ結び

14

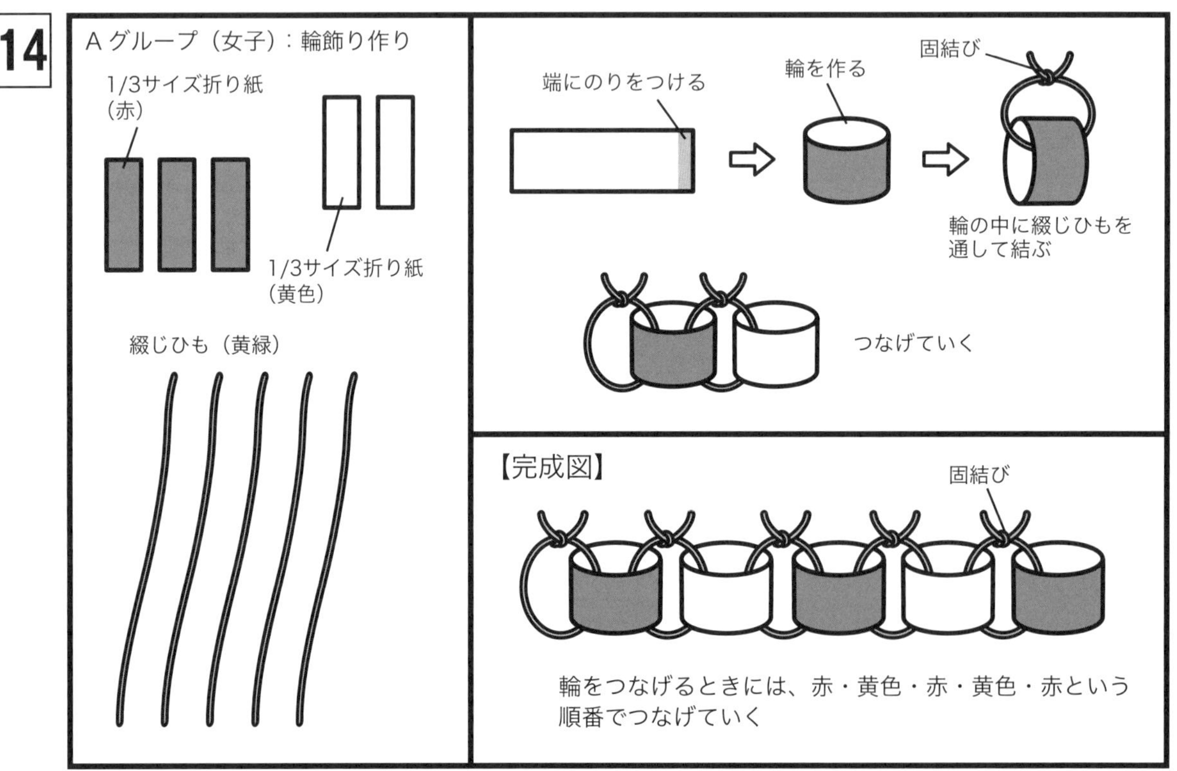
Aグループ（女子）：輪飾り作り
1/3サイズ折り紙（赤）
1/3サイズ折り紙（黄色）
綴じひも（黄緑）
端にのりをつける
輪を作る
固結び
輪の中に綴じひもを通して結ぶ
つなげていく
【完成図】
固結び
輪をつなげるときには、赤・黄色・赤・黄色・赤という順番でつなげていく

15

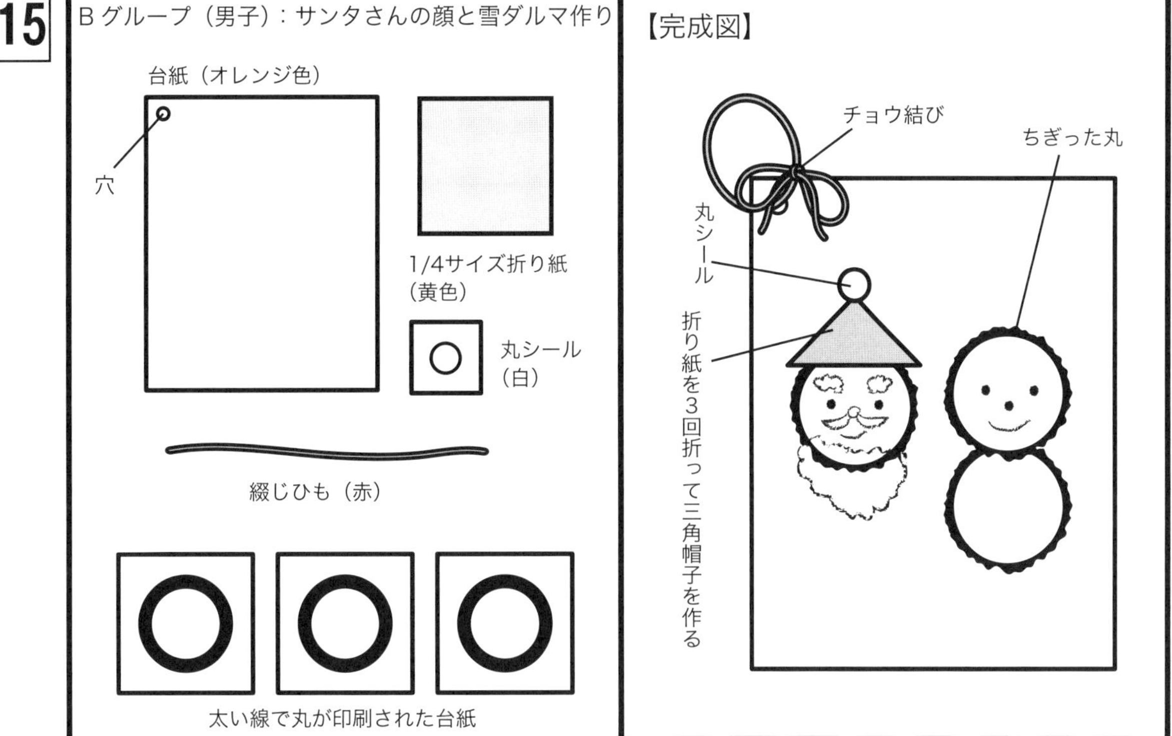
Bグループ（男子）：サンタさんの顔と雪ダルマ作り
台紙（オレンジ色）
穴
1/4サイズ折り紙
（黄色）
丸シール
（白）
綴じひも（赤）
太い線で丸が印刷された台紙
【完成図】
チョウ結び
ちぎった丸
丸シール
折り紙を3回折って三角帽子を作る

16

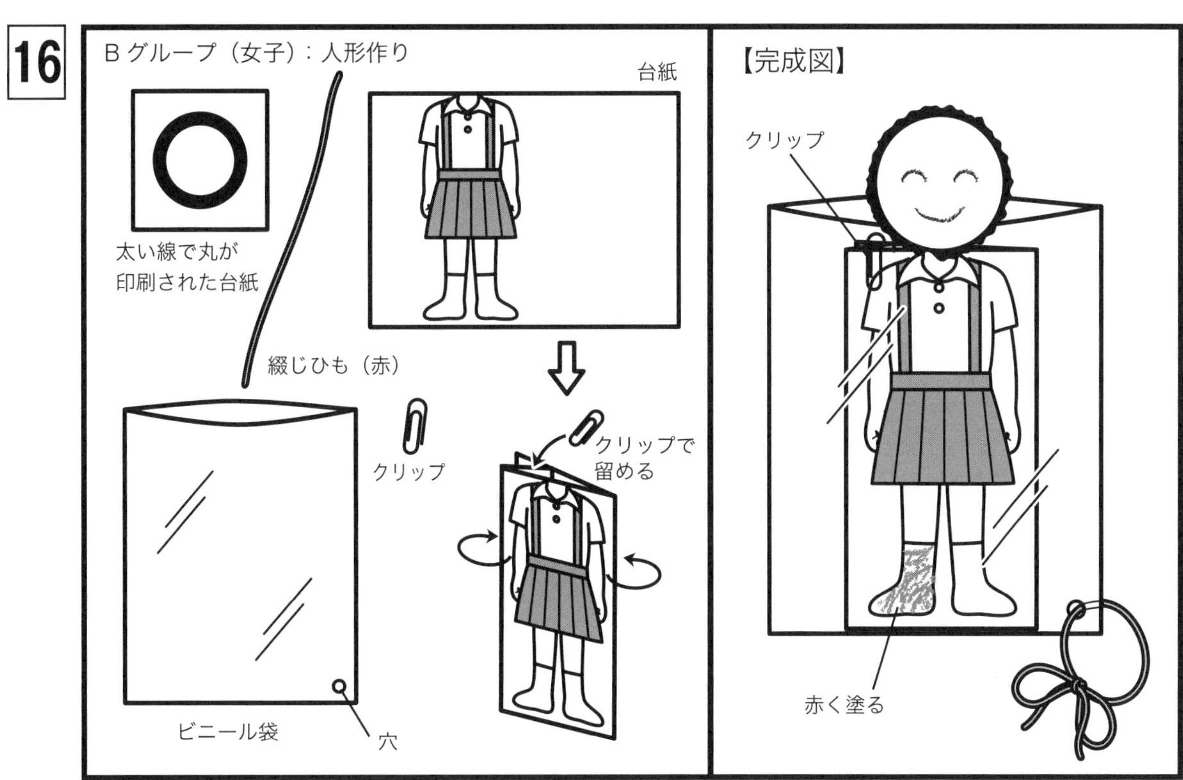
Bグループ（女子）：人形作り
台紙
太い線で丸が
印刷された台紙
綴じひも（赤）
クリップ
クリップで
留める
ビニール袋
穴
【完成図】
クリップ
赤く塗る

17

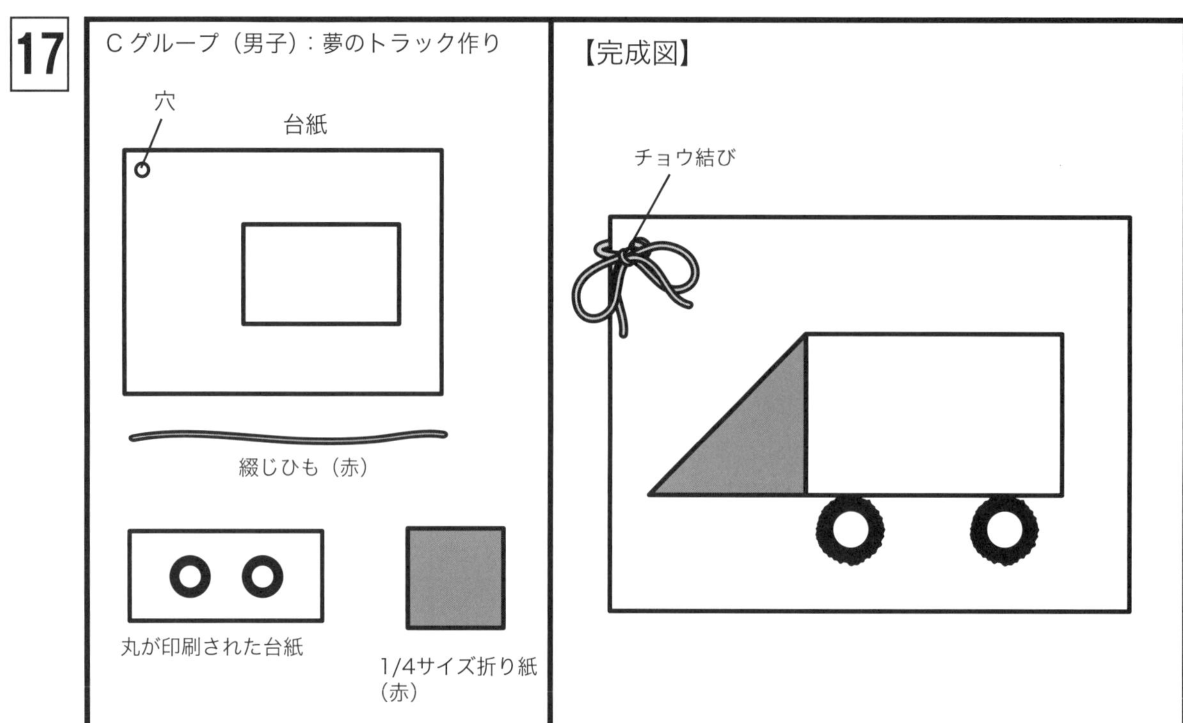
Cグループ（男子）：夢のトラック作り
穴
台紙
綴じひも（赤）
丸が印刷された台紙
1/4サイズ折り紙
（赤）
【完成図】
チョウ結び

18

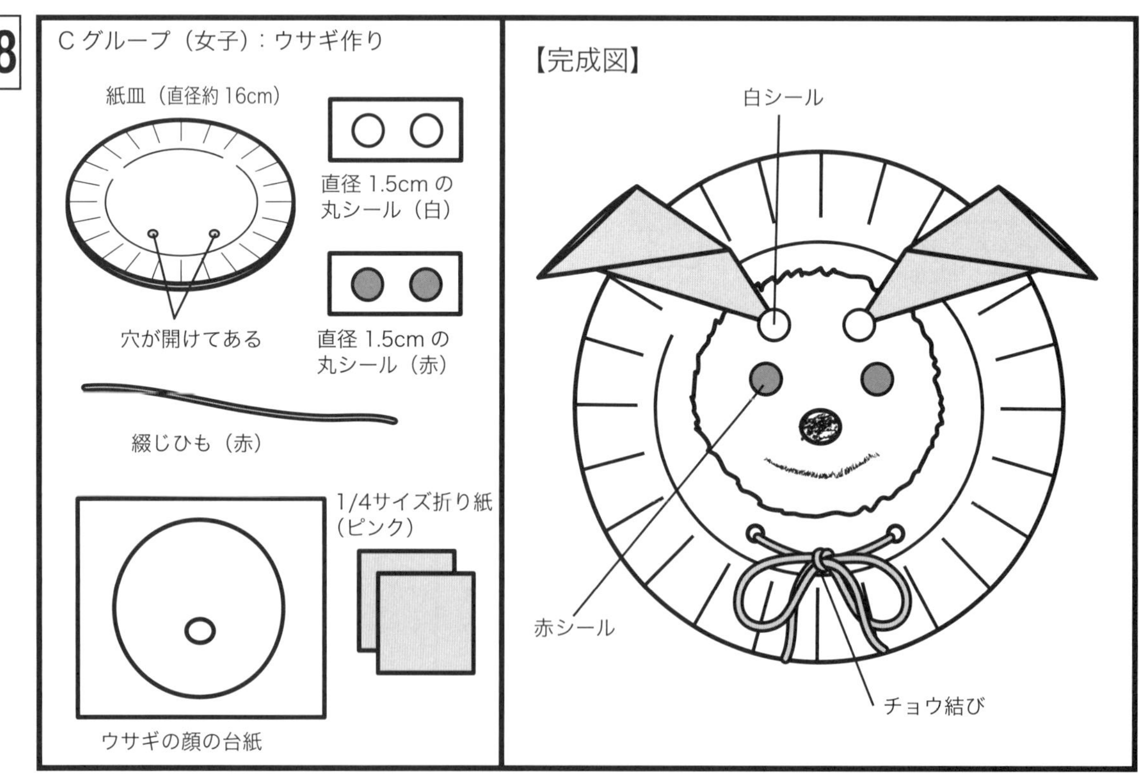
Cグループ（女子）：ウサギ作り
紙皿（直径約16cm）
直径 1.5cm の
丸シール（白）
直径 1.5cm の
丸シール（赤）
穴が開けてある
綴じひも（赤）
1/4サイズ折り紙
（ピンク）
ウサギの顔の台紙
【完成図】
白シール
赤シール
チョウ結び

2014

筑波大学附属小学校
入試シミュレーション-Ⅱ

筑波大学附属小学校入試シミュレーション-Ⅱ

1 話の記憶

「ネコのミーちゃんはしっぽがしましまで、鈴のついた首輪をつけています。ミーちゃんの飼い主はももちゃんといいます。ももちゃんは、いつも髪の毛を２つに結んでいる元気いっぱいの５歳の女の子です。でも最近はミーちゃんに怒ってばかりいて、全然かわいがってくれません。そこで、とうとうミーちゃんは家出をしてしまいました。『今まであんなに優しかったのに！　ももちゃんなんか大嫌い！』ミーちゃんが歩いていると、前からけんた君が歩いてきました。けんた君はももちゃんのお友達です。『あれ、ミーちゃんだ。ももちゃんはどうしたの？』とけんた君が聞きましたが、ミーちゃんは『ももちゃんなんて知らない！』と思い、知らんぷりして通り過ぎてしまいました。そのまま歩いて行くと、商店街に着きました。ミーちゃんは商店街の人気者です。魚屋のおじさんからサンマを１匹、かまぼこを３切れもらいました。花屋のお姉さんからはコスモスを４つも首輪に飾ってもらいました。もらったサンマとかまぼこを近くの公園で食べていると、だんだんと眠くなってきて、いつの間にか眠ってしまいました。夢の中で、ミーちゃんはももちゃんと一緒に遊んでいました。おままごとや人形遊び、追いかけっこもしました。ミーちゃんは楽しくて楽しくて仕方ありません。すると１枚の葉っぱがヒラヒラとミーちゃんの頭に落ちてきました。ハッとして、ミーちゃんは夢から覚めました。夢から覚めたミーちゃんは『ももちゃんとまた一緒に遊びたいなぁ』と急に寂しくなりました。そのときです。『ミーちゃん、ミーちゃん！』と遠くの方から声がします。ミーちゃんがいなくなって心配したももちゃんが探しに来てくれたのです。ミーちゃんを見つけると『いつも怒ったりけんかしたりしてごめんね。一緒に帰ろう』とももちゃんは言いました。ミーちゃんも『けんかなんかしないで、また一緒におままごとして遊ぼうね』と思いながら、一緒にお家に帰りました」

・お話に出てきたミーちゃんはどのネコですか。○をつけましょう。
・ミーちゃんが魚屋のおじさんからもらったものには○、花屋のお姉さんからもらったものには△をつけましょう。
・魚屋さんと花屋さんでもらったものは全部でいくつですか。その数だけ○をかきましょう。
・ミーちゃんとももちゃんが夢の中で遊んだものに○をつけましょう。
・ももちゃんがミーちゃんを探していたときは、どんな気持ちでどんな顔だったと思いますか。○をつけましょう。
・同じ四角です。ももちゃんがミーちゃんを見つけて一緒に帰るときは、どんな気持ちでどんな顔だったと思いますか。△をつけましょう。

2 話の記憶

「５歳のあきら君は７月のお誕生日に、おじいさんとおばあさんから『今年の秋は七五三のお祝いをしなくちゃね』と言われました。そのときは七五三が何のことだかよくわかりませんでした。でも、幼稚園のお友達とお話をしていて、七五三は子どものためのお祝いだということがわかりました。だからあきら君は秋が来るのを楽しみにしていました。さて、今日はそのお祝いの日。あきら君はお父さんとお母さんと自動車に乗って近くの神社に向かいました。その神社でおじいさん、おばあさんと待ち合わせです。神社に着きました。みんなで境内を歩いていると、同じ年の男の子や、あきら君よりも大きなお姉さんや、もっと小さな女の子たちがたくさん集まっていました。神社の中にはお店がたくさん並んでいます。あきら君の大好きなわたあめも売っています。いろいろなお店があって、あきら君はうれしくなって駆けだしました。『あきら、そっちは人が多いから迷子になるぞ』とお父さんが言っても、あきら君には聞こえていないようです。『ほら、危ないから駄目よ』とおばあさんが言っても、もうあきら君は夢中で１人でどんどん進んでいきました。『おじちゃん、わたあめちょうだい』『400円だよ』『僕、お金持っていないよ』『じゃあ、お父さんかお母さんからお金をもらっておいで』『うん』。そう言って、辺りを見回すと、お父さんもお母さんもおじいさんもおばあさんも誰もいません。周りは知らない人ばかりです。『お母さーん、お父さーん』とあきら君が大きな声で呼んでも返事はありません。あきら君はとうとう泣きだしてしまいました。すると、わたあめ屋のおじさんが『坊や、迷子になったのかい？　じゃあ、おじちゃんが係の人に放送してくれるように頼んであげるよ』。そう言うと、携帯電話で係の人に連絡を取ってくれました。そして『ほら、これを食べて待っていようね』とわたあめを１つくれました。あきら君はまだ少し泣いていましたが、『ありがとう』とお礼を言いました。わたあめはとてもフワフワで甘くて、あきら君は何だか元気が出てきました。放送の後、お母さんが慌てて飛んできて、わたあめ屋のおじさんと係の人に何度もお礼を言いました。そして、あきら君に言いました。『あきら、もう１人で勝手に行ってはいけませんよ』『うん、ごめんなさい』。神社にお参りし、最後に鳥居の前で家族みんなで記念写真を撮って、お家に帰りました」

- 今のお話の日と仲よしだと思う絵に○をつけましょう。
- あきら君の家族がお祝いのために出かけた場所はどこでしたか。○をつけましょう。
- 記念写真を撮ったときの家族は何人でしたか。それと同じ数のものに○をつけましょう。
- あきら君の大好きなものは何でしたか。○をつけましょう。
- あきら君が迷子になったとき、係の人に連絡を取ってくれた人が使っていたものは何でしたか。○をつけましょう。
- 今のお話のお祝いをする季節の絵に○、あきら君のお誕生日の季節の絵には△をつけましょう。

3 話の記憶

「『これから音楽会を始めるぞー。みんな森の広場に集まれー』。森で一番大きな声のカラス君が空の上からさけんでいます。その声を聞いて、森のあちこちから動物たちが広場に集まってきました。『えー、オッホン。今年も森の音楽会の日がやって来ました。皆さん、この日のためにたくさん練習をしてきたと思います。どんな演奏が聴けるのか楽しみにしていますよ』とあいさつをしたのは村長のフクロウさんです。初めにクマさんが切り株と木の枝で太鼓の演奏をしてくれました。〝トントントコトン〟クマさんの上手な演奏にみんな拍手をしています。次の演奏はキツネ君です。キツネ君は葉っぱを使って笛のような音を出しました。〝ピーピーピー〟キツネ君も上手ですね。次はウサギさんです。ウサギさんはドングリを入れたマラカスです。〝カシャカシャ、コロコロ〟小さいドングリや大きいドングリが入っているから、いろいろな音がします。最後に森のみんなで合奏をしました。普段は静かな森も、今日だけはにぎやかな一日でした」

・上の四角です。森で一番大きな声の持ち主に○、村長さんに△をつけましょう。
・下の四角です。どの動物がどの楽器を演奏しましたか。それぞれ動物と楽器の点と点を線で結びましょう。

4 推理・思考（対称図形）

・折り紙を折って、左の絵のように切り取りました。それを広げたときの絵はどれですか。それぞれの段で右から選んで○をつけましょう。

5 推理・思考（重さ比べ）

・それぞれの段で一番重いものに○、一番軽いものに×をつけましょう。印は右の絵につけてください。

6 推理・思考（四方図）

・真ん中の積み木をそれぞれの方向から見た絵に、その動物のそばにある印をつけましょう。

7 推理・思考（重ね図形）

・左のお手本の形は、透き通った紙にかかれた２枚の形でできています。どの形とどの形を重ねてできていますか。それぞれの段で正しいものを、右の四角から２つずつ選んで○をつけましょう。

8 巧緻性・絵画（創造画）

クレヨンを使用する。
・紙にかかれている形を、線に沿って手でちぎりましょう。
・ちぎった紙を画用紙に貼って、その形にクレヨンで描き足して何かわかる絵を描きましょう。

9 巧緻性・制作

お弁当箱にする箱、ティッシュペーパー、折り紙などを使用する。
・ティッシュペーパー、折り紙などを使ってお弁当を作りましょう。ご飯はティッシュペーパーを折ったり丸めたりして作りましょう。おかずは折り紙を手でちぎったり折ったりして、玉子焼き、ウインナー、ハム、プチトマトなどを作りましょう。できたら、お弁当箱に詰めましょう。

10 巧緻性・制作

ヒツジの顔が描かれた画用紙（白、穴が開いている）、丸シール（白、黒）各２枚、ひも２本を使用する。
・画用紙を手でちぎり、ヒツジの顔を切り取りましょう。
・白いシールを貼り、その上から黒いシールを貼って目にしましょう。
・２つの穴にひもを通してそれぞれ固結びをし、２本のひもを紙の後ろでチョウ結びにしてかぶれるようにしましょう。チョウ結びができない人は固結びでもよいですよ。

11 巧緻性・制作

車が描かれた画用紙、２つの丸がかかれた紙１枚、割っていない割りばし１膳、モール２本、セロハンテープを使用する。
・車のおもちゃを作りましょう。まず、線の通りに車と丸の画用紙をちぎりましょう。モールを渦巻き状に丸めたらセロハンテープで丸の形の紙に貼りつけてタイヤにして、車の台紙につけましょう。
・車の裏側に割りばしをセロハンテープで貼りつけましょう。
・割りばしを両手のひらで挟み、こすり合わせるようにして、クルクル回して遊びましょう。

12 構　成

・左にある形にちょうどはまるように右にある三角や四角などの形を置くと、２つ余る形が出てきます。余る形すべてに○をつけましょう。２つともやりましょう。

13 構　成

・左のお手本の絵を右のパズルで作ります。お手本を作ったときに余るピースを探して、それぞれ○をつけましょう。

14 構　成

・左の形の中に、右の三角を並べると何枚並びますか。その数だけ右の三角にそれぞれ○をつけましょう。裏返してもよいですよ。

15 点図形

・左のお手本と同じになるように、右の四角にそれぞれ描きましょう。

16 模　写

・左のお手本をよく見て、右の絵の足りないところを左のお手本と同じようにそれぞれ描きましょう。

1

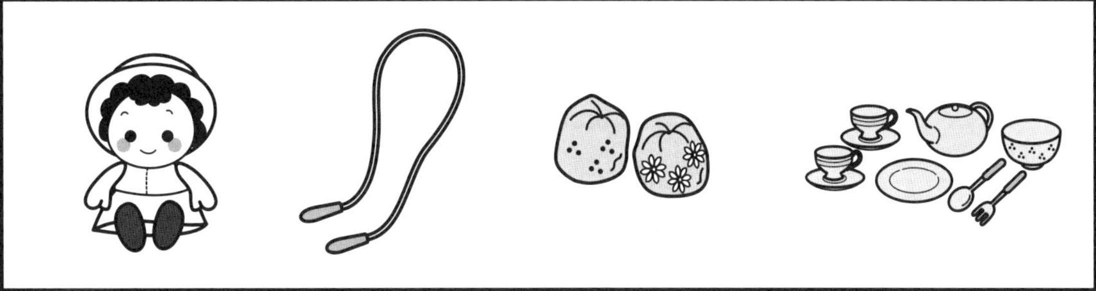

2

3

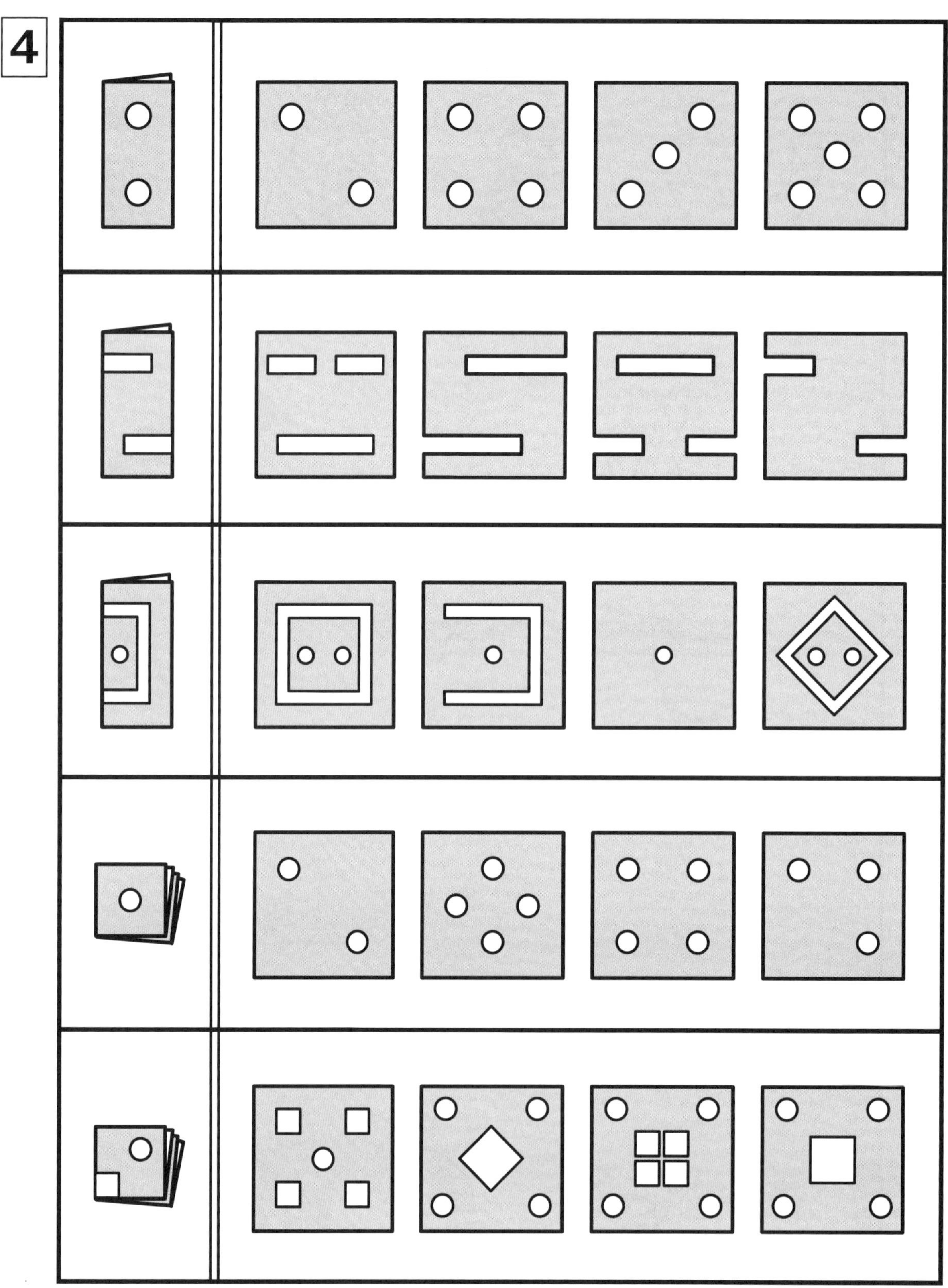
4

5

6

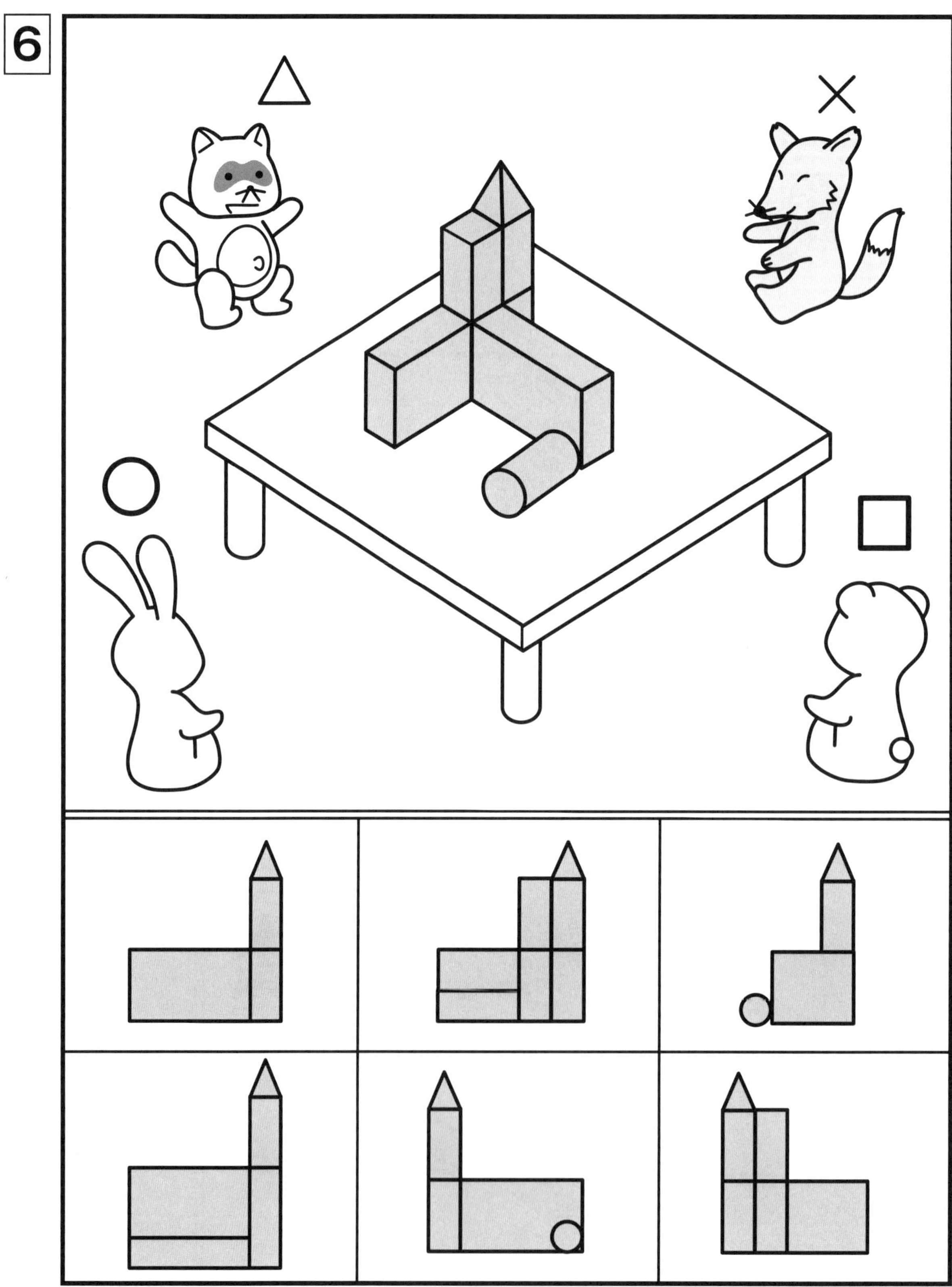

7

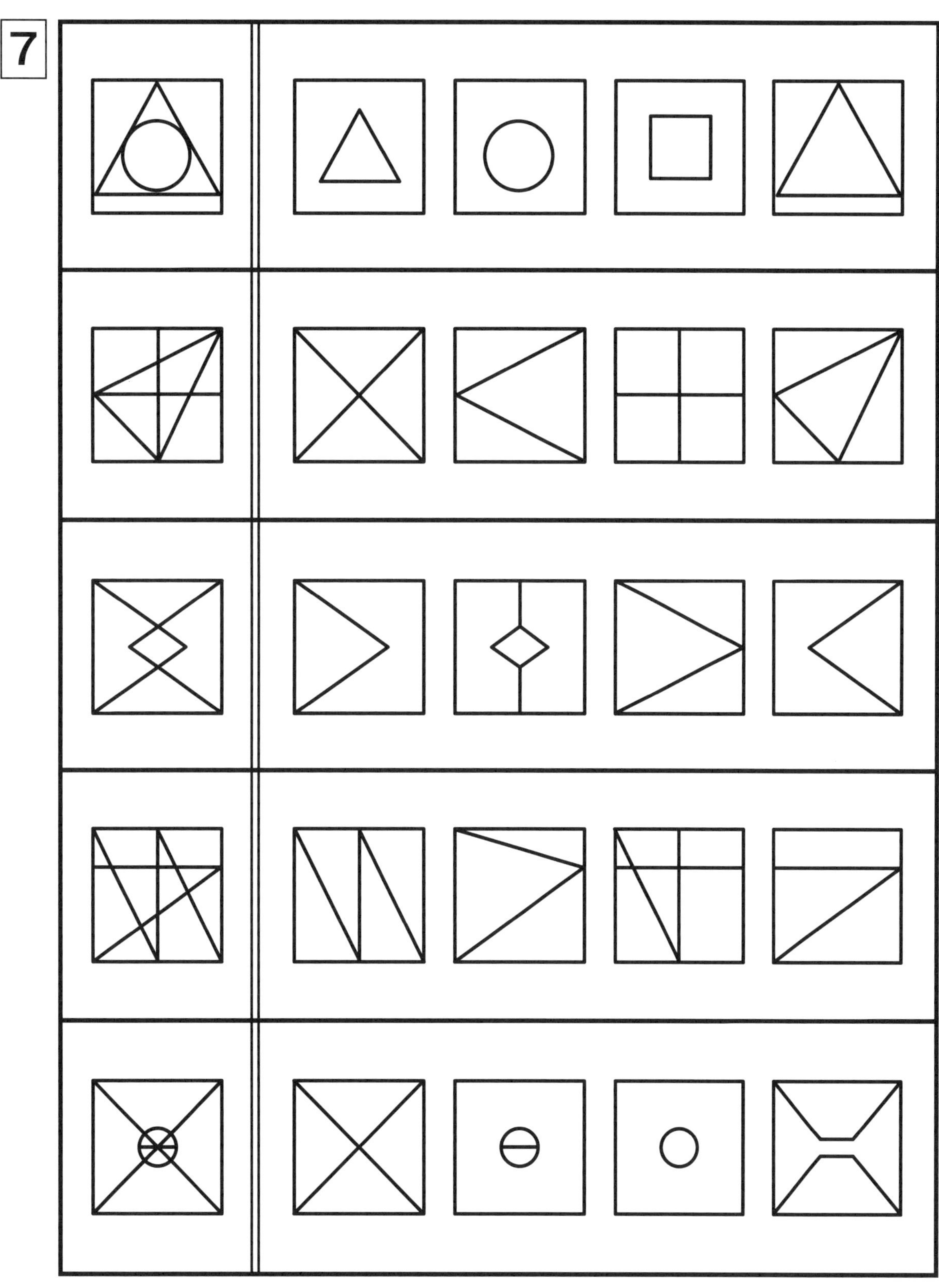

8

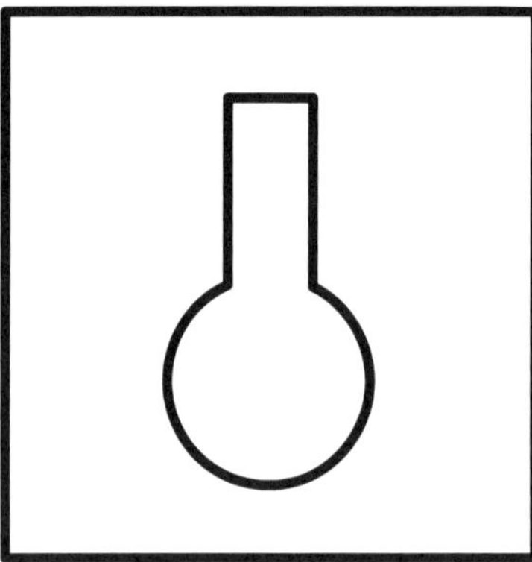

〈画用紙〉

9

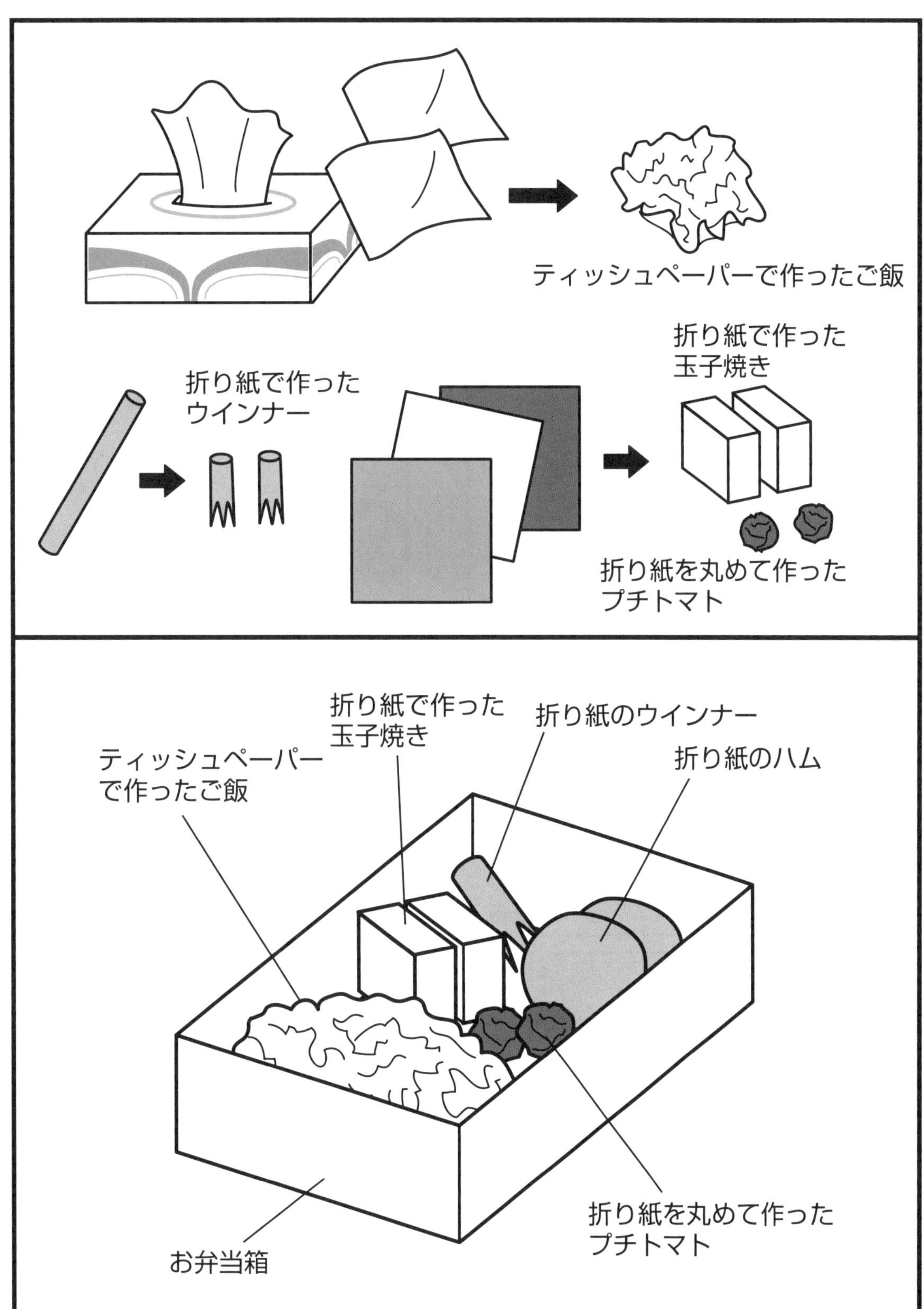
ティッシュペーパーで作ったご飯
折り紙で作った
玉子焼き
折り紙で作った
ウインナー
折り紙を丸めて作った
プチトマト
折り紙で作った
玉子焼き
折り紙のウインナー
ティッシュペーパー
で作ったご飯
折り紙のハム
お弁当箱
折り紙を丸めて作った
プチトマト

10

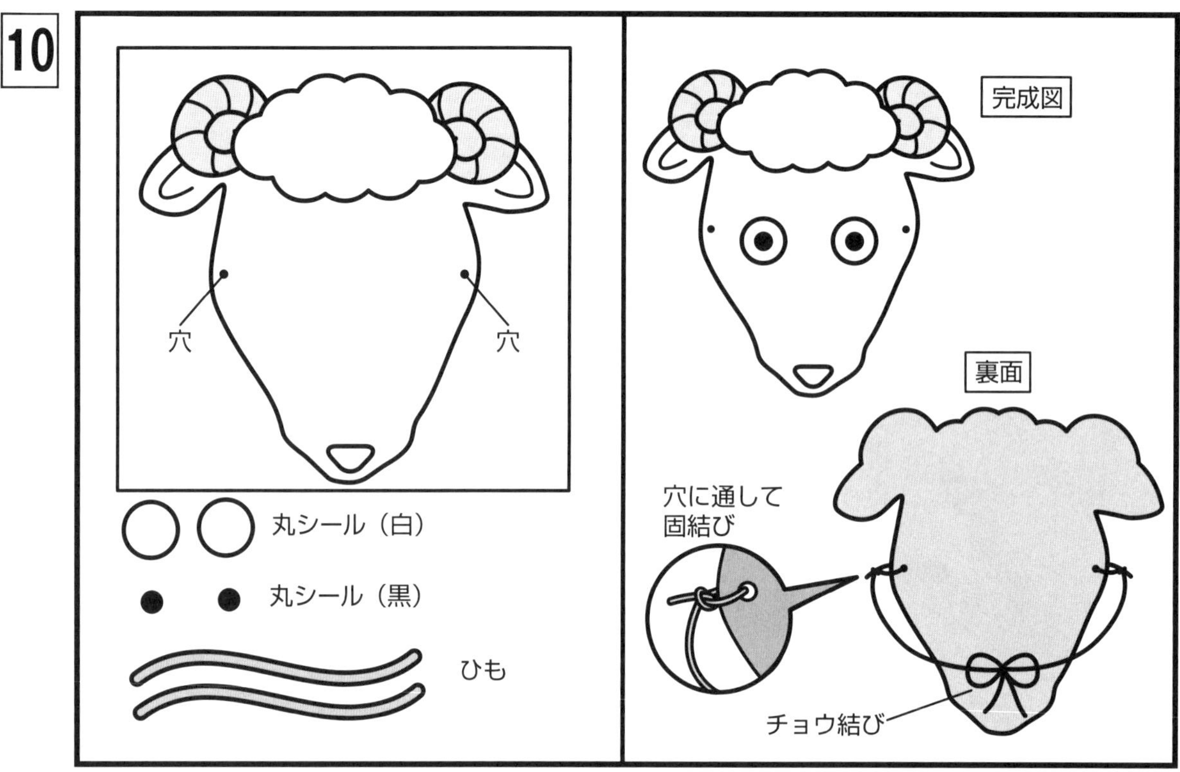

穴
穴
丸シール（白）
丸シール（黒）
ひも
完成図
裏面
穴に通して
固結び
チョウ結び

11

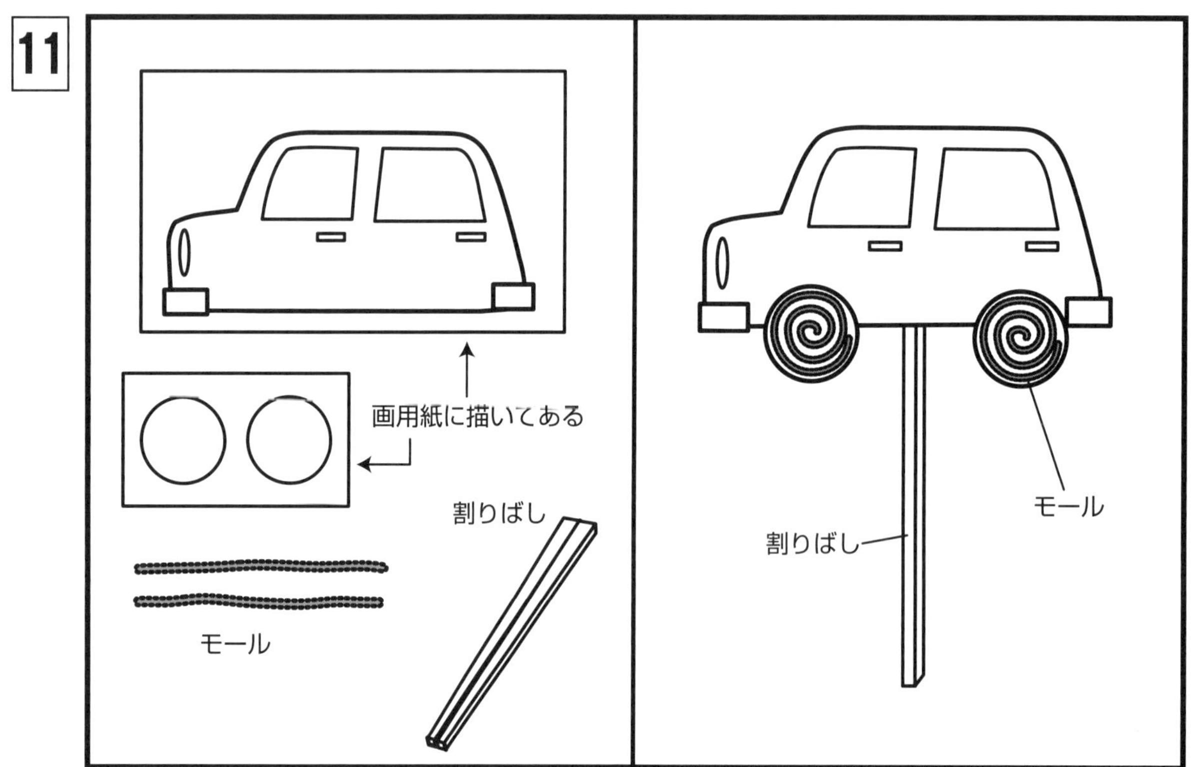

画用紙に描いてある
割りばし
モール
割りばし
モール

12

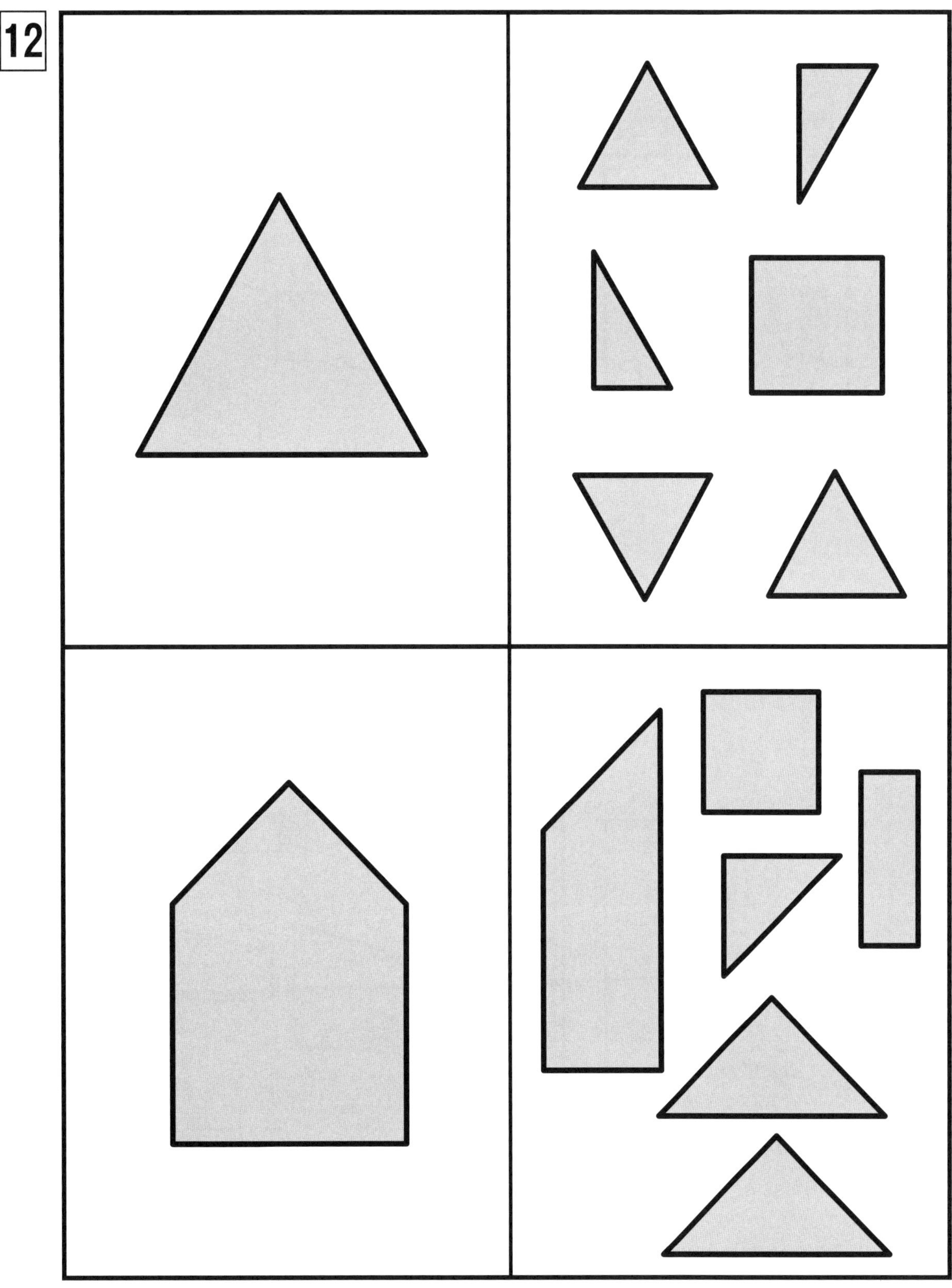

13

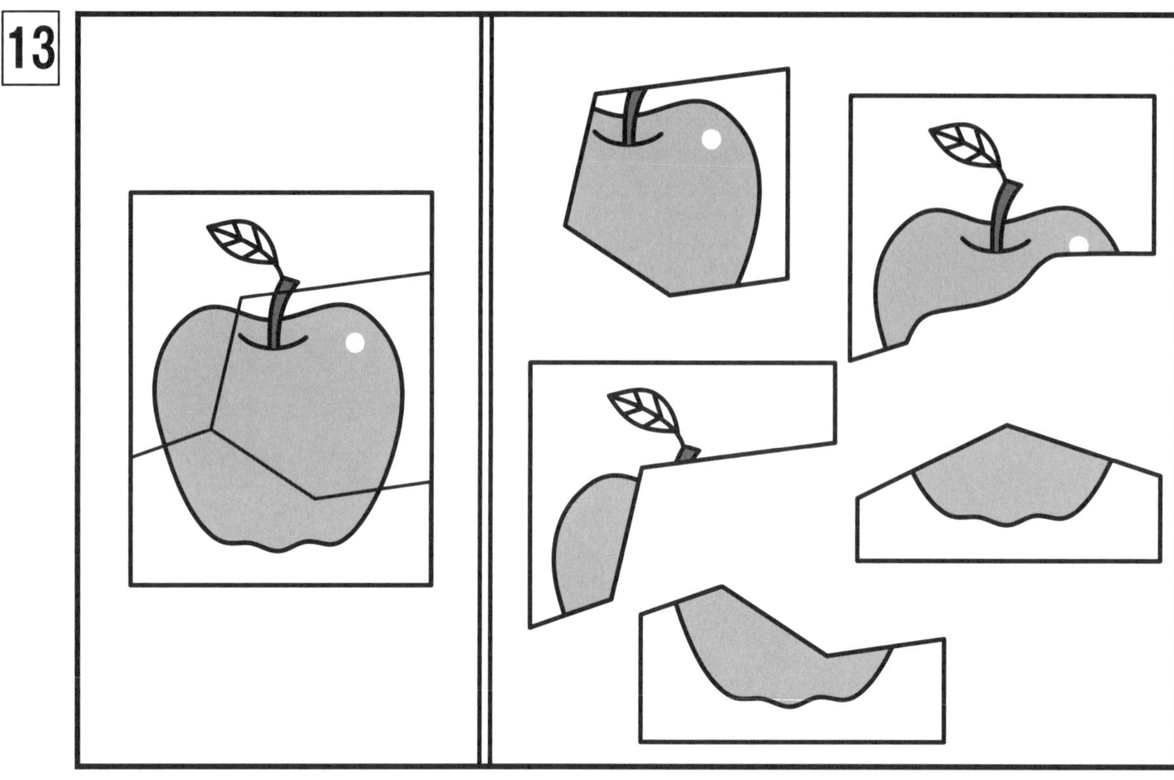

14

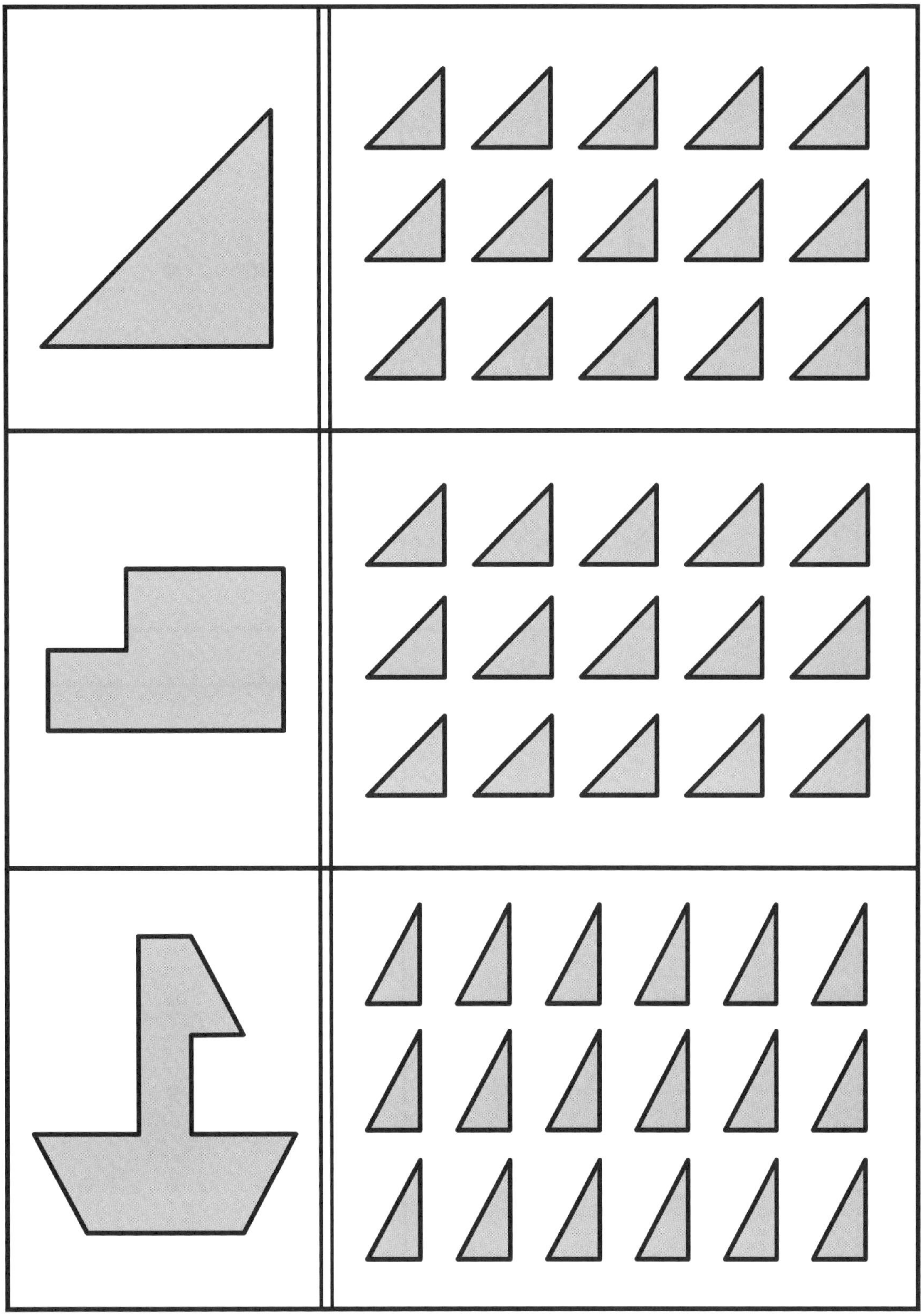

15

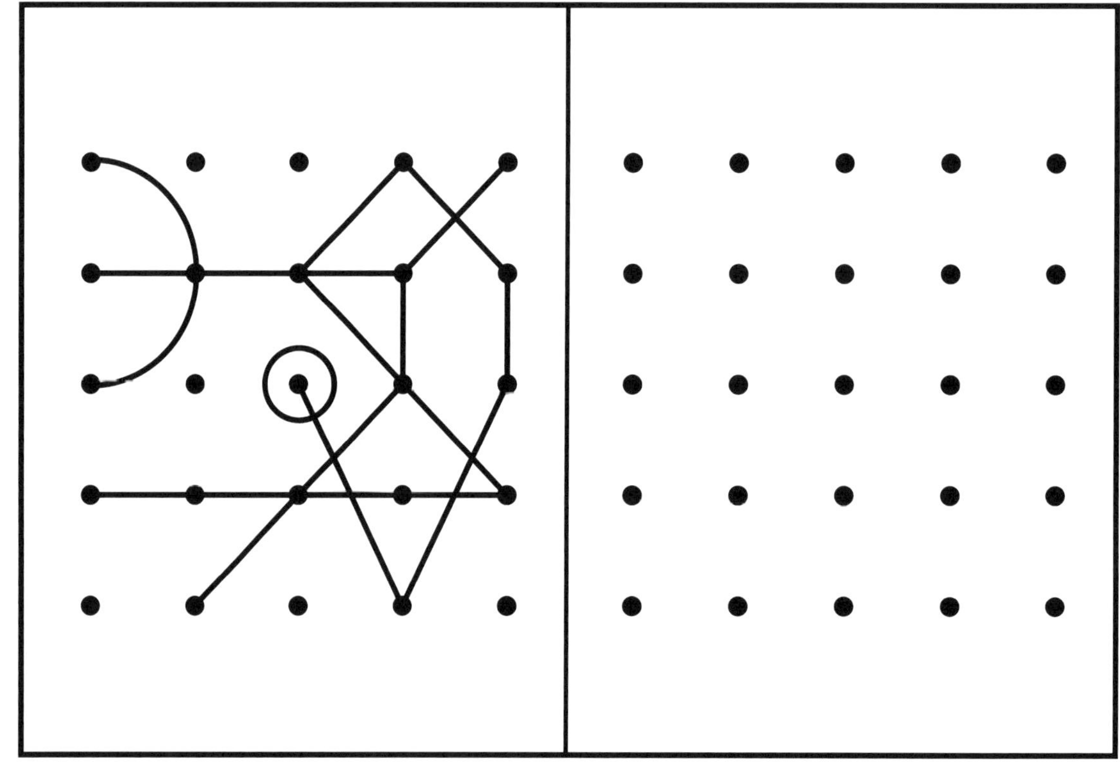

16

［過去問］ 2024

筑波大学附属小学校
入試問題集－Ⅱ

解答例

＊ 解答例の注意

この解答例集では、ペーパーテスト、集団テストの中にある□数字がついた問題、入試シミュレーションの解答例を掲載しています。それ以外の問題の解答はすべて省略していますので、それぞれのご家庭でお考えください。（一部□数字がついた問題の解答例の省略もあります）

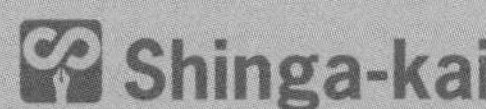

Shinga-kai

1

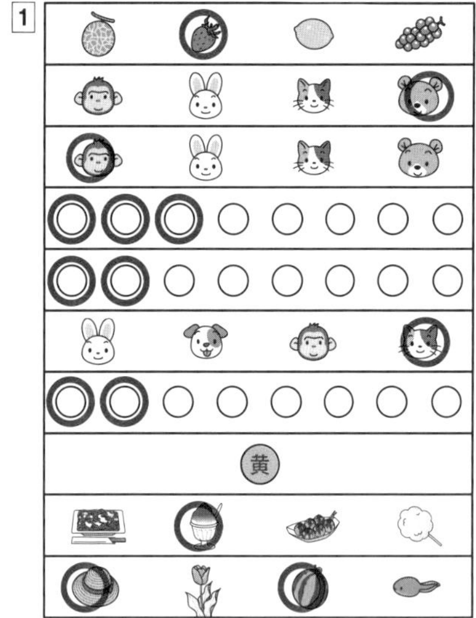

2

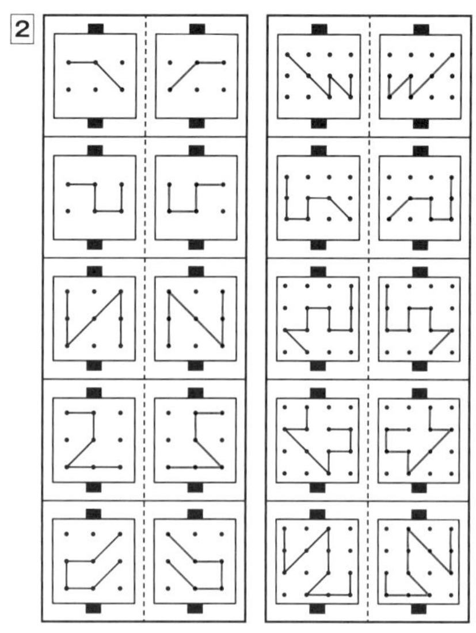

3

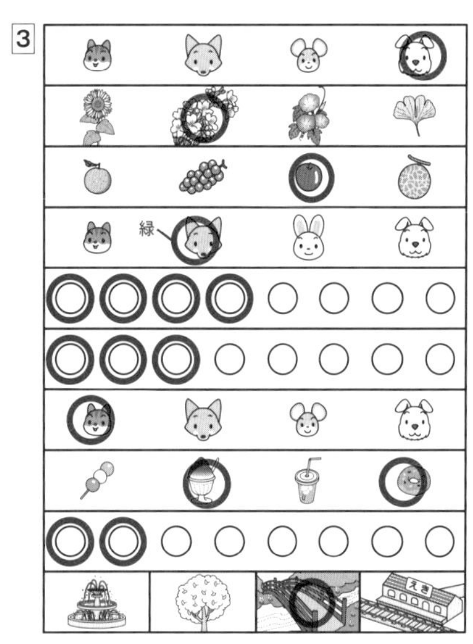

4

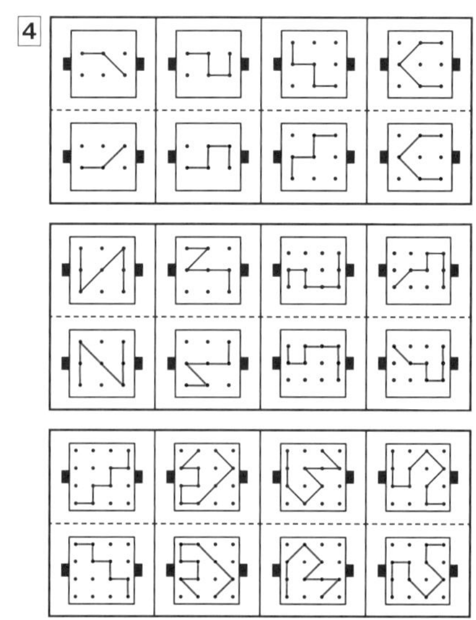

5

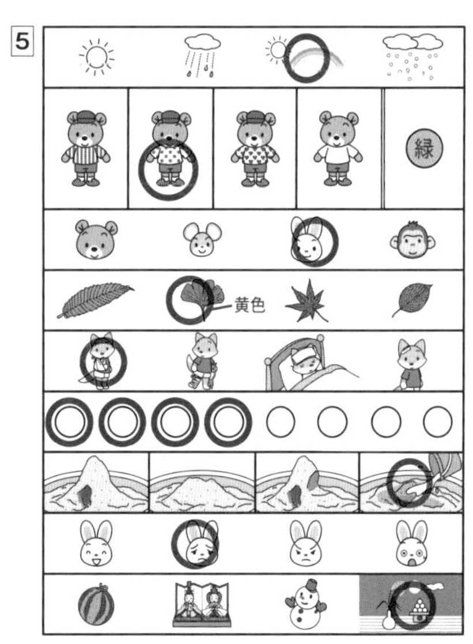

6

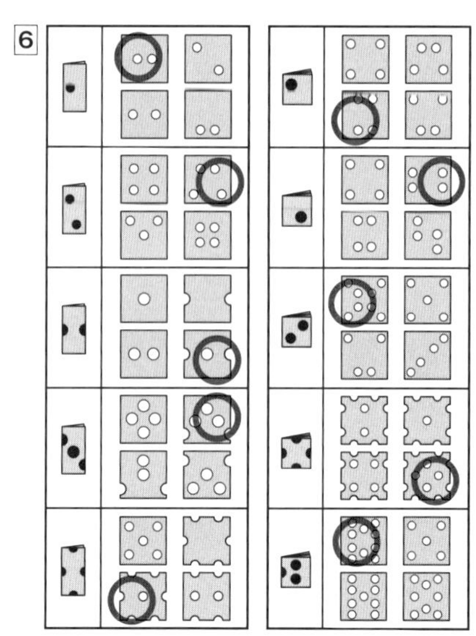

7
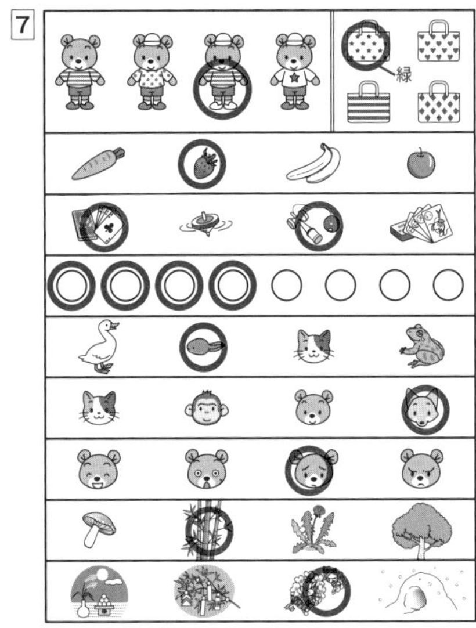

8
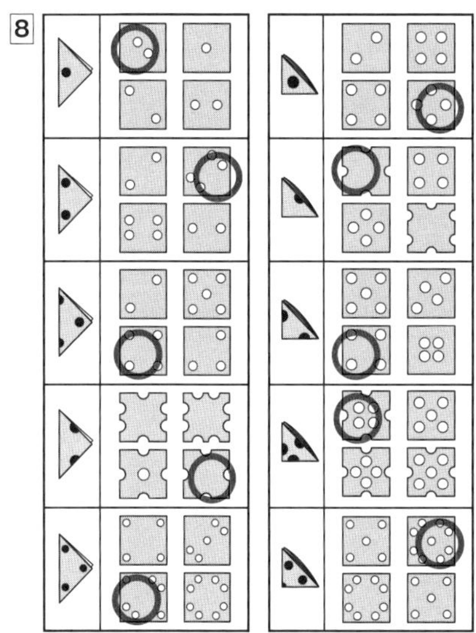

9
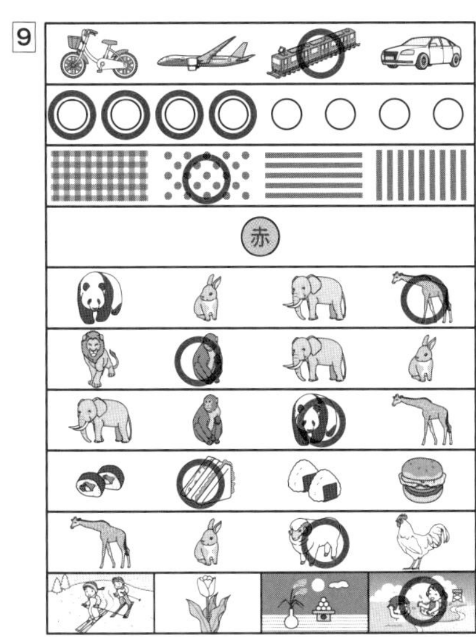

10
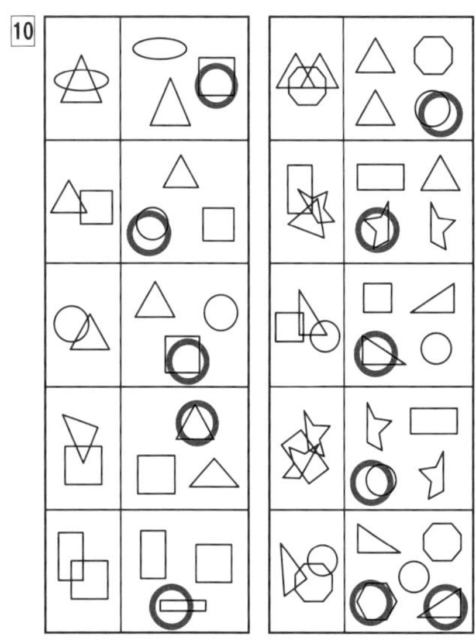

11
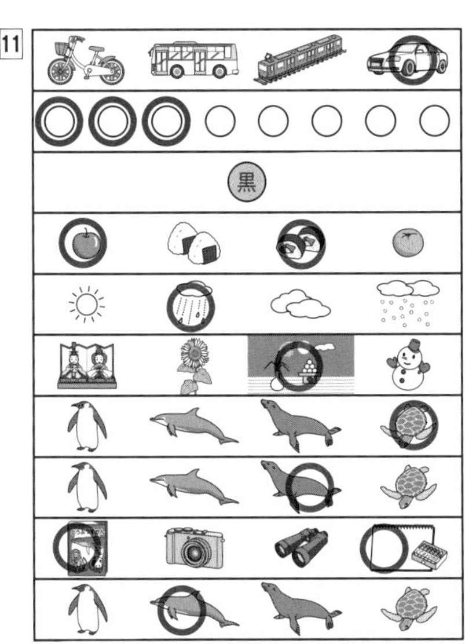

12

2018 解答例

13
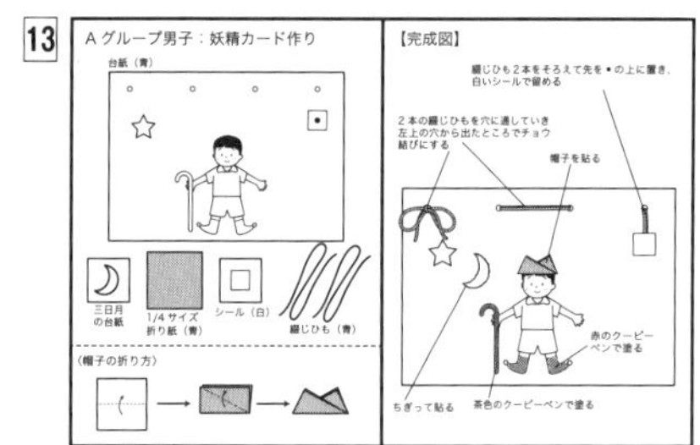

14
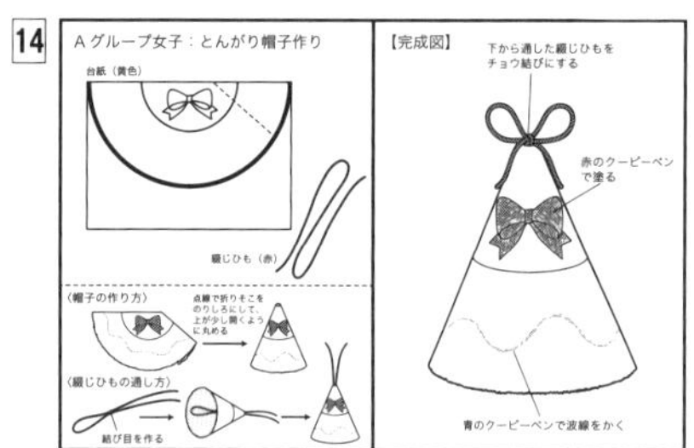

15
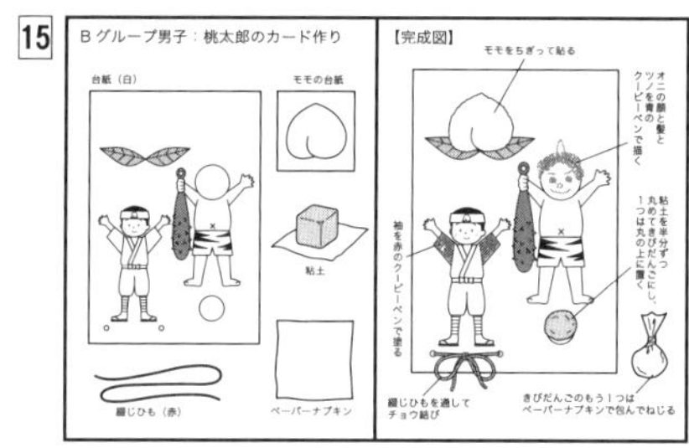

16
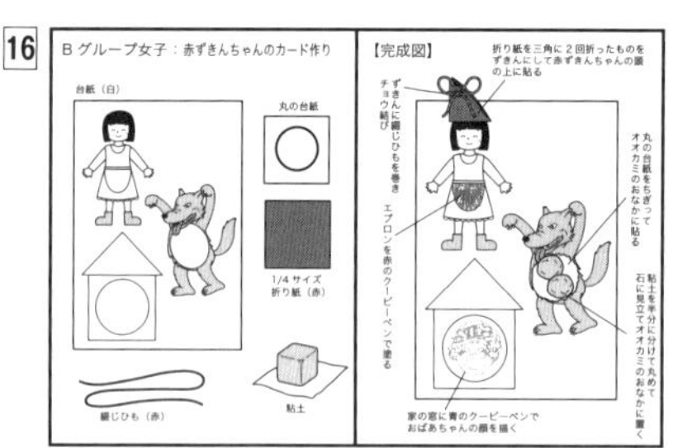

17
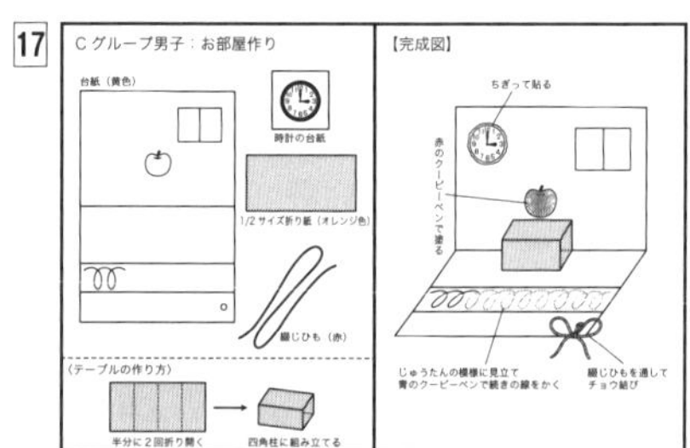

18
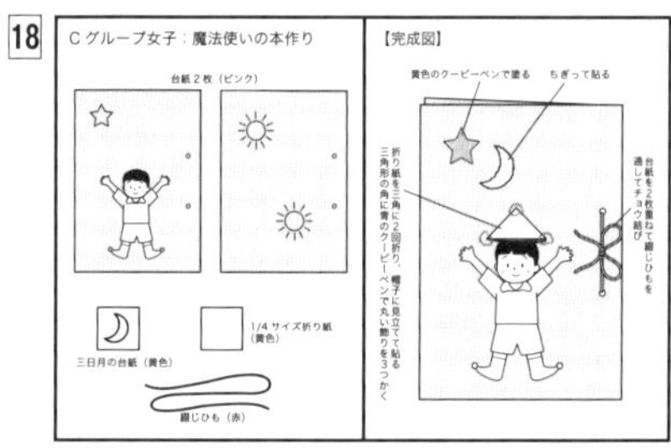

2017 解答例

1
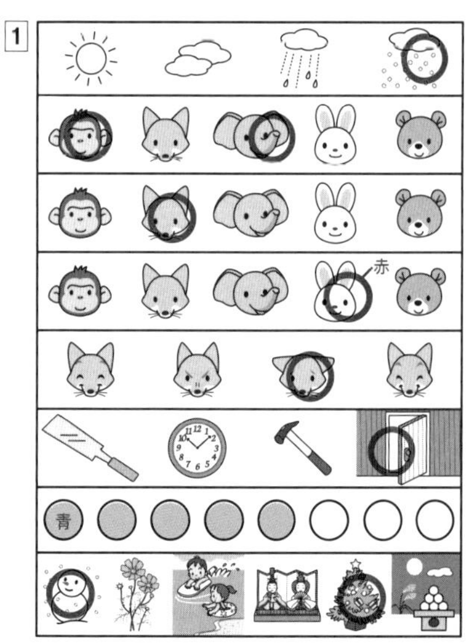

2
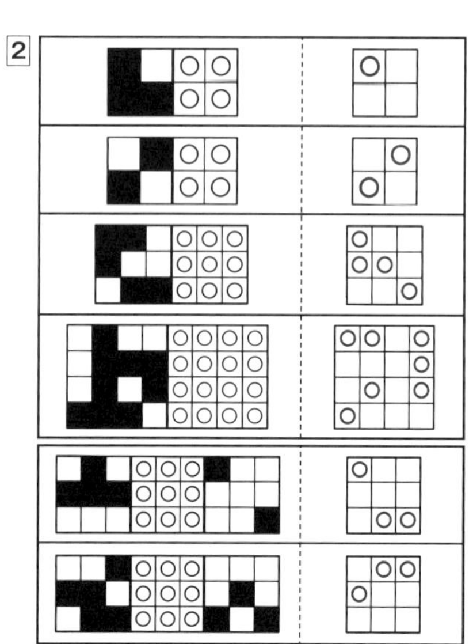

3
緑

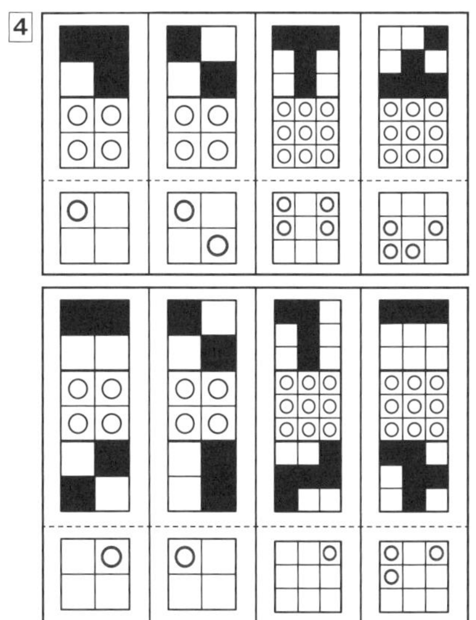
4

5
赤

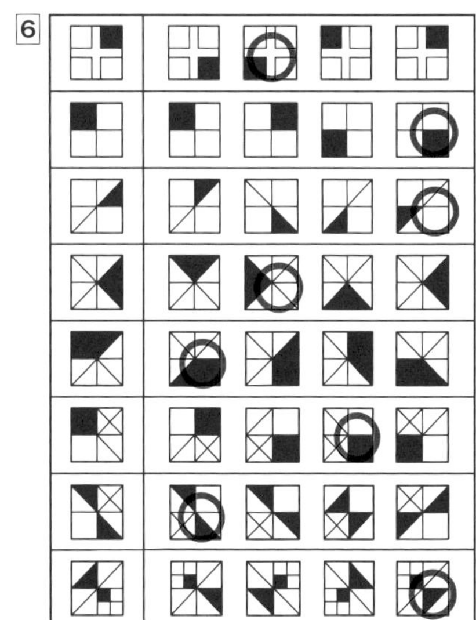
6

7

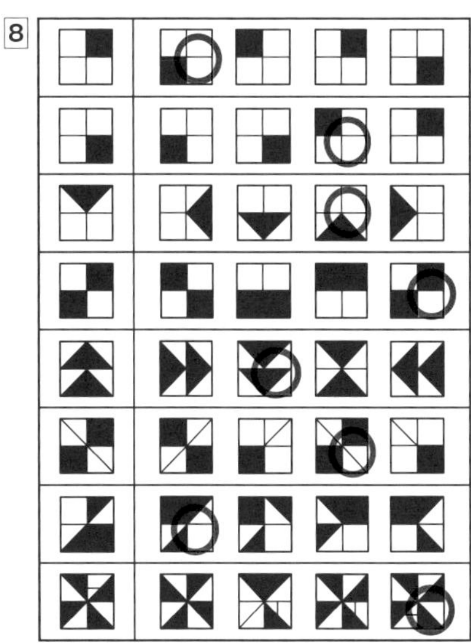
8

9
赤

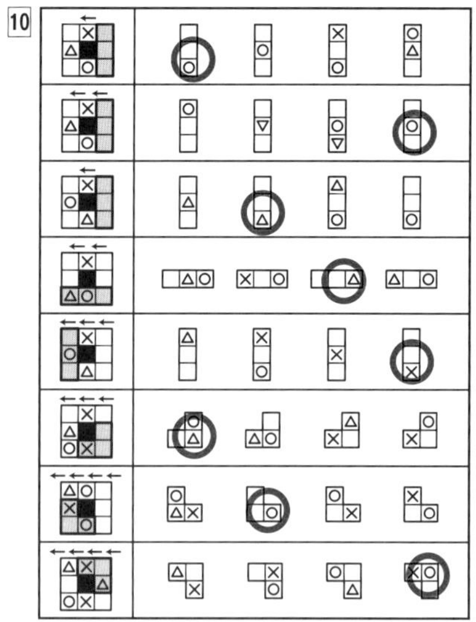
10

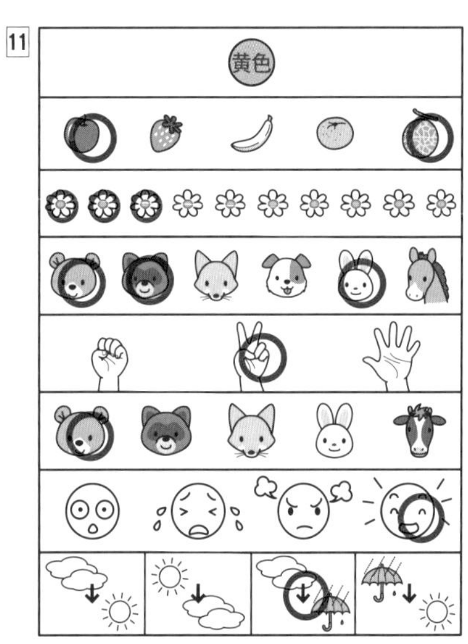
11
黄色

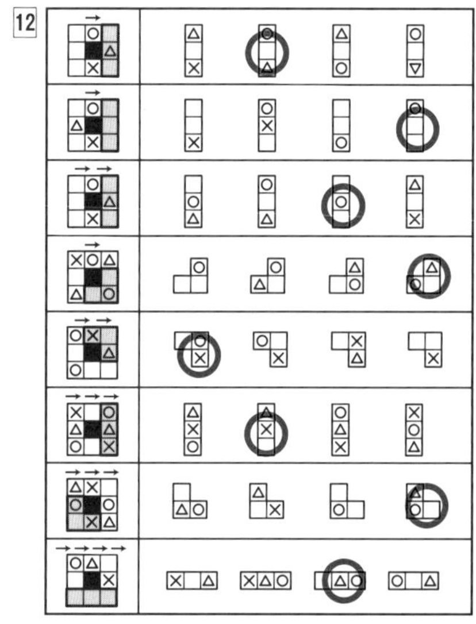
12

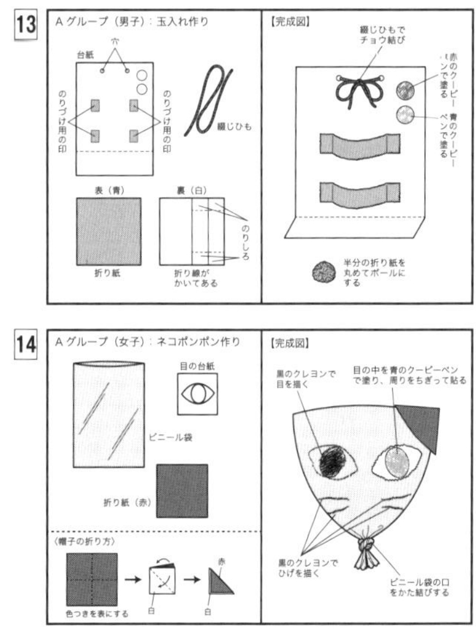
13
Aグループ（男子）：玉入れ作り
穴
台紙
のりづけ用の印
のりづけ用の印
綴じひも
表（青）
裏（白）
のりしろ
折り紙
折り線がかいてある
【完成図】
綴じひもでチョウ結び
赤のクーピーペンで塗る
青のクーピーペンで塗る
半分の折り紙を丸めてボールにする
14
Aグループ（女子）：ネコポンポン作り
目の台紙
ビニール袋
折り紙（赤）
〈帽子の折り方〉
色つきを表にする
白
赤
白
【完成図】
黒のクレヨンで目を描く
目の中を青のクーピーペンで塗り、周りをちぎって貼る
黒のクレヨンでひげを描く
ビニール袋の口をかた結びする

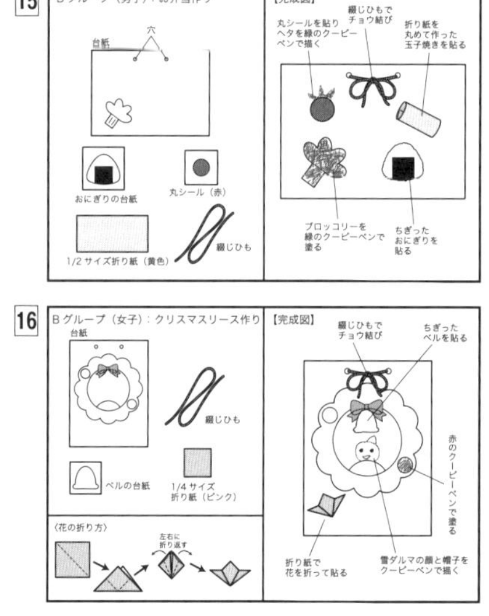
15
Bグループ（男子）：お弁当作り
穴
台紙
おにぎりの台紙
丸シール（赤）
1/2サイズ折り紙（黄色）
綴じひも
【完成図】
丸シールを貼りヘタを緑のクーピーペンで描く
綴じひもでチョウ結び
折り紙を丸めて作った玉子焼きを貼る
ブロッコリーを緑のクーピーペンで塗る
ちぎったおにぎりを貼る
16
Bグループ（女子）：クリスマスリース作り
台紙
綴じひも
ベルの台紙
1/4サイズ折り紙（ピンク）
〈花の折り方〉
左右に折り返す
【完成図】
綴じひもでチョウ結び
ちぎったベルを貼る
赤のクーピーペンで塗る
折り紙で花を折って貼る
雪ダルマの顔と帽子をクーピーペンで描く

2017 解答例

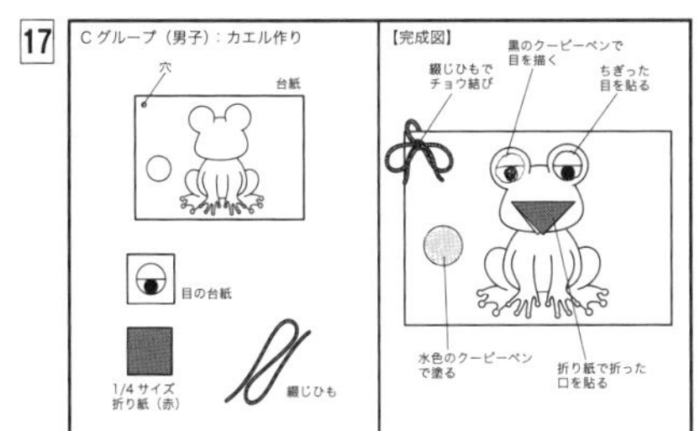

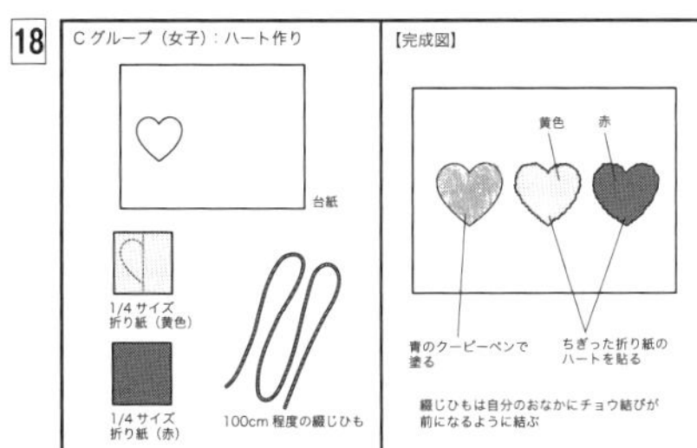

2016 解答例

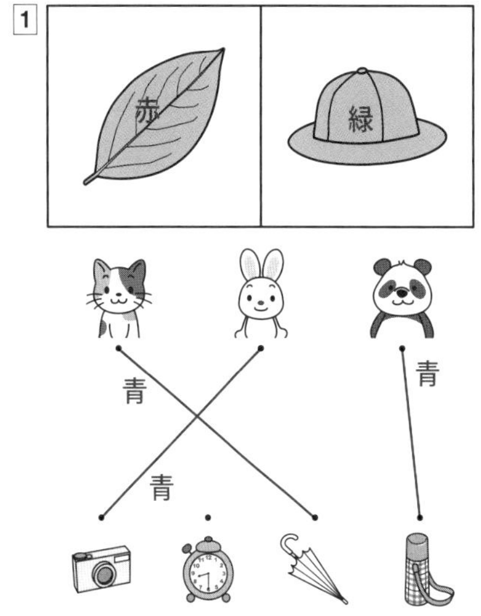

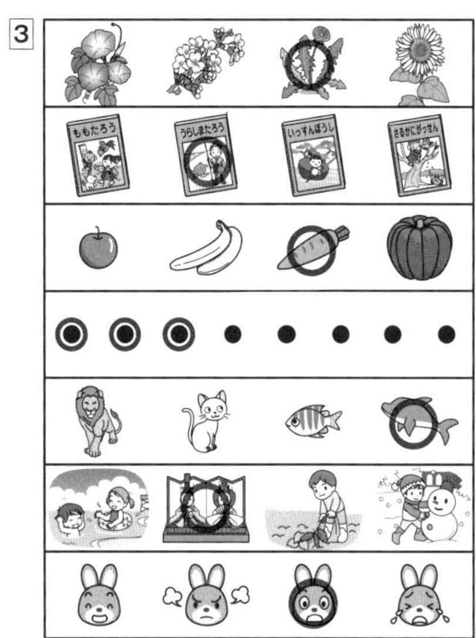

3

4
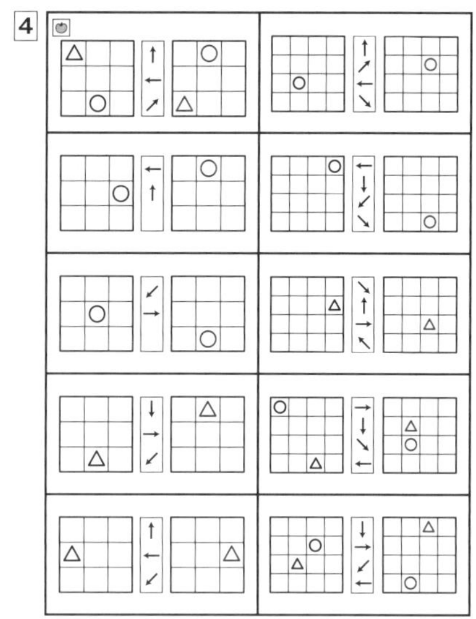

5
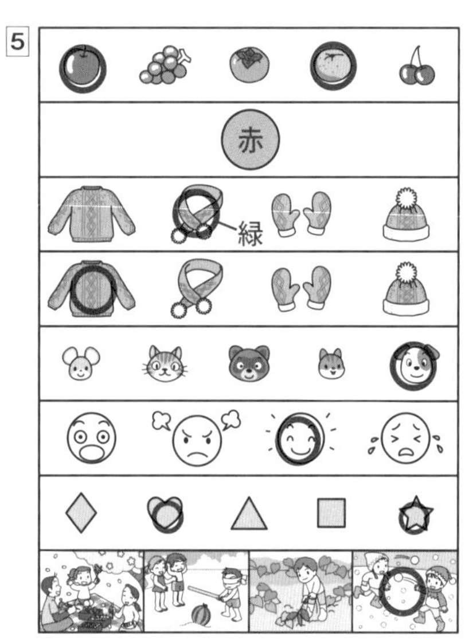

6
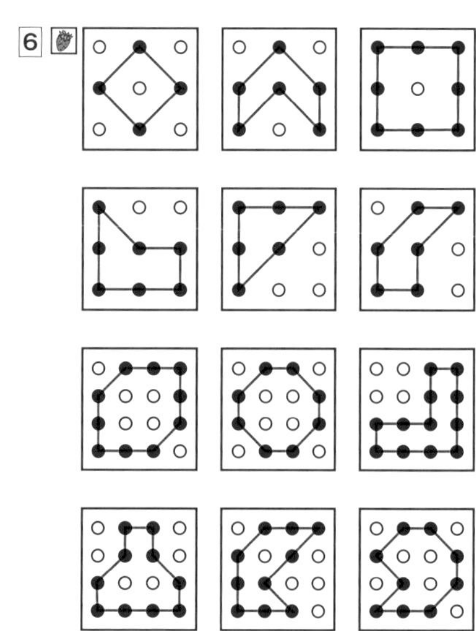

7
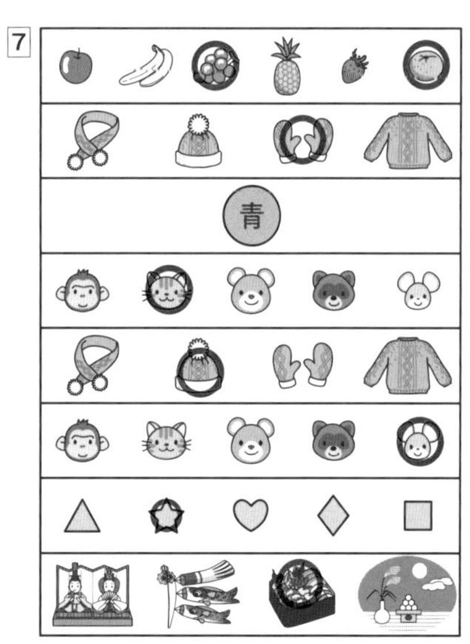

8
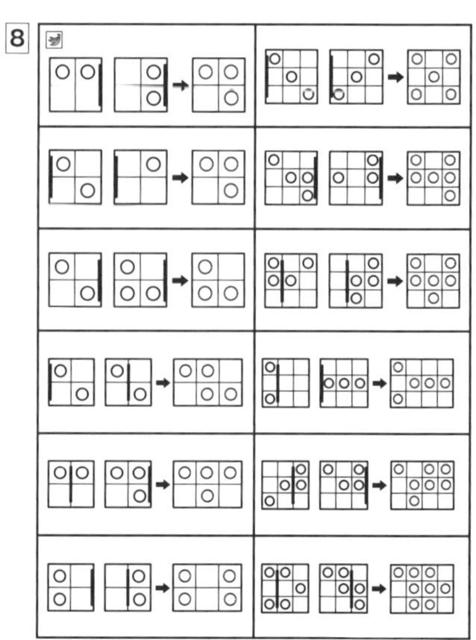

9
黄色

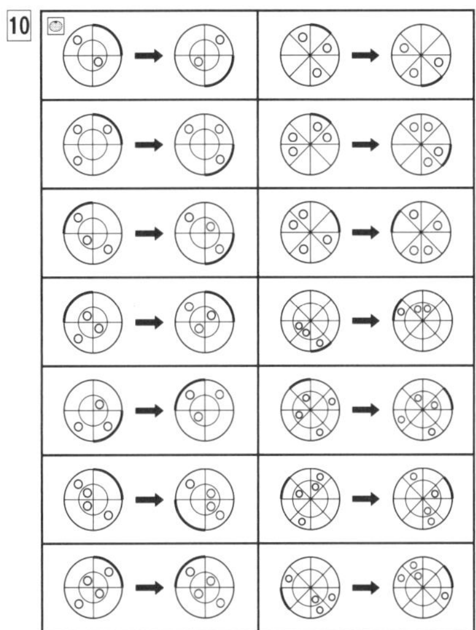
10

11

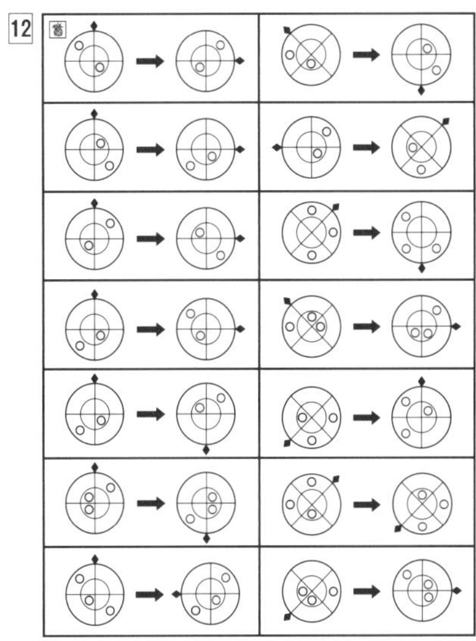
12

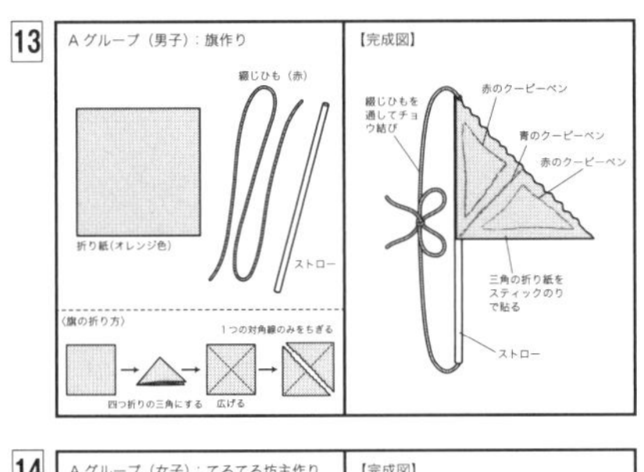
13
A グループ（男子）：旗作り
綴じひも（赤）
折り紙(オレンジ色)
ストロー
〈旗の折り方〉
1つの対角線のみをちぎる
四つ折りの三角にする
広げる
【完成図】
綴じひもを通してチョウ結び
赤のクーピーペン
青のクーピーペン
赤のクーピーペン
三角の折り紙をスティックのりで貼る
ストロー

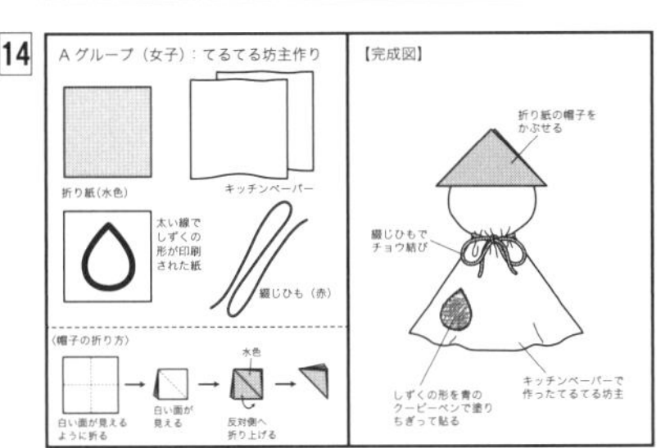
14
A グループ（女子）：てるてる坊主作り
折り紙(水色)
キッチンペーパー
太い線でしずくの形が印刷された紙
綴じひも（赤）
〈帽子の折り方〉
白い面が見えるように折る
白い面が見える
水色
反対側へ折り上げる
【完成図】
折り紙の帽子をかぶせる
綴じひもでチョウ結び
しずくの形を青のクーピーペンで塗りちぎって貼る
キッチンペーパーで作ったてるてる坊主

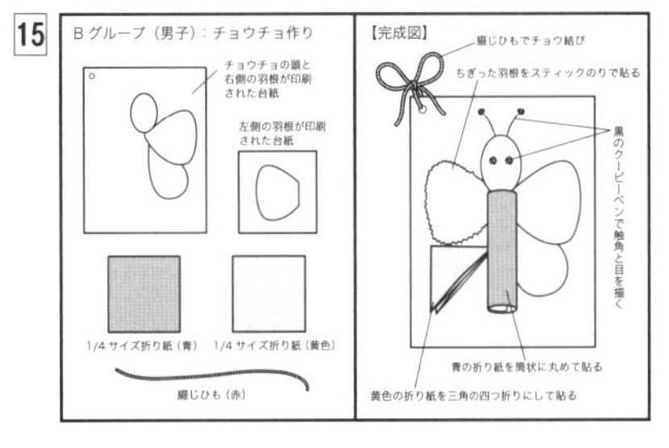
15
B グループ（男子）：チョウチョ作り
チョウチョの頭と右側の羽根が印刷された台紙
左側の羽根が印刷された台紙
1/4 サイズ折り紙（青）
1/4 サイズ折り紙（黄色）
綴じひも（赤）
【完成図】
綴じひもでチョウ結び
ちぎった羽根をスティックのりで貼る
黒のクーピーペンで触角と目を描く
青の折り紙を筒状に丸めて貼る
黄色の折り紙を三角の四つ折りにして貼る

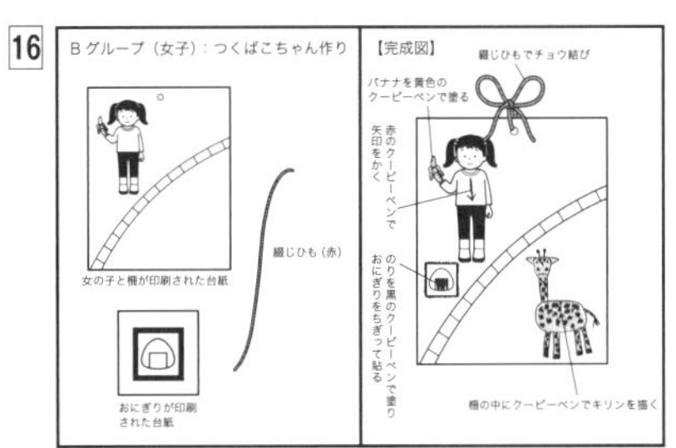
16
B グループ（女子）：つくばこちゃん作り
女の子と柵が印刷された台紙
綴じひも（赤）
おにぎりが印刷された台紙
【完成図】
綴じひもでチョウ結び
バナナを黄色のクーピーペンで塗る
赤のクーピーペンで矢印をかく
のりを黒のクーピーペンで塗りおにぎりをちぎって貼る
柵の中にクーピーペンでキリンを描く

2016 解答例

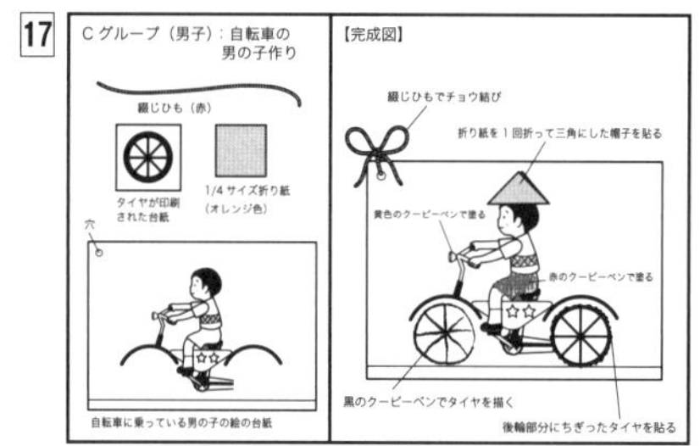

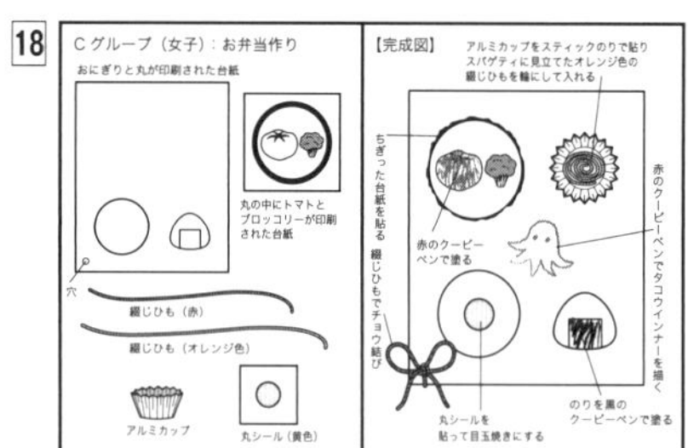

2015 解答例

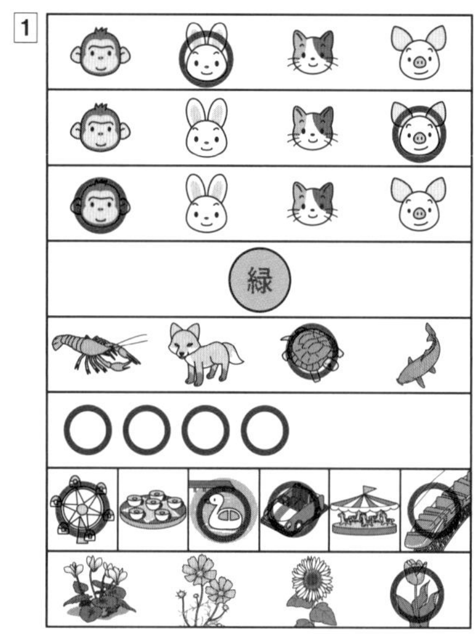

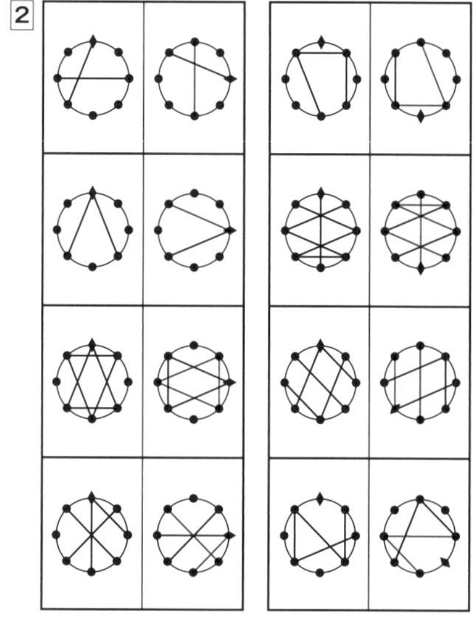

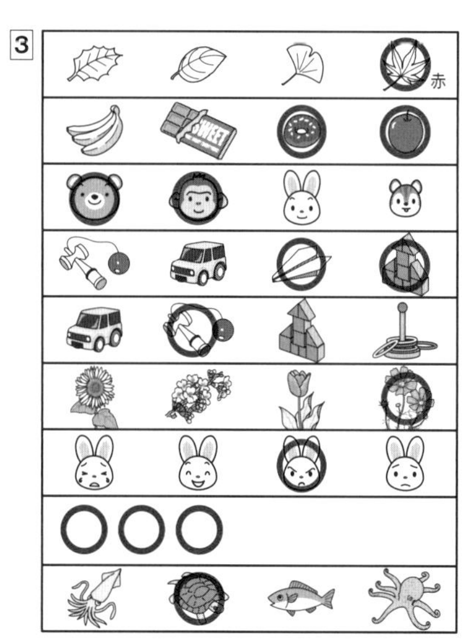

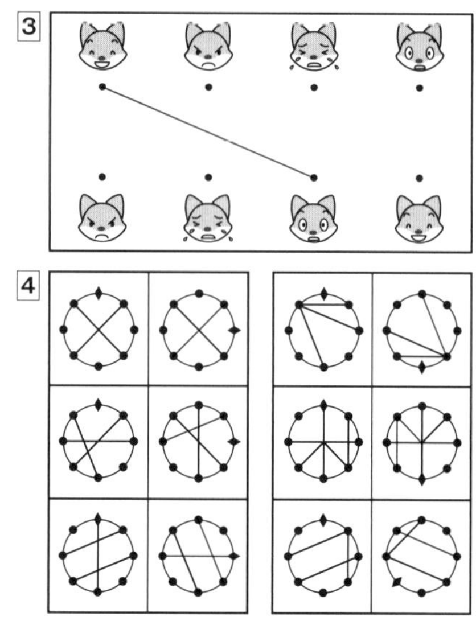